Helga Königsdorf

Landschaft in wechselndem Licht

Helga Königsdorf

Landschaft in wechselndem Licht

Erinnerungen

Aufbau-Verlag

Mit 8 Pastellkreidezeichnungen der Autorin

ISBN 3-351-02954-3

1. Auflage 2002

Einbandgestaltung visàvis, Wulf Winckelmann
Druck und Binden Clausen & Bosse, Leck
Printed in Germany

www.aufbau-verlag.de

Das ist ja gerade das Tolle am Leben: Was auch darüber gesagt oder geschrieben wird, es ist immer anders gewesen.

H. K.

Für Christel Dobenecker,
ohne deren stille, kluge Hilfe dieses Buch nicht wäre.

Inhalt

Aus gutem Hause

»SCHACH!« SAGE ICH. Ich habe meine Streitmacht in Stellung gebracht. Die Bauern vorn. Dann die Herren Offiziere. Die linke Seite, der Damenflügel, spielt in meiner Strategie eine untergeordnete Rolle. Der Aufwand, den ich dort treibe, ist nur ein Täuschungsmanöver. Mein Angriff kommt von rechts. Dort habe ich für Turm und Läufer freie Bahn geschaffen. Die beiden Springer, die sich gegenseitig Deckung geben, bilden eine unbezwingbare Festung, die das Mittelfeld beherrscht. Nachdem ich gezogen habe, richte ich mich auf und blicke in das Gesicht des Mannes, der mir gegenübersitzt. Ich sehe die roten Äderchen in der Nasengegend und die Lachfalten in den Augenwinkeln. Ich liebe ihn. Und wie ich das denke, erfüllt mich eine ruhige Heiterkeit. Einen Moment bin ich ganz sicher, daß er mich liebt. Selbst wenn er es nie sagt. Plötzlich weiß ich, daß ich es nur glauben kann, weil er es nie sagt.

Ich provoziere: »Es sieht nicht gut aus. Für dich.« Und ich meine das Schachspiel. Er erwidert: »Auf den Zug habe ich gewartet.« Und schlägt meinen weißen Läufer.

Noch lebe ich mit allen Sinnen. Trotz der Leiden, die mir auferlegt sind. Trotz des körperlichen Verfalls, den ich nun schon fast ein halbes Menschenalter hinnehmen muß. Manchmal bin ich glücklich. Ich lache gern. Und manchmal bin ich mutlos und schwach. Ganz normales Leben, zu dem der Tod keine Alternative ist.

Meine Erinnerung ist ein Schatz, den ich in mir trage. Bilder, Gefühle. Das Geräusch der Dreschmaschine im

Sommer. Der Geruch frischer Butter. Der erste Schrei meiner Kinder. Übermut. Aber auch Verlegenheiten und Ängste. Eine nicht mehr erklärbare Schwermut. Und die Kraft der Zärtlichkeit.

Meine Erinnerung ähnelt einer Landschaft in wechselndem Licht. Manches längst Vergangene strahlt hell und ist voller Konturen. Anderes ist der Dunkelheit anheimgefallen, ist nicht mehr aufrufbar, obwohl es einst für mich von einer gewissen Bedeutung gewesen sein muß. Manchmal streicht ein Luftzug über die Gegend. Dann kann es wohl sein, daß eine schon verloren geglaubte Erinnerung wieder auftaucht. Fast wie ein Schatten. Sobald ich sie aber halten will und genauer hinsehe, zieht sie sich zurück, wie ein Traum, der mich gerade noch gefangenhielt und der in einem Moment Unaufmerksamkeit während des Erwachens plötzlich verschwunden ist.

Es gibt auch Zwielichtiges. Zurechtgerücktes. Erinnerungen, denen ich selbst nicht traue. Ich bin überzeugt, daß die kleinen Lügen, oder besser: die kleinen Korrekturen der Wirklichkeit, und das Vergessen für mich ihren Sinn hatten. Mein Verstand hat sich verweigert, um die Seele zu schützen.

Jetzt ist alles anders. Mir bleibt nicht mehr viel Zeit. Und gerade das gibt mir eine ungeahnte neue Freiheit. Ich darf mich getrost umsehen. Ich kann nichts mehr verderben.

Ich wollte immer ein schöner alter Mensch werden und stellte mir das ganz einfach vor. Ich brauchte bloß gut zu sein. Das Gute würde sich in meinem Gesicht widerspiegeln.

Das Schlimmste an dieser Krankheit ist, daß ihr Erscheinungsbild geistige Dumpfheit signalisiert. Und das betrifft alle Möglichkeiten sich mitzuteilen. Das Sprechen, die Mimik, die Körpersprache, die Schrift, selbst die Sprache der Augen. Sogar Menschen, die es besser wissen müßten, geben einem keine Chance. Alle meine Signale stehen im glatten Widerspruch zu meiner Behauptung, geistig frisch zu sein. Nur das Schachspiel mit Herrn G. hat etwas Objektives. Wir spielen beide mit Verbissenheit, denn jeder will gewinnen, um den Angriff auf seine Würde, dem jeder auf seine Weise ausgesetzt ist, abzuwehren.

Der Spiegel ist gnadenlos. Schaue ich hinein, sehe ich das Gesicht einer Fremden. Einer Frau, deren Blick schon ins Leere geht. Einer Frau, die bereits die letzte Einsamkeit einhüllt. Einen Moment hoffe ich, es wäre ein Alptraum. Aber ich träume nicht. Diesmal nicht.

Manchmal fürchte ich mich sehr. Aber ich habe noch etwas vor. Habe noch etwas zu erledigen. Noch bin ich mit dem Leben im Bunde und will nicht loslassen. Ich will mich umwenden und zurücksehen. Und was immer sich herausstellen mag, ich habe inzwischen eine gewisse unerschütterliche Vorliebe für mich selbst.

Alle sieben Jahre erneuert der Mensch seine Zellen. Ich habe nichts mehr gemein mit dem Kind, das ich einst war. Was ist geblieben?

Der Versuch zurückzublicken bereitet mir Schmerzen. Ich kenne den Grund nicht. Ich weiß nicht einmal, ob es ein heutiger Anlaß oder eine intensive frühere Erfahrung ist, an die ich mich nicht mehr erinnere, die aber in mir ist und das alte Schmerzmuster wieder aufruft. Ich spüre auch sofort die Lust zum Spotten. Die Fähigkeit, in der Tragödie das Komische zu sehen. Das war vielleicht das Wichtigste in meinem Leben. Es war das, was mich immer wieder gerettet hat.

Als ich fünf Jahre alt war, schrieb meine Mutter in ihr Tagebuch: »Helga ist ein freundliches Kind, das gerne lacht. Man bekommt mit ihr überall schnell Kontakt. Nur manchmal hat sie einen eigenen Willen.«

Als ich ein Kind war, wohnten wir in einem Gutshaus. Die Leute vom Dorf nannten es das Schloß. Sie sagten, die Grundmauern wären 800 Jahre alt. Wenn man in den Keller hinunter mußte, war man vor Gespenstern nicht sicher. Immer wieder behauptete jemand, er habe den *Reiter ohne Kopf* gesehen. Eigentlich glaubte ich nicht an Gespenster. Wenn ich aber die steile Treppe hinabstieg und vor mir den Torbogen zum Kohlenkeller sah, wäre ich gern umgekehrt. Dieses Gefühl verstärkte sich, wenn rechts die Tür aus dicken Bohlen zu Mutters Vorratskeller kam und links die Tür mit dem schweren eisernen Riegel, hinter der eine schmale Treppe nach unten in den riesigen Kartoffelkeller führte. Alles lag im trüben Licht mit Staub bedeckter Glühbirnen, die in einfachen Fassungen an der Decke angebracht waren und den Raum nicht voll ausleuchteten. Da brauchte nur noch irgendwo eine Maus zu rascheln, schon stand ich starr und meine Nackenhaare sträubten sich vor Schrecken.

Das Haus stand auf einer Anhöhe. Aus den Fenstern auf der Nordseite sahen wir ins Tal der Saale, die hier am oberen Ende des Stausees immer noch eine stattliche Breite hatte. Sie wand ihr schwarzes Wasser kurvenreich durch Felsmassive aus graublauem Schiefer, vorbei an steilen Hängen, auf denen im Frühsommer Margeriten, Wiesenknopf, Pechnelken und Glockenblumen leuchteten, vorbei an düsteren Fichtenwäldern, aus denen im Winter weißer Nebel aufstieg.

An der Südseite des Hauses lag der Hof, wo, in angemessener Entfernung zum Haus, von einer hohen Mauer umgeben, ein großer Misthaufen dampfte. Sein Fundament war wohl mit der Zeit undicht geworden. Das erklärte die kleinen Quellen, die unterhalb des Tores aus der Erde sprudelten und die einen verdächtigen Jauchegeruch verbreiteten. Die Straße zum Tal säumten hohe Brennesselstauden, deren Blätter, fein gehackt, unter das Futter der Küken und der jungen Gänse gemischt wurden. Die Dächer aller Gebäude, die zum Hof gehörten, waren mit blauem Schiefer gedeckt. Der Hof wurde, vom Haus aus gesehen, rechts und gegenüber, durch zweistöckige Gebäude begrenzt. Die Mauern der Obergeschosse bestanden aus rot-schwarzem Fachwerk. Unten sah man rechts die Türen zum Milchhaus, zum Waschhaus und zu den Garagen für die beiden Traktoren. Oben wohnten Umsiedler und Leute, die auf dem Hof arbeiteten.

Gegenüber befanden sich die Ställe für die Kühe, die Schweine und die Pferde. Im Obergeschoß lagen der Heuboden und die verschiedenen Speicher. Die Gewölbe im Unterbau ließen auf ein hohes Alter des Gemäuers schließen.

Den Abschluß links bildete die große Scheune, deren Wände aus dunklem Holz gefügt waren. Auf der Tenne stand die Dreschmaschine, ohne deren Summen ein Sommertag nicht vollständig gewesen wäre. Auf der Ostseite befanden sich die Remisen. Dort standen die landwirtschaftlichen Geräte, die Leiter- und die Kastenwagen, die Kutsche und der Pferdeschlitten.

Mein Großvater hatte das Haus Ende der zwanziger Jahre vollkommen umgestaltet. Er hatte es mit modernem Komfort ausgestattet und mit Turm, Erker und Zinnen schmücken lassen.

Für mich hatte das alles etwas Beständiges. Obwohl ich doch nur meine Kindheit dort verlebte, hatte ich ein starkes

Heimatgefühl. Als ich wegging, wußte ich, daß es ein Abschied für immer war. Das Dorf war auf die Dauer kein Ort für mich. Aber ich habe mich nie wieder so beheimatet gefühlt wie dort.

Der Hof war eine Welt für sich. Hier herrschte tagsüber buntes Treiben. Wir Kinder spielten mit Puppen oder mit den jungen Katzen. Wir tobten trotz des strengen Verbotes in der großen Scheune. Wir malten Kästchen auf die Erde, warfen kleine Steine hinein und sprangen mit beiden Beinen hinterher. Auf dem Hausboden spielten wir Tischtennis. Im Winter trafen wir uns mit dem Rodelschlitten am Weg, der steil hoch zum Bahnhof führte.

Einmal war eine Cousine meines Vaters mit ihrer Tochter, die etwa in meinem Alter war, zu Besuch. Ihre Namen habe ich vergessen. Ich weiß nur noch, daß wir die Tochter *Süße* nannten, weil ihre Mutter sie so rief. Uns wäre es unvorstellbar peinlich gewesen, so gerufen zu werden.

Süße stand auf dem Hausstein, mit sauberen weißen Strümpfen, einem Dirndlkleid und einer Schleife im Haar. Sie roch nach einer Mischung aus Parfüm und Pipi.

Ich lud sie ein mitzuspielen. Aber Süße schüttelte den Kopf. Sie durfte sich nicht schmutzig machen. Wir hätten es gern gesehen, wie sich Süßes Strümpfe unseren anpaßten. Unsere Strümpfe waren grau oder braun und mehrfach gestopft. Meistens hatten sie ihren Besitzer schon mal gewechselt. Zum Mitspielen war es nun zu spät, denn Süße und ihre Mutter reisten ab. Mein Vater hatte seiner Cousine am Tag zuvor erklärt: »Du fährst morgen mit dem ersten Zug, der Anschluß hat. Und solltest du hier noch mal auftauchen, zeige ich dich an.« Ich hatte in dem großen Ledersessel gesessen, wo sie mich nicht bemerkten.

»Dieses Flittchen, mißbraucht unsere Gastfreundschaft für ihre dunklen Geschäfte«, sagte mein Vater später zu meiner Mutter.

»Und bringt sogar ihr eigenes Kind in Gefahr«, entrüstete sich meine Mutter.

In meiner Phantasie sah ich Süße und ihre Mutter in einer Zelle hocken, vor sich einen Becher mit Wasser und eine Scheibe trockenes Brot.

»Du kannst vielleicht gar nicht spielen«, provozierte ich Süße auf dem Hausstein. »Wo solltest du in Berlin auch spielen.« Meine Vorstellungen von der Großstadt waren trostlos, kein Baum, kein Strauch, aber jede Menge Hundehaufen. »In Berlin spielen wir genausogut und besser, det könnt ihr mir glauben«, widersprach Süße.

Da zählten wir alles auf, alle Orte, die es überhaupt gab, auch die Wälder und die Felsen, aber Süße war durch nichts zu beeindrucken. Sie schüttelte nur lächelnd den Kopf. Als wir unser Pulver schon verschossen hatten, kam sie mit ihrem Trumpf heraus: »Und in Berlin haben wir die Ruinen.«

Das saß. Darauf waren wir nicht gefaßt gewesen. Süße nutzte unsere Verblüffung und wurde zum erstenmal gesprächig. Sie erzählte von zusammenstürzendem Mauerwerk und von einem Schieberlager voller Schokolade, die sie unter sich aufgeteilt hätten. Und davon, wie sie eine Leiche gefunden hatten und von der Polizei verhört worden waren. Wir saßen auf der Mauer, die den Hausstein umgab, und staunten. Erst hatte ich die Sache mit der Schokolade am tollsten gefunden, neigte dann aber mehr zu der Leiche, schon wegen des Verhörs durch die Polizei.

»Hat die Leiche gestunken?« fragte ich, doch da kam ihre Mutter mit einem Koffer, und die beiden verschwanden grußlos durch das Tor. Am Abend suchte ich im Lexikon nach dem Wort Flittchen.

Meine früheste Erinnerung habe ich in einem Traum gehabt, der anders war als meine sonstigen Träume. Alles war sehr deutlich. Ich wußte beim Erwachen sofort, daß es kein normaler Traum gewesen sein konnte, sondern daß es eine Erinnerung sein mußte. Ich saß unten im Hausflur auf dem Topf, und eine Frau mit nicht sehr sympathischer Stimme lobte mich. Die Tür ging auf. Leute kamen herein.

Ich wäre gern vom Topf gerutscht, aber ich hatte schon die Erfahrung, daß solch ein Versuch für mich nicht gut ausging. Hinter einer halb geöffneten Tür hörte ich ein anderes Kind. Ich konnte nicht sehen, was es trieb. Aber ich beneidete es, daß es hinter der Tür sein durfte und sich nicht zu schämen brauchte.

Als ich meine Mutter befragte, erzählte sie, daß unten im Parterre ein Ingenieur eingezogen war, den mein Vater eingestellt hatte. Dieser hatte einen Sohn in meinem Alter. Er war das Kind aus meinem Traum, das hinter der Tür sitzen durfte. Die Frau des Ingenieurs und meine Kinderfrau standen im Wettbewerb, welches Kind eher sauber würde. Die Kinderfrau war mit mir kurz vor dem Ziel, als meine Großmutter Anna Emma Lina sie fristlos entließ, wozu sie gar nicht befugt war. Aber sie hatte gesehen, wie die Kinderfrau mich schlug, und das hatte sie empört. Durch diesen Vorfall kann ich meinen Traum oder, besser, meine Erinnerung zeitlich einordnen. Weil die Kinderfrau noch anwesend war, mußte es eine Erinnerung sein, die vor meinen ersten Geburtstag zurückreichte.

Die Ursprünge meiner nächsten Erinnerungen liegen viel später. Zum Beispiel die Erinnerungen an die Nächte in den Luftschutzkellern. Vor solcher Wirklichkeit konnte ein anständiges Gespenst nur neidvoll erblassen. Das Gespenst, das uns nachts in die Keller trieb, hieß Krieg. Auch als der Krieg zu Ende war, hockten wir verängstigt unten. Diesmal erschienen keine Gespenster, diesmal kamen die Amerikaner.

Meinen Vater trieb die Unruhe hinaus. Er blickte in jeden Winkel, ob alles in Ordnung war, und wollte schon ins

Haus zurückkehren, als zwei amerikanische Soldaten in der Einfahrt auftauchten. Einer trug ein kurzes Gewehr, schußbereit, den Finger am Abzug. Mein Vater, der auf sie zuging, rief schon von weitem: »How do you do?« Das schien ihnen verdächtig. Als er näherkam, hob der mit dem Gewehr die Waffe. Meinem Vater, der stehenblieb, fiel nichts Besseres ein, als zu wiederholen: »How do you do?« Aller guten Dinge sind drei. Und als er seine Beschwörung zum drittenmal hergesagt hatte, nun schon mit einem Ton der Ungeduld in der Stimme, fingen die beiden an zu lachen. Mein Vater verstand nicht, was es da zu lachen gab. Er schwieg verdutzt. Als sie sein Gesicht sahen, lachten sie erst recht. Dann wurde der ältere der beiden plötzlich ernst. Er sprach sehr gut deutsch. Nachdem sie eine Weile ernsthaft miteinander geredet hatten, ernannte er meinen Vater zum neuen Bürgermeister.

Mein Vater und meine Mutter hatten immer gestritten, wer besser englisch spräche. Das war nun endgültig entschieden. »Wichtig ist nicht das, was man in der Schule lernt«, sagte mein Vater, »sondern daß man im entscheidenden Moment das Richtige zu sagen weiß.«

Manchmal trieben im Fluß Leichen an, die nicht identifiziert werden konnten. Sie wurden nach gründlicher Begutachtung auf dem Friedhof beigesetzt. Namenlos. »Sicher Soldaten, die nach Hause wollten«, sagte meine Mutter. Es gehörte zu den Pflichten des Bürgermeisters, daß er die Toten ansah. »Ich bin froh, daß ich damit nichts mehr zu tun habe«, sagte mein Vater. Ansonsten war er gern Bürgermeister gewesen. Von den Amerikanern ernannt, hatten ihn die Russen im Sommer gleich wieder abgesetzt. Die Siegermächte hatten den Westteil von Berlin gegen Thüringen getauscht.

Der neue Bürgermeister kam aus dem Osten, dorther, wo jetzt Polen war. Er sagte von sich, er wäre schon immer

Kommunist gewesen. Es gab einige Leute, die behaupteten, sie hätten etwas anderes gehört. Aber sie sagten das bloß im Flüsterton, hinter vorgehaltener Hand. Sie konnten es nicht beweisen.

Bevor die Russen kamen, fuhr ein Lastwagen, gefolgt von zwei Limousinen, in den Hof. Ein Mann sprang heraus. Es war ein Geschäftspartner meines Vaters. Einer von denen, die vorgesorgt hatten und die sehr geeignet waren, aus dem sinkenden Schiff ein Wunder zu machen. »Laden Sie auf! Es muß aber schnell gehen. Überall Niemandsland. Die Amis weg. Die Russen noch nicht da. So eine Chance kommt nie wieder«, sagte der Mann mit eindringlicher Stimme.

»Gehen Sie mit. Die Russen stellen Sie und Ihre ganze Familie an die Wand!« mischte sich der Litauer ein, der hinzukam, um sich von meinen Eltern zu verabschieden. Er war bei uns für die Pferde zuständig gewesen.

»Aber warum denn nur?« fragte mein Vater.

Als die Autos ohne uns abgefahren waren, stand mein Vater, die Hand noch zum Winken gehoben, auf dem Treppenpodest vor unserer Haustür und sagte zu meiner Mutter: »Denen bin ich nicht gewachsen.« Er meinte seine Geschäftsfreunde, die kein Risiko scheuten. Mein Vater aber war ein braver Bürger, der sich manchmal heimlich nach einem kleinen Beamtendasein sehnte.

Im Herbst begann die Schule wieder. Im Klassenbuch stand beinahe hinter der Hälfte aller Namen: *Vater gefallen* oder *Vater vermißt*.

Für mich war der Krieg das Normale gewesen. Es war normal, daß Väter verlorengingen. Für meine Eltern sah das Normale anders aus. Es hieß: vor-dem-Krieg. Vor-dem-Krieg mußte alles besser gewesen sein. Wie besser, wurde mir vielleicht am deutlichsten, als meine Mutter im Keller das Regal ausräumte, in dem die Weinflaschen lagerten, die vor-dem-Krieg geleert worden waren. Ich saß auf dem Hof in einer Ecke und hatte mich mit den interessantesten Flaschen umgeben: Es gab schlanke und dicke, stolze und dumme, liederliche und geheimnisvolle Flaschen, die man sich als Flaschenpost auf abenteuerlichen Reisen vorstellen konnte. Flaschen, die Lust bereiteten, wenn man sie nur anfaßte. Es hätte gar nicht der bunten Etiketten und der wohlklingenden Namen bedurft. Von da an glaubte ich ohne weiteres, daß meine Eltern eine andere Normalität als ich erlebt hatten.

Als ich noch sehr klein war, fragte ich nicht, wie es kam, daß wir in diesem Schloß lebten. Alles war, wie es war. Schien immer so gewesen zu sein.

Bis mir mein Vater eines Tages zeigte, wo er als Kind gespielt hatte.

Es muß in jenem heißen Sommer, zwei Jahre nach Kriegsende, gewesen sein, der so trocken war, daß kein Grashalm wachsen wollte und die fast verhungerten Kühe, weil sie zu schwach waren, vom Liegen wieder auf die Beine zu kommen, im Stall an die Decke gehängt werden mußten. Schlachten war streng verboten.

In diesem Sommer war der Fluß zu einem schmalen Rinnsal geschrumpft. Man hatte den Stausee abgelassen. Ich ging an der Hand meines Vaters über den rissigen, stinkenden Schlamm, auf dem Schwärme von Fischen lagen, die uns einäugig anglotzten. Sie sahen sehr hübsch aus. Mein Vater blickte besorgt den Vögeln nach, die ihre Beute weit davontrugen, und sagte zu mir: »Hoffentlich gibt es keine Seuche.« Ich war sehr stolz, wenn mein Vater mit mir wie mit einer Erwachsenen sprach. Ich wußte zwar nicht, was eine Seuche war, aber ich stellte mir darunter etwas Schlüpfriges vor, etwas, was man nicht halten konnte, was überallhin drang.

Wir gingen über die Behelfsbrücke zur anderen Seite der

Saale. Dort, wo gegenüber in halber Höhe der Zug in den Tunnel einfuhr, stiegen wir einen steilen Pfad empor, bis zu einer Stelle, von der man eine gute Aussicht hatte. Mein Vater zeigte hinunter und sagte: »Dort unten habe ich als Kind gespielt. Erkennst du die Reste des Mühlgrabens?« Ich erkannte nichts, ich sah nur Schlick. »Und dort haben wir gewohnt.« Mein Vater wies auf niedriges Gemäuer, in dem Wasser stand. Dann zeigte er mir, höher, eine gut gewachsene Eiche. Die Hochzeitseiche meines Großvaters.

Ich war nicht sehr konzentriert beim Zuhören. Ich wußte nicht, was ich von der Erzählung meines Vaters halten sollte. Wollte er mich verkohlen? Er konnte doch unmöglich als Kind in dem Wasser gelebt haben. Ich mochte es gar nicht leiden, wenn man mich für dumm verkaufen wollte.

Als ich ihm das gesagt hatte, erzählte er mir die Geschichte von Urgroßvater Anton, der das Dorf entdeckt hatte.

Was ihn in die gottverlassene Gegend führte, ist nicht überliefert. Vielleicht war es ein Abstecher. Vielleicht wollte er den Tunnel der neuen Eisenbahnlinie besichtigen.

Damals bestand das Dorf aus kleinen, mit Schiefer gedeckten Häusern, die malerisch über den Wiesenhang verstreut lagen. Öffnete man die Haustür, schlug einem Stallgeruch entgegen. Auf der rechten Seite blökte und gackerte es. Schafe, Ziegen, Hühner und Kaninchen hatten dort ihr Domizil. Linker Hand kam man zur Küche. Am Fenster standen in hölzernen Kübeln Porzellanblumen und Myrte. Die Katze lag auf der Ofenbank. Obwohl sie sich völlig uninteressiert zeigte, konnte man sicher sein, daß sie jede Veränderung im Raum auf das genaueste registrierte.

Hinter der Küche ging es in die gute Stube. Dort war es kalt. Die Sessel standen steif da, mit Tüchern und Decken gegen den Staub geschützt. Die gute Stube wurde nur an Feiertagen genutzt. Die Hausbewohner schliefen oben auf dem Boden in kleinen Verschlägen. Hinten rechts lagerte Heu und Stroh für die Tiere. Im Winter konnte es geschehen, daß am Morgen das Wasser in der Waschschüssel gefroren war.

Die Gegend war arm. Die Schwindsucht ging um. Das änderte sich etwas, nachdem die Papierfabrik zwei Kilometer flußaufwärts zu arbeiten begonnen hatte und der Ort an die Eisenbahnlinie angeschlossen wurde. Sommergäste kamen. In meiner Kindheit war der Ort ein Industriearbeiterdorf. Es gab viele Zugekommene durch die Umsiedler aus dem Osten und später durch die Grenztruppen.

Als Urgroßvater Anton in das Dorf kam, hatte er schon silberne Schläfen und wollte sich zur Ruhe setzen. Die Söhne waren alle außer Haus. Sohn Oskar, später der Vater meines Vaters, hatte eine schöne Stelle in Tirol. Sohn Alfred hatte in eine Papierfabrik in Schlesien eingeheiratet. Auch Sohn Max hatte getan, was getan werden mußte: Er war nach Amerika ausgewandert. Urgroßvater Anton hatte die kleine Holzstoffabrik, die er von seinem Vater geerbt hatte, verkauft. Es reichte gerade, um von den Zinsen einigermaßen gemütlich leben zu können. Nur ein Stachel blieb: Die Pacht einer Jagd würde er sich nicht mehr leisten können. Er war ein leidenschaftlicher Jäger, aber es reichte wirklich nicht. Das hatte ihm seine Luise auf Heller und Pfennig vorgerechnet.

Ich bin sicher, daß er sprachlos auf dem Felsen stand, den die Dorfbewohner Totenfels nannten, und überrascht war, solch ein landschaftliches Juwel vorzufinden. Ich stelle mir vor, daß er den Revierförster aufsuchte. Noch ohne besondere Absicht. Dort erfuhr er, daß die Jagd, zu der das Felsengebiet gehörte, noch zu verpachten war und daß der Fürst einen erfahrenen, zuverlässigen Mann gern als

Pächter sähe. »Es gibt ein paar Leute, die sich freuen würden, zur Jagd eingeladen zu werden. Der Herr Brauereibesitzer, zum Beispiel. Der Herr Kantor, der Herr Fuhrunternehmer«, sagte der Förster zu Urgroßvater Anton. Er informierte ihn auch, daß die Wasserkraft der Saale bis dahin ganz ungenutzt geblieben war. Urgroßvater Anton könnte doch versuchen, die Wasserrechte zu bekommen und wieder Holzstoff zu produzieren, wofür die Voraussetzungen gerade besonders günstig wären. »Wenn das Ganze erst einmal läuft, ist es eine kleine Goldgrube«, versicherte der Förster. Der Ort war an das neue Eisenbahnnetz angeschlossen. Und die neue Papierfabrik war ein sicherer Kunde. Regelrecht begeistert war der Mann von seinen Vorstellungen. »Und das Holz bekommen Sie von mir. Abgemacht?« Urgroßvater Anton, der sich bemüht hatte, den rauhen Dialekt des Mannes zu verstehen, schlug ein, sagte aber einschränkend: »So Luise will.« Dann stieß er einen tiefen Seufzer aus.

Dieses Gespräch hatte an einem warmen Apriltag in der Försterei stattgefunden. Als Luise erstmals in das Dorf kam, schrieb man schon August, und die Verträge über das Wasserrecht und den Kauf des Geländes waren bereits abgeschlossen.

Auch Luise klatschte vor Freude in die Hände, als sie das Dorf sah. Als sie jedoch ihre primitive Notunterkunft auf der anderen Seite des Flusses besichtigte, wurde sie still. Eine Frau, die ihre Hilfe angeboten hatte und sie begleitete, sagte: »Hier können Sie nicht bleiben. So schlimm hausen ja nicht mal die Italiener.« Da besann sich Urgroßmutter Luise und sagte tapfer: »Es ist ja nur als Sommerfrische gedacht. Ich werde noch vor dem Winter in ein richtiges Haus einziehen.«

Als ihr Mann erklärte, an welche Stelle Wehr und Graben hinkommen sollten und sie mit kundigem Blick das

Wasser abschätzte, erschrak sie sehr, denn sie ahnte, daß er auf das Frühjahrshochwasser hereingefallen war. Indessen schwärmte Urgroßvater Anton von den billigen Arbeitskräften, die er zum Aufbau des Anwesens bekommen würde, denn die Italiener hatten ihre Arbeiten am Tunnel gerade abgeschlossen und waren bereit, umgehend Wohnhaus, Fabrikgebäude und Mühlgrabenanlage zu bauen. Die Arbeit im Tunnel war schwer und auch gefährlich gewesen. Zwei Männer waren verunglückt. Das war für die betroffenen Familien eine Katastrophe.

Auch die Lage von Anton und Luise war bald katastrophal. Man wartete im Dorf schon auf die große Pleite. Aber man hatte nicht mit meinem Großvater Oskar gerechnet. Man kannte ihn noch gar nicht.

Gleich am Tage ihrer Ankunft hatte sich meine Urgroßmutter Luise hingesetzt und bei Kerzenlicht an ihren Sohn Oskar einen Brandbrief geschrieben, von dem ihr Mann nichts wissen durfte. Nach einiger Bedenkzeit war Oskar gekommen und hatte sich alles angesehen. Da war die Lage schon sehr schlecht – der Winter nahte, das Haus war noch nicht beziehbar. Die Fabrik stand erst als Rohbau. Das Geld war verbraucht. Den Neubauten, dem Dorf gegenüber, auf der anderen Seite des Flusses, sah man auf Schritt und Tritt an, daß der Bauherr sparen mußte.

Urgroßvater Anton gab sofort die Zügel aus der Hand, oder genauer, er legte sie in die Hand seines Sohnes.

Großvater Oskar blieb. Er leitete das Baugeschehen. Er besorgte einen Kredit. Er trieb den Aufbau der kleinen Fabrik voran, die mit Hilfe der Wasserkraft in einem Schleifverfahren das Holz mechanisch in eine faserige Masse verwandelte, es also in einen Zustand brachte, wie er für die Papierherstellung notwendig war. Diese Masse, auch Holzstoff genannt, wurde an die Papierfabrik verkauft.

Es gibt Menschen, die sind von Lob und Anerkennung anderer abhängig. Es gibt Menschen, die ruhen ganz in sich. Sie sind kauzig, sie sind Originale, die sich treu bleiben. Sie sind Bauchmenschen. Sie beurteilen eine Situation mit dem Gefühl. Und zu diesem Urteil stehen sie total. Der Kopfmensch, der auf seinen Verstand setzt, wird dagegen nur zu unvollständigen Schlüssen und zu bedingten Aussagen gelangen, da das Leben nicht der einfachen Logik folgt. Während er noch zögert und zur Beurteilung einer Situation die schönsten Fallunterscheidungen macht, hat der Bauchmensch sein Urteil längst gefällt.

Großvater Oskar war ein Bauchmensch.

Er gehörte nicht zum Dorf. Und er versuchte auch nicht, Zugehörigkeit vorzutäuschen. Im Gegenteil. Er legte Wert auf Abstand. Allein in der Sprache trennten sie Welten.

Er stammte aus dem Hannoveranischen, aus einer Gegend, von der manche sagen, daß dort das beste Deutsch gesprochen würde. Er sagte nicht Sch-timme, sondern S-timme, nicht Sch-pinne, sondern S-pinne. Der Dialekt des Dorfes war eine deftige Mischung aus Thüringisch, Fränkisch und Bayrisch.

Trotz allem konnten sich die Dorfbewohner bald nicht mehr vorstellen, daß er im Dorf fehlte.

Einmal, als ich bereits nur noch als Besuch ins Dorf kam, sprach mich ein alter Mann an, der hatte von meinem Großvater eine Zigarre geschenkt bekommen. »Ich habe sie aufgehoben. Kannst vorbeikommen. Ich zeige sie dir.«

Ich habe meinen Großvater Oskar nicht mehr kennengelernt. Von den Bildern her stelle ich ihn mir als einen kleinen, stämmigen älteren Herrn mit dicker Nickelbrille vor, der durch den Garten geht und zu der alten Frau Weiß, die Unkraut jätet, vorwurfsvoll sagt: »Hier ist noch ein Pflänzchen.«

Im ersten Frühjahr, das Anton, Luise und Oskar im Dorf

erlebten, war das Wetter sehr launisch. Im Gebirge, wo noch Schnee und Eis lag, wechselten Tauwettertage und Kälteeinbrüche einander ab, so daß es weiter flußabwärts mal Hochwasser und mal Niedrigwasser gab. Immer wenn das Wasser kam, arbeitete die kleine Fabrik auf vollen Touren, auch mitten in der Nacht. Dann hackte Großvater Oskar das Holz auf die nötige Größe, und seine Mutter speiste damit die Maschine. Man hörte das Geratter im ganzen Dorf. Die Bewohner schliefen unruhig. Aber gerade dadurch festigte sich das gute Verhältnis zu dem jungen Mann, sie waren von seiner Tüchtigkeit überzeugt. Großvater Oskar grübelte inzwischen über eine Veränderung von Wehr und Graben, die einen Ausgleich der verschiedenen Wasserstände bewirken sollte, so daß ein effektiverer Umgang mit dem Wasser möglich wurde.

Drei Jahre später war die Jagd gepachtet, zwar nicht von Urgroßvater Anton, wohl aber von seinem Sohn, der selbst ein leidenschaftlicher Jäger war. Außerdem brachte Oskar eine junge Frau ins Haus, meine Großmutter Rena. Das war kurz vor der vorigen Jahrhundertwende. Über vierzig Jahre vor meiner Geburt.

Manchmal bekomme ich einen Schreck.

In meiner Familie gab es immer die Tugendhaften und die Sünder. Zum Beispiel Großtante Toni: Sie war aus Liebe einem Offizier bis nach Afrika gefolgt und hatte sich dort erschossen. Ihr Name wurde in der Familie nicht mehr erwähnt. Nur durch Zufall erfuhr ich von ihrer Existenz. Auch die Geschichte von Großonkel Max kenne ich nicht. Noch heute nicht.

Großvater Oskar gehörte auf jeden Fall zu den Tugendsamen. Er war kein Kavalier, der den Damen den Hof machte. Die Ehe war ein Vertrag auf Lebenszeit. Und darauf konnte sich seine künftige Frau verlassen. Sie lernten sich durch eine Heiratsvermittlung kennen. Alles ging sachlich und wohlüberlegt zu.

Als die junge Frau im Tal einzog und sich umsah, schien es ihr, als ginge von dieser Gegend etwas Düsteres, ja Bedrohliches aus. Wohin sie auch blickte, in allen Richtungen war der Horizont ganz nahe. Wenn sie die Gegend vorher gesehen hätte, wäre sie vielleicht in ihrem Entschluß schwankend geworden.

Großvater Oskar entpuppte sich als jähzornig und herrschsüchtig. Er war ein Familientyrann. Seine Frau Rena unterwarf sich nicht ohne weiteres, so daß es heftige Szenen zwischen den Eheleuten gegeben hat. Anfangs lebte die Schwiegermutter, Urgroßmutter Luise, noch im Haus. Mit der war nicht gut Kirschen essen. Und Mutter und Sohn hielten meistens zusammen.

Als Urgroßmutter Luise sterben sollte – der Pfarrer war schon dagewesen, und die Familie legte die schwarzen Kleider bereit –, richtete sich die Sterbende plötzlich und unerwartet auf und schrie: »Hermine!« Und als Hermine mit verweinten Augen erschien, befahl sie mit fester Stimme: »Hol die Rehkeule vom Boden. Hier läßt man mich glatt verhungern.«

Und sie war dem Tode fürs erste entsprungen.

Der Jähzorn von Großvater Oskar ist in der Familie sprichwörtlich geworden. Wenn meine Mutter zu mir sagte: »Du bist wie dein Großvater Oskar«, so war das eine Kritik. Aber der Tonfall, mit dem es gesagt wurde, klang eher anerkennend.

Dort, wo der Hausgarten an den Friedhof grenzt, konnte ich leicht auf die Mauer hinaufklettern. Sprang ich auf der anderen Seite hinunter, stand ich direkt auf dem mit Efeu überwucherten Grab von Anton und Luise. Daneben das von Rena und Oskar. Heute sind sie alle längst vergessen.

Ihre Gräber sind eingeebnet. Der Friedhof ist gesperrt. Wegen der Hygiene.

Aber es gibt mehr Spuren, als man denkt. Die Familie sucht man sich nicht aus. Sie ist wie eine Stafette. Der Stab wird von Generation zu Generation weitergegeben. Ehe man sich bewußt macht, worum es eigentlich geht, ist der Wechsel schon vollzogen.

AM TAG HÖRE ich das Rauschen der vorüberfahrenden Autos, das von Hauswand zu Hauswand geworfen wird. Die Geschäftigkeit der großen Stadt ist allgegenwärtig. Am Tag werden Türen zugeschlagen, heftige Worte gesagt und fremde Angelegenheiten geklärt. Der Tag ist verworren. Er erschöpft meine Seele. Hat sie immer erschöpft. Aber er tötet nicht.

Die Nacht hingegen ist wie ein tiefer Abgrund. Ein Abgrund in mir. In jedem Moment kann ich hinabstürzen. In der Nacht ist die Angst. Die tödliche Angst vor dem Tode. Die alles mit sich reißt, das Innen wie das Außen.

In der Nacht erwache ich. Die Stille ist vollkommen.

Die einzige Verbindung nach draußen ist die Furcht vor dem, was unausweichlich aus allen Richtungen auf mich zukommt. Am liebsten würde ich jetzt aufspringen und schreien. Aber die Schwäche hält meinen Körper wie eine Fessel gefangen. Wieder bin ich angebunden.

Als ich zwei Jahre alt war, schrieb meine Mutter in ihr Tagebuch: »Wir können sie jetzt nachts nicht mehr anbinden. Sie wehrt sich so dagegen, daß sie sich schon einmal beinahe erhängt hat.«

Wenn es hell wird, werden die Nachtgedanken zu Schemen. Übrig bleibt Gleichgültigkeit, ein Gefühl der Leere. Als ich die Augen wieder aufschlage, steht die Sonne schon hoch über dem Nachbardach.

ICH BESUCHE MEINE Mutter. Sie sitzt kerzengerade im Zimmer des Seniorenheims. Mit 95 Jahren wehrt sie sich dagegen, von mir gefüttert zu werden, weil sie Angst hat, ich bekleckere sie. Ich hingegen wünsche mir immer noch, von ihr geliebt zu werden. Ich brauche ihre Anerkennung.

Mit 90 wollte sie sterben. Aber seit sie eine Mitbewohnerin im Zimmer hat, geht es ihr viel besser. Die beiden Frauen verständigen sich tastend. An Tagen, an denen sie einander gut gesonnen sind, bin ich überflüssig. Meine Mutter beachtet meinen Besuch kaum. An Tagen, an denen sie sich nicht verstehen, bin ich willkommen.

Heute spricht sie kaum mit mir. Schwer zu sagen, ob sie mich ablehnt oder ob ihr der Zugang zu den Worten versperrt ist.

Wenn ich bedenke, wie ihr die Erinnerungen nach und nach abhanden gekommen sind und wie sie die Lücken mit Erfundenem zu füllen versuchte, gruselt es mich. Ein Mensch, der seiner Erinnerungen beraubt wird, ist am Ende vor sich selbst ein Niemand. Und man glaube nicht, daß die Kranken es nicht bemerken. Ich habe nicht verstanden, was mit ihr los war. Noch heute strahlt sie eine gewisse Würde aus. Meine Mutter war von uns beiden immer die Stärkere.

Eine Schwester fragt mich: »Wie geht es Ihnen?« und ist schon wieder verschwunden. Sie hat keine Antwort abgewartet. An diesem Tag geht es mir nicht gut.

Ich setze mich in den Rollstuhl meiner Mutter und lasse

mich von ihr über den Flur im fünften Stock des Seniorenheims schieben. Das bereitet ihr sichtlich Vergnügen. Nie war die Beziehung zwischen mir und meiner Mutter so eng wie in Zeiten, in denen ich krank war. Natürlich war ich oft krank. Ihre Fürsorge war nicht ohne Risiko für mich. Es konnte geschehen, sie diagnostizierte einen Fieberkrampf und hielt mich unter kaltes Wasser. Noch in ihren späten Jahren erzählte sie, wie sie mir auf diese Weise das Leben gerettet hätte.

Lag ich mit Fieber im Bett, hatte ich mindestens noch neun schulfreie Tage vor mir, drei Tage mußte ich ohne Fieber im Bett verbringen. Danach drei im Zimmer. Und die letzten drei Tage hatte ich Ausgang. Erst dann war meine Mutter zufrieden und stellte fest, daß die Krankheit überwunden wäre. Ohne Großmutter wäre das nicht auszuhalten gewesen. Deswegen wurde die Mutter meiner Mutter, meine Großmutter Anna Emma Lina, in Bewegung gesetzt. Sie kam nachmittags halb drei mit dem Zug aus dem Tunnel. Wenn sie mich im Bett liegen sah, sagte sie: »Den Vogel, der am Morgen singt, den holt am Abend die Katz.«

»Und was ein Häkchen werden will, das krümmt sich beizeiten!« erwiderte ich.

»Gut gemerkt. Vergiß es nur nicht!« spottete die Großmutter.

»Großmutter, warum hältst du dich so grade? Wolltest du kein Häkchen werden?«

»Ich? Ach, du alte Klugscheiße«, sagte Großmutter.

»Dummheit und Stolz wachsen auf einem Holz«, zitierte ich.

»Von mir hast du das nicht. Erzähl nur keinem, du hättest es von mir.«

»Der Apfel fällt nicht weit vom Birnbaum«, konterte ich.

»Wird die Schule nicht bald Sehnsucht nach dir haben?« fragte die Großmutter.

»Du weißt doch, Oma, ich bin die Klügste.«

»Jetzt stinkt es aber hier«, sagte die Großmutter, öffnete die Tür und versuchte zu entkommen.

Mein Vater nannte die Geschichten der Großmutter *Walzen*. Walzen und Großmutter waren untrennbar. »Sie gebraucht sogar jedesmal dieselben Worte, das soll mal einer aushalten«, stöhnte er. Die Großmutter wußte wohl, was ihr Schwiegersohn von ihren Erzählungen hielt, nicht zuletzt, weil er es ihr gesagt hatte. Aber das hatte kaum einen Einfluß auf ihr Mitteilungsbedürfnis.

Mein Vater, der nicht verwinden konnte, daß er nicht auf einem humanistischen Gymnasium gewesen war, traktierte mich mit lateinischen Sprüchen. *Quod licet Jovi, non licet bovi*! spielte dabei eine besondere Rolle. Und es ist verständlich, daß ich mich darüber ärgerte. Er war Jupiter, dem alles erlaubt war, und ich der Ochse. Das Reservoir an Spruchweisheiten meiner Großmutter Anna Emma Lina war dagegen schier unerschöpflich. Und ich war ihre gelehrige Schülerin.

Sie war die einzige, die ich von meinen Großeltern noch kennengelernt habe. Aus ihren Geschichten habe ich etwas über die Familie meiner Mutter erfahren.

Unser Dorf gehörte zum Oberland, dorthin, wo die schwarzen Zweige des Schlehdorns im Frühling zarte weiße Blüten tragen und im Herbst bereifte saure Früchte feilbieten.

Wenn im Oberland die Schneeglöckchen blühten, leuchteten bei der Großmutter bereits die bunten Krokusse im Rasen. Wo das Oberland ins Holzland übergeht, und noch ein Stückchen weiter, liegt der Ort, aus dem Großmutter Anna Emma Lina kam. Wo meine Mutter ihre Kindheit verlebte.

Großmutter mußte vor allem vorlesen. Doch dabei ermüdete sie schnell. Sie nahm ihre Brille ab und putzte sie umständlich mit einem schneeweißen Taschentuch, das sie als junges Mädchen umhäkelt hatte. Solange Großmutter da war, fand man solche Taschentücher in allen Sesselecken.

Ich wußte, es zog sie in die Küche, wo sie von der Köchin die Neuigkeiten unserer Familie zu erfahren hoffte. Ich wußte aber auch, wie ich sie halten konnte. Ich brauchte nur zu sagen: »Großmutter, erzähl doch mal, wie das war mit Käse und Quark.«

Meine Vorfahren sind in den Gründerjahren zu einem gewissen Reichtum gekommen. Die erste Generation war draufgängerisch und risikofreudig. Der Großvater meiner Mutter, also einer meiner Urgroßväter mütterlicherseits, war stolz, den Wetterhahn auf der Wartburg repariert zu haben, als sich niemand sonst hinauftraute. In diesem Übermut warb er um die Hand der Tochter eines reichen Freibauern, der ihn empört abwies und seine Tochter enterbte, als sie sich von dem jungen Handwerksmann entführen ließ. Obwohl dieser sich häufig in England aufhielt, machte er ihr sechzehn Kinder, von denen meine Großmutter die Jüngste war. Von England brachte er die mit Dampfkraft angetriebenen Webstühle mit. Und durch diese Innovation war er so erfolgreich, daß er auf dem Totenbett jedem Kind eine eigene Teppichfabrik oder eine entsprechende Aussteuer hinterlassen konnte. Außerdem war er Ehrenbürger seiner Stadt. Den Hauptanteil am Erbe bekam aber traditionsgemäß der älteste Sohn, der Erbschleicher Oskar, der Schweinehund, wie ihn meine Großmutter nannte, und der nicht zu verwechseln ist mit meinem Großvater Oskar. Die zweite Generation baute große Villen, und nach und nach hielten dort immer mehr Elemente eines bürgerlichen Lebensstils Einzug. Die Mädchen kamen ins Pensionat, und die Jungen besuchten ein Gymnasium.

Alles war ein bißchen spießig, aber sehr stabil. Man war neureich und hatte sich noch nicht freigeschwommen. Man glaubte, das kommende Jahrhundert könnte keine Überraschungen mehr mit sich bringen. Alles wäre schon dagewesen, alles schon bekannt. Das Lebensgefühl speiste sich aus einer gefährlichen Mischung von Tüchtigkeit und Kitsch, die jederzeit in Gewalt umschlagen konnte.

Ich hörte die Familiengeschichten wie die Märchen aus dem dicken Buch, aus dem Großmutter vorlas.

Großmutters Lieblingsgeschichte handelte davon, wie sie den Großvater bekam. Ihr Lieblingsbruder hieß Edwin. Er wurde nur 25 Jahre alt, weil damals Blinddarm noch nicht operierbar war. Sie erinnerte sich noch genau, wie er spottend gesagt hatte: »Kleine, du wirst noch zwischen Käse und Quark wählen.« Weil sie keinen ihrer Verehrer wollte. »Und wie recht ich hatte. Stell dir vor, ich hätte einen von denen genommen und eines Tages wäre der Richtige erst gekommen.« An dieser Stelle schwieg sie immer eine Weile, und ihre Augen glänzten.

Eines Tages war er wirklich gekommen und war nicht weniger unternehmungslustig als die anderen. Es hatte ihn sogar bis Afrika getrieben, wo er für eine Schokoladenfabrik Rohstoffe einkaufte. Aber er hatte kein eigenes Kapital. Und so hatte er sich auf Brautschau begeben, in der Hoffnung, eine Frau zu finden, deren Mitgift für eine Existenz gut war. Ein Vorhaben, das ihm keiner übelnahm. Und es war seine eigene Schuld, wenn er es als einen Makel ansah, mit dem Geld seiner Frau zu wirtschaften.

Meine Lieblingsgeschichte war die Geschichte vom Erbschleicher Oskar, dem Schweinehund, der an der Syphilis litt, aber so zäh war, daß er bereits zwei Frauen unter die Erde gebracht hatte. Die dritte lebte noch. Sie hatte ein tuberkulosekrankes Kind im Alter meiner Mutter. Oskar, der Erbschleicher, der Schweinehund, sah neben seiner Familie aus wie das blühende Leben. Wenn man dem Familienbuschfunk trauen wollte, kam das von Affendrüsen, die er sich regelmäßig einsetzen ließ.

Meine Mutter wurde eingeladen, mit dem kranken Kind zu spielen und auch am Privatunterricht teilzunehmen, solange dies noch möglich war, denn im nächsten Herbst, kurz vor der geplanten Abreise nach Davos, wo es seine wenigen Winter verbracht hatte, starb das Mädchen. Wie durch ein Wunder hatte sich meine Mutter nicht angesteckt.

Als meine künftige Großmutter meine künftige Mutter geboren hatte, drehte sie sich gegen die Wand und sah das Baby nicht an. Es sollte eigentlich ein Stammhalter werden. Das war von äußerster Wichtigkeit. Einen Stammhalter hatte nicht einmal der Erbschleicher Oskar geschafft. Ich bin überzeugt, daß der Mensch bereits bei der Geburt merkt, ob er willkommen ist oder nicht. Von der Zeugung geht schon ein gewisser Einfluß aus. Ich wäre immer gern das Produkt einer Liebesnacht gewesen und war doch nur das Ergebnis fortgesetzter Bemühungen. Meine Eltern hatten mit der Hochzeit warten müssen, bis der Großvater die Erlaubnis gab.

Meine Mutter und meine Großmutter Anna Emma Lina müssen unter demselben Mangel an Zärtlichkeit gelitten haben wie ich. Aber jede hat es weitergegeben. Als ich die Reihe durchbrechen wollte, war es bereits zu spät, meine Kinder waren fast erwachsen.

Als der Termin meiner Geburt nahte, begab sich meine Mutter nach Gera, meiner späteren Geburtsstadt, wo sie bei einer Freundin wohnte.

Meine Mutter hatte nur sehr ungenaue Vorstellungen von ihrem Körper. Sie wußte nicht, was ein Blasensprung bedeutete. Plötzlich muß für mich die schöne schwebende Zeit vorbeigewesen sein. Die Schwerkraft mochte meinen Kopf bedenklich nahe an die Nabelschnur gezogen haben, die meinen Körper mit Sauerstoff und Nahrung versorgte. Meine Mutter, für die der Abgang von soviel Flüssigkeit ein peinlicher Vorgang war, wechselte die Wäsche. Danach gingen die beiden Damen zur Tagesordnung über, und auf der stand der Besuch eines nahegelegenen Rummelplatzes.

Sie lachten über den dummen August und fuhren Karussell. Dabei müssen meine Bewegungen nun viel härter zu spüren gewesen sein. Doch sie aßen Kirschen und spuckten die Kerne um die Wette ins Gras. Dann wurde es meiner Mutter komisch. Sie hätte nicht zu sagen vermocht, ob von den Kirschen oder von mir.

Der junge Arzt, der ihr einige Stunden später das Neugeborene, also mich, zeigte, sagte: »Ein schönes Baby.« Es war seine Aufgabe, »ein schönes Baby« zu sagen, denn die Patientinnen ließen eine Menge Geld in der Klinik.

»Aber es sieht ja so rot aus«, sorgte sich meine Mutter.

»Haben Sie etwas Rotes gegessen?« fragte der Arzt.

»Kirschen«, antwortete meine Mutter.

»Na sehen Sie«, sagte der Arzt.

Ich schiebe meine Mutter im Rollstuhl durch den Garten des Seniorenheims. Ich fürchte den Augenblick, in dem ich gehen muß. Ganz gleich, wie sie reagiert, ich habe immer ein schlechtes Gewissen, sie in der Obhut Fremder zurückzulassen, die mit ihr sprechen, als wäre sie ein Kind. Meine Mutter hat sich nie gewünscht, zu mir zu kommen. Sie hat sich immer ein bißchen vor mir gefürchtet wegen meiner Eigenschaften, die sie an Großvater Oskar erinnerten, und wegen der Geschichten, die sie über mich erzählt hat und an die sie am Ende selbst glaubte. Meine Mutter konnte sehr anschaulich und glaubwürdig erzählen. Sie hat dabei nie einen Konjunktiv verwendet und war dadurch sehr überzeugend. »Wir können nicht zeichnen«, sagte sie. Meine Mutter liebte es, gleich für uns beide zu sprechen.

Und es gab noch mehr, was wir nicht konnten oder nicht mochten. Wir konnten nicht stillen, wir waren unsportlich, wir mochten keine Zärtlichkeiten. Aber sie hat es jetzt sehr gern, wenn ich sie in den Arm nehme und streichle oder auch nur ihre Hand halte.

Ich bin ungerecht. Fast nehme ich es ihr übel, daß sie ihrer Funktion als Mutter nicht mehr gerecht wird. Wozu sind denn Eltern da, wenn nicht dazu, ihre Kinder zu bewundern. Wie gerne würde ich ihr eine meiner Zeichnungen zeigen. Wie gerne würde ich von ihr den erstaunten Ausruf hören: »Das hast du gemacht? Du? Das kann doch nicht wahr sein!« Ich merke, daß meine Mutter ermüdet ist. Wir fahren mit dem Fahrstuhl zum fünften Stock zurück. Einmal habe ich ihr eines meiner Bilder mitgebracht. Aber sie hat es nicht ansehen wollen. Und ihre Bettnachbarin hat einen hysterischen Anfall bekommen. Ich bringe meine Mutter in ihr Zimmer.

Ich sehne mich nach Hause. Zum erstenmal habe ich mir eine Wohnung nur für mich eingerichtet. Es sind meine Wände. Und an diesen Wänden hängen meine Bilder. Manchmal sehe ich sie an und kann nicht glauben, daß sie von mir sind. Sie sind mir merkwürdig fremd und vertraut zugleich.

Als ich mich von meiner Mutter verabschiede, sage ich: »Übrigens male ich jetzt.« Das Gesicht meiner Mutter bleibt völlig unbewegt.

»Ich male mit Kreide, verstehst du? Richtige Bilder, die man an die Wand hängen kann.«

»Ich verstehe nicht«, sagt meine Mutter.

DER LEHRER KRAUTNER war schon in den zwanziger Jahren als Antisemit bekannt. Deshalb war die Oberprima nicht überrascht, als er den Lateinunterricht durch eine geschickte Wendung unterbrach und etwas von seinen anthropologischen Studien einfließen ließ. Er sprach über den Zusammenhang von Physiognomien und Charakteren, über Schädelformen, Edelmut und Mannesgeist. Er sprach lange über Jung-Siegfried als Symbol. Doch er muß gespürt haben, daß er an diesem Tag die Klasse nicht voll in der Hand hatte. Er meinte, sogar ein Lachen gehört zu haben. Er faßte meinen Vater ins Auge, der bei der Taufe den Namen Siegfried erhalten hatte und der nun blondgelockt und blauäugig dasaß und ihn ansah. Allerdings mit einem Gesichtsausdruck, den der Lehrer nicht deuten konnte. Er bemerkte, daß hinter meinem Vater getuschelt wurde, und wollte den Stier bei den Hörnern packen. Er begann am Kopf meines Vaters den typisch germanischen Langschädel zu demonstrieren. Jetzt wurde in der Klasse offen gelacht. Zum Glück ertönte das Pausenzeichen. Mein Vater beeilte sich, den Raum zu verlassen. Als er sich noch einmal umsah, standen der Lehrer und zwei Mitschüler zusammen und diskutierten heftig. Der Lehrer würde ihm die Blamage nie verzeihen.

Die Mutter meines Vaters war vor ihrer Hochzeit zum Christentum übergetreten. Der Pfarrer lobte sie als gute Christin, vor allem dann, wenn er für meinen Großvater ein gutes Beispiel brauchte. Meine Großmutter hatte allerdings nie ein Hehl daraus gemacht, daß sie jüdischer Herkunft war, was mein Vater ärgerlich vermerkte, da er glaubte, daß ihm seine Mutter eine Menge Schwierigkeiten erspart hätte, wäre sie mit dieser Information etwas zurückhaltender umgegangen.

Mein Vater kehrte am Abend jenes Tages schweren Herzens zurück in seine Pension. Er sollte recht behalten mit seinen Befürchtungen. Von nun an hatte er keine gute Minute mehr bei diesem Lehrer. Er verließ nach einem Vierteljahr die Schule.

Mein Vater wollte ein guter Deutscher sein. Seine Gesinnung bezeichnete er als deutsch-national. Wenn das Gespräch auf seine Mutter kam, dauerte es nicht lange, bis mein Vater voller Stolz mitteilte, daß sie ausgebildete Wagnersängerin war. Und ihr Bruder war Privatdozent für deutsche Literatur.

Einmal, nach einer Lesung, kam ein Herr zu mir und wollte wissen, ob ich die Tochter von Siegfried K. sei. Als ich bejahte, drückte er mir freudig die Hand und sagte: »Mit Ihrem Herrn Vater habe ich die schönste Zeit meines Lebens verbracht. Und raten Sie mal, wo!« Als ich erwartungsvoll aufsah, fuhr er fort: »Beim Stahlhelm.«

Stahlhelm. Was hatte mein Vater damit zu tun? Mir verschlug es den Atem. Als ich später in einem Lexikon nachsah, fand ich: gegen die Republik gerichtete militaristische Vereinigung, deren Mitglieder später von der SA übernommen wurden!

Nicht alle. Mein Vater sicher nicht.

Es schien mir, als hätte der Mann mit einem gewissen Triumphieren in der Stimme gesprochen. Ich muß ihn so verblüfft und ungläubig angesehen haben, daß er es vorzog, sich aus dem Staube zu machen. Was ich bedauerte, denn ich hätte gern mehr erfahren.

Meistens liegen im Leben Licht und Schatten nahe beieinander. Der Vorfall mit dem Lehrer Krautner hatte meinem Vater nicht nur Nachteile eingebracht, sondern auch meine Mutter. Sie besuchte das benachbarte Lyzeum. Zwischen den beiden Schulen hatten sich rege Beziehungen herausgebildet. Wobei die gemeinsame Tanzstunde eine besondere Rolle spielte.

Als meine Mutter erfuhr, daß jemand schlecht behandelt wurde, regte sich ihr Gerechtigkeitssinn. Sie gab meinem Vater durch Zeichen zu verstehen, daß sie auf seiner Seite wäre. Was er seinerseits ein bißchen weit auslegte. Wogegen sie nichts einzuwenden hatte. Im Gegenteil. Als sie sich einmal trafen, verstohlen umhergesehen hatten und sich ganz allein fanden, reckte sich meine Mutter und küßte ihren Begleiter mitten auf den Mund. Erschreckt durch die eigene Courage, rannte sie mit hochrotem Kopf nach Hause. Ihre Schnürstiefel klapperten auf dem Kopfsteinpflaster. Ihr war überhaupt nicht lustig zumute. Glaubte sie doch, vom Küssen ein Kind zu bekommen. Und das wäre eine entsetzliche Schande gewesen.

Mein Vater wußte nicht, ob Sommer oder Winter war. Daraus schloß er, daß es Frühling sein mußte. Und das stimmte dann auch. Diesen Tag feierten sie später als den Tag ihrer heimlichen Verlobung. Aber erst einmal schrieb sich mein Vater an der Technischen Hochschule in Darmstadt ein, wo er auch ohne Abitur Maschinenbau studieren durfte.

In dem Jahr, das er in Darmstadt verbrachte, hat er wohl eher die studentischen Verbindungen studiert als die Maschinen.

Ich war eine aufmerksame Zuhörerin. Und er erzählte oft davon. Ich wunderte mich. Denn er war ehrgeizig und gewissenhaft. Vielleicht war es ein Versuch, das negative Bild, das der Lehrer Krautner gezeichnet hatte, für seine Person zu überwinden, indem er sich als zuverlässiger Freund und mutiger Fechter erwies. Eine weithin sichtbare Blessur oberhalb der linken Augenbraue war sein ganzer Stolz. Allerdings nutzte ihm das gar nichts. Am Ende des Jahres beschlossen die Führungsgremien der Verbindung die Trennung von allen Nichtariern. Im Klartext: mein Vater wurde rausgeschmissen. »Es tut uns leid«, sagte wohl der eine oder der andere. Doch sie waren nicht voll bei der Sache.

Mein Vater gab Studium und Berufsausbildung auf und

plante, Unternehmer zu werden. Dazu brauchte man Ideen. Und man mußte Ideen und Kapital zusammenführen. Das traute er sich zu.

Inzwischen war die Erkenntnis, daß in der Saale noch ungenutzte Energie steckte, auch auf zuständige Schreibtische gelangt. Es waren zwei Staumauern mit den zugehörigen Kraftwerken geplant. Das Anwesen meines Großvaters Oskar würde überflutet werden. Die Gesetzeslage war eindeutig. Mein Großvater Oskar hatte wahrscheinlich auch keinen Protest vorgehabt, denn er bekam als Entschädigung eine schöne Summe ausgezahlt. Außerdem erhielt er Wald und Felder und alles, was von dem ehemaligen Gut noch niet- und nagelfest war. Einschließlich des alten Gutshauses. Das war alles ziemlich heruntergewirtschaftet. Aber an sich war diese Entwicklung der Dinge ein Glücksfall. Die sorgenfreie Zeit, die es nach den Anfangsschwierigkeiten gegeben hatte, war für die kleine Holzschleiferei vorbei gewesen. Die ganze Technologie war veraltet. Die Papierfabrik zahlte immer weniger für den Holzstoff, waren doch die eigenen chemischen Verfahren wesentlich billiger.

Als mein Vater vom Studium nach Hause kam, fand er das Gutshaus völlig verändert vor. Es war nun wirklich ein Schloß. Meinem Vater stockte vor Schreck für einen Moment der Atem, weil er sofort an das dahingegangene Kapital denken mußte.

Eines Tages hatte Großvater Oskar von seinen Verwandten einen Familienstammbaum zugeschickt bekommen und sich am Ende seines Astes allein gefunden. Es war offensichtlich, daß seine Frau und seine Kinder ausgeschlossen wurden. Er hatte einen furchtbaren Zornesanfall, den er ganz allein mit sich ausmachte. Die Demütigung war nicht mitteilbar. Er beschloß, ein eigenes Geschlecht zu gründen und selbst Ahnherr zu sein. Die Ahnengalerie begann mit

Anton und Luise, und die Gemälde waren schon fertig. In seinem Testament gab es jetzt die Festlegung, daß seine Erben an dem Haus und seiner Einrichtung hundert Jahre nichts verändern durften. Und nun stand sein Sohn vor ihm und war entsetzt darüber, daß der Ausbau des Hauses fast das Doppelte der Summe gekostet hatte, die im Kostenvoranschlag ausgewiesen war. Sie standen sich gegenüber, und keiner begriff den anderen, obwohl sie die gleiche bittere Erfahrung gemacht hatten. Der Sohn verstand den Vater nicht, der bis dahin nie Äußerlichkeiten gebraucht hatte, um eine Persönlichkeit zu sein, der immer sparsam gewirtschaftet hatte und zum Beispiel trotz der Bitten der Frauen keine Verbesserungen an der Wohnsituation im Tal vorgenommen hatte. Aber nun war er nicht in der Lage, dem Sohn seine Absicht zu erklären. Auch der Sohn brachte es nicht über sich, dem Vater die Gründe für den Abbruch des Studiums zu erläutern.

Die Mutter meines Vaters, meine Großmutter Rena, liebte ihren Sohn über alles. Aber sie konnte ihm nicht entgegeneilen wie der Vater. Sie war seit Jahren wegen eines ärztlichen Fehlers ans Bett gefesselt. Als mein Vater noch ein Kind gewesen war und sie noch im Tal lebten, hatte er einen Einbrecher überrascht. In seiner Angst war er aus dem Fenster gesprungen und hatte sich ein Bein gebrochen.

Der Bruch heilte schlecht. Mein Vater hinkte fast den ganzen Sommer.

Er erzählte mir, daß er eines Abends, schon im Bett liegend, im Nebenzimmer ein Geräusch hörte. Gewarnt durch sein Erlebnis mit dem Einbrecher, beschränkte er sich jetzt darauf, durch das Schlüsselloch zu spähen, konnte aber in der Dunkelheit nichts erkennen. Da hörte er ein Flüstern. Seine Mutter. Sie schien sich mit jemandem zu unterhalten. Plötzlich begriff er, daß sie betete. Sie flehte Gott an, ihren Jungen wieder gesund zu machen und das, was ihm zugedacht war, lieber ihr aufzuerlegen. Im Herbst hatte mein Vater die Sache mit dem Bruch überwunden. In der Weihnachtszeit stürzte meine Großmutter an der steilen Stelle vor dem Pfarrhaus, an der sich das Eis immer lange hielt.

Mein Vater erzählte das nur mit Überwindung. »Das glaubt sowieso niemand«, sagte er. Leider hatte die Geschichte ein Nachspiel: Der Arzt, der den Bruch nicht erkannte und später Verwachsungen fand, konnte seine Fehldiagnose nicht eingestehen, statt dessen irrte er lieber zum zweitenmal und kam zu der Diagnose: Krebs. Meine Großmutter wurde mit Röntgenstrahlen behandelt. Und da die Dosis nicht richtig bemessen worden war, erlitt sie eine Röntgenverbrennung, die nicht wieder heilte. In der Wunde lag die Schlagader bloß. Das bedeutete, daß meine Großmutter die letzten siebzehn Jahre ihres Lebens im Bett zubringen mußte, in einer Umgebung, in der sie sich einsam fühlte und kaum Gesprächspartner hatte. Meine Großmutter ertrug die Leiden mit großer Willensstärke. Ich habe noch jetzt von ihr kunstvoll bestickte Tischdecken. Durch die Berichte ihrer Pflegerin war sie über alles, was draußen geschah, informiert. Sie lebte mit den anderen mit. Der Großvater verlangte, daß jedes Familienmitglied am Tag für eine gewisse Zeit am Krankenbett weilte.

Sie starb 1934. In der Familie gab es verschiedene Aussagen zu ihrem Tod. Einmal wurde erzählt, Großmutter Rena sei an Verfolgungswahn gestorben. Sie stellte die Nahrungsaufnahme ein. Da war sie bereits siebzehn Jahre bettlägerig und völlig auf fremde Hilfe angewiesen. Ich denke, sie ist an der Angst gestorben. An berechtigter Angst.

Es gibt Angst, die vor Gefahr warnt. Sie ist lebenswichtig. Man kann fliehen, sich verstecken oder etwas anderes unternehmen. Ist man aber machtlos, angebunden, ausgeliefert, wird die Angst zerstörend.

Sie war vollkommen hilflos. Und die Nachrichten, die aus der Welt in ihr Krankenzimmer drangen, wurden immer bedrohlicher.

DIE STAFETTE LÄUFT. Die Angst wird weitergegeben. Von Generation zu Generation. Wir sprechen nicht darüber. Wir verdrängen unsere Angst aus Angst vor der Angst.

Die Angst schafft sich Gesichter. Meine Mutter war gesund und stark. Meine Großmutter wurde für die Familie zur Belastung. Sie spürte es wohl und wollte aus Angst vor Vergiftung nicht mehr essen. In unserem Hausgarten wuchsen eine Menge giftiger Pflanzen, nicht nur ein Tollkirschenstrauch, sondern auch Schneeball, Schierling und Fingerhut.

Als ich meiner Mutter viele Jahre später mein Mißtrauen beichtete, sagte sie nur: »Die Leichenfrau ist mir heute noch böse, aber ich überlasse meine Toten doch nicht einer Fremden.«

Meine Mutter war immer voller Energie. Sie hatte auch durchgesetzt, daß sie einen Beruf erlernen durfte. Andernfalls hätte sie sich geweigert, in ein Pensionat zu gehen. Sie wurde chemisch-technische Assistentin und hat sogar eine Zeitlang in Chemnitz gewohnt und dort als Laborantin in der aufblühenden Waschmittelindustrie gearbeitet. Bis sie von ihrem Vater einen Brief bekam, der sie zurückbeorderte. Meine Mutter wußte, daß ihr eifersüchtiger Bräutigam dahintersteckte.

»Ich möchte Ihr Fräulein Tochter heiraten. Aber nur unter der Bedingung, daß sie umgehend nach Hause zurückkehrt, denn es ist in unserer Familie nicht üblich, daß eine Frau arbeitet«, schrieb er an ihren Vater.

»Ich fühle mich geehrt, daß meine Tochter in solche Kreise kommt«, schrieb der Großvater Hermann im Antwortbrief an seinen zukünftigen Schwiegersohn. Meine Mutter hatte ihrer künftigen Schwiegermutter in die Hand versprechen müssen, niemandem zu erzählen, daß sie gearbeitet hatte.

Nach der Hochzeit wohnte das junge Paar in dem großen Haus und hatte nichts zu sagen. Großvater Oskar ließ sich nicht dreinreden. Weder von seinem Sohn noch von dessen Frau, obwohl ihm diese näher war als der Sohn.

Als noch nichts übergeben war und mein Großvater dazu neigte, das Haus mit prunkvollem Plunder auszustatten, versuchte mein Vater wenigstens einen Teil des Geldes in Kapital zu verwandeln. Er ließ sich ein Vorerbe auszahlen, gründete mit Unterstützung der örtlichen Vereinsbank die Schieferbergbaugesellschaft *Hoffnung mit beschränkter Haftung* und setzte sich als Geschäftsführer ein. Er hatte nicht gewußt, daß der vorherige Eigentümer Bankrott erklären mußte, weil der Schiefer brüchig war und sich nicht mehr zum Nageln auf Dächer eignete.

Er mußte sich etwas ganz Neues ausdenken.

Mit Hilfe eines Ingenieurs konstruierte er Schleifmaschinen, um den Schiefer zu bearbeiten. Da ein Bauboom ins Haus stand, verdiente er besonders an Verblendsteinen aus Schiefer. Die waren seine Erfindung. Die Werbeprospekte habe ich noch heute.

Meine Eltern waren vom Schiefer so reich geworden, daß sie trotz aller Diskriminierung glaubten, meine Zeugung ins Auge fassen zu können. Ich war ein Wunschkind. Es schien kein Problem zu sein, mich später in die Schweiz zu schicken, um alle die Dinge, die ich in Deutschland nicht machen durfte, zum Beispiel studieren, heiraten, Kinder kriegen, zu erledigen. »Schlechtes Recht ist besser als gar kein Recht«, sagte mein Vater und stellte vorzugsweise

Kommunisten ein. »Die fallen mir wenigstens nicht in den Rücken.«

»Gnädige Frau, denken Sie an Ihre Kinder! Lassen Sie sich scheiden!« hatte der Rechtsanwalt 1935 nach Veröffentlichung der Nürnberger Rasse-Gesetze gesagt.

»Wenn es einen von uns trifft, trifft es alle«, hatte meine Mutter in so bestimmtem Tone erwidert, daß der Anwalt nicht darauf zurückkam.

Als sie mir das erzählte, Jahre später, bewunderte ich meine Mutter für den Mut, mit dem sie zu meinem Vater hielt. Aber ich fühlte mich nicht geliebt, denn eine richtige Mutter mußte zuerst an ihre Kinder denken.

Als der Krieg begann, wurde der Bruch stillgelegt, weil man Lastwagen und Männer andernorts brauchte.

Viel später, nach dem Krieg, als mein Vater mit der Abwicklung der *Hoffnung* beschäftigt war und Sorgen hatte, denn die Bodenschätze waren aufgrund eines Befehls der Sowjetischen Militäradministration enteignet worden, aber die Verbindlichkeiten waren geblieben, sagte er zu mir: »Pleite kannst du gehen. Aber bei unehrenhaftem Bankrott mußt du dich erschießen!«

Mein Vater war ein unverbesserlicher Romantiker. Niemand erschießt sich mehr. Heute nicht. Und damals auch nicht. Großvater Oskar wäre gar nicht auf so eine Idee gekommen. Obwohl er eine Menge Geld durch falsches Wirtschaften zusetzte. Erst der Tod seiner Frau zeigte ihm den vollen Ernst der Lage.

Von meinen Großeltern wurde nur Großmutter Anna Emma Lina sehr alt. Die übrigen starben alle im selben Jahr. Vier Jahre vor meiner Geburt. Zuerst starb Großmutter Rena.

Wenige Wochen später folgte ihr Großvater Hermann. Er starb in einem berühmten Badeort, weil die Kurärzte seinen Blinddarm nicht so ernst nahmen, wie der es verdient hätte.

Großvater Oskar kam an einem grauen Novembertag völlig durchnäßt von einer Pirsch nach Hause. Am nächsten Tag lag er mit hohem Fieber auf dem alten Ledersofa, das ihm als Lager diente, seit seine Frau krank war. Er war noch nie krank gewesen. Er starb am siebenten Tag.

Kaum war Großvater Oskar gestorben, reiste sein Bruder, mein Großonkel Alfred, aus Schlesien an, weil er erben wollte, da mein Vater aufgrund der neuen Erbhofgesetze nicht mehr erbberechtigt war. Zu seinem Erstaunen mußte der Großonkel feststellen, daß es nichts mehr zu erben gab. Der Hof war bereits vor den neuen Gesetzen übergeben und verpachtet worden. Nach einem heftigen Wortwechsel mit seinem Neffen reiste er wieder ab, ohne an der Trauerfeier teilzunehmen.

Ein Jahr vor Kriegsende kam der Pächter des Gutes zu dem Schluß, er habe uns lange genug ertragen. Er wollte den Antrag stellen, als Eigentümer eingesetzt zu werden. Doch vorher mußten wir verschwinden. Aber es kam nicht mehr dazu. Er wurde mit einer Hirnhautentzündung ins Krankenhaus eingeliefert. Dort war auch meine Mutter, die eine nervöse Krise gehabt hatte. Sie hörte ihn schreien, bevor er starb.

»Ja, denkst du denn, ich hätte mit so etwas Mitleid«, sagte meine Mutter, wieder zu Hause, zu meinem Vater.

Mein Vater bekam also den Hof in einer Zeit zurück, in der sich an den Fronten die Kriegsereignisse überschlugen. Während eines Krieges spielt die Landwirtschaft eine besondere Rolle. Es ist schwer, mit einem hungernden Volk eine Schlacht zu gewinnen. Wo sollte die Obrigkeit unter solchen Bedingungen schnell einen neuen Betriebsleiter hernehmen! So kam es, daß mein Vater wehrunwürdig, aber kriegswichtig war. Weder mein Vater noch meine Mutter hatten bis dahin irgendwelche Beziehungen zur Landwirtschaft gehabt. Sie konnten am Anfang nicht den Hafer vom

Roggen unterscheiden. Aber sie scheinen die monatlichen Überprüfungen durch die Gestapo gut überstanden zu haben. Selbst dann, als mein Vater mehrere Wochen im Krankenhaus lag und meine Mutter den Hof allein leiten mußte. Nur einmal stockte meinem Vater fast das Herz. Der Kontrolleur fiel plötzlich aus der Rolle und sagte: »Warum lassen Sie sich bloß nicht scheiden. Wenn ich das hier so sehe. Dafür lohnt es sich doch.« Der Mann glaubte also, daß meine Mutter der Schandfleck der Familie sei. Und mein Vater hatte seine Erfahrung mit solchen Irrtümern.

Das Verhältnis meiner Eltern zum Dorf war zwiespältig. Das spürte sogar ich als Kind.

Wer nie in einem Dorf gelebt hat, versteht das vielleicht nicht. Ein Dorf ist eine Gemeinschaft, in der jeder von jedem alles weiß, andernfalls ist es kein richtiges Dorf. Ging man über den Dorfplatz, traf man eine Menge Leute, die man alle zu grüßen hatte. Die Differenzierung lag in der Art, wie man grüßte. Damit war ich hoffnungslos überfordert. Ich hätte nicht einmal sagen können, ob dieser oder jener gerade Freund oder Feind war.

Manchmal fragte eine alte Frau: »Wem issen die?« – »Das is doch die Kleine vom Schloß, dem Siegfried seine.« Das war alles sehr peinlich.

Nach dem Krieg wäre mein Vater am liebsten im Dorf herumgegangen und hätte sich bedankt, daß er überlebt hatte.

»Das ist nicht selbstverständlich«, sagte er zu meiner Mutter. Die spickte gerade ein Kaninchen. Ohne ihre Arbeit zu unterbrechen, erwiderte sie: »Es gibt ein paar Leute, die könnte ich, ohne mit der Wimper zu zucken, spicken wie das Kaninchen hier. Aber nicht mit Speck, sondern mit Streichhölzern. Die würde ich alle hintereinander anzünden.«

Als der Krieg vorbei war, baute mein Vater einen landwirtschaftlichen Musterbetrieb auf. Er holte Arbeitskräfte, die eine spezielle Ausbildung hatten: einen Schweinemeister, einen Schweizer und einen Verwalter.

Er führte technische Neuerungen ein. Zum Beispiel wurden jetzt die Getreidekörner von der Dreschmaschine durch ein Gebläse über den Hof bis zu den Speichern geblasen.

Er bekam den Titel *Meisterbauer* verliehen, und sein Bild war oft in der Zeitung.

Einmal in einer Zeit, in der die Auswirkungen des Stalinismus auf die Wissenschaft zu uns herüberschwappten und wir in den Schulen Bilder von großen rotbäckigen Äpfeln in sogenannte *Mitschurin-Ecken* hängten und nichts von der Dramatik ahnten, die sich da in dem großen Land abspielte, hatte meine Katze die beiden chinesischen Hunde des Direktors vom Haeckel-Museum angegriffen. Wie eine Furie war sie aus dem Heizungskeller, wo sie ihre Kinderstube hatte, herausgeschossen und hatte den Hunden die Nase zerkratzt, so daß diese Reißaus nahmen, obwohl sie eindeutig die Stärkeren waren.

»Katze bleibt Katze. Und Hund bleibt Hund«, sagte mein Vater. »Und da können Sie noch soviel Umwelteinflüsse haben, es wird einer Katze nie in den Sinn kommen, das Bein zu heben.«

Mein Vater, der inzwischen als Züchter bekannt war, hatte seine Zweifel, und diese Zweifel waren ganz subjektiver Art. Es wollte ihm nicht in den Kopf, daß meine Anlagen nicht von ihm kommen sollten. Ich sollte etwas von ihm geerbt haben. Er wollte, daß uns etwas verband. Trotzdem war er sich seiner Sache nicht ganz sicher und berücksichtigte bei seinen Züchtungen lieber beides.

Er hatte unseren schönen Schlittschuhteich verdorben, indem er die Schweine dort suhlen ließ. Den Jungebern verordnete er Hürdenlauf. Durch solches Bodybuilding bekamen sie eine prächtige Rückenlinie. Ehe sie verladen wurden, um zum Kören zu fahren, wurden sie noch mit der Seife meiner Mutter gewaschen. Danach sahen sie rosig und hübsch aus und bekamen gute Noten.

Als Schweinezüchter war er inzwischen bis zur Ostsee bekannt. Aber die Bauern im Dorf akzeptierten ihn deshalb noch lange nicht. Wenn er mit Anzug und Hut über den Acker stapfte, nannten sie ihn den Bleistiftbauern.

Meine Mutter sagte: »Was erwartest du denn von Leuten, die nicht über ihre blaue Schürze hinaus denken können?«

»Die dümmsten Bauern ernten die größten Kartoffeln«, sagte meine Großmutter, die gerade zu Besuch war.

Aber mein Vater eignete sich die Erfahrung der Bauern an. Er unterhielt sich gern mit ihnen, denn er wollte informiert sein, was im Dorf los war. Begleitete ich ihn auf seinen Gängen, bekam ich schon einen Schreck, wenn sich uns nur jemand näherte. Und waren sie dann mitten im Gespräch, zog ich an der Hand meines Vaters, was dieser gar nicht mochte.

Auf einem Acker, der sich in der Höhe auf dem Gänsehügel hinzog und der an einem Steinhaufen, einem Hünengrab, wie sich später herausstellte, endete, suchten wir, wenn frisch gepflügt war, Bergkristalle. Mein Vater hatte die schärferen Augen und entdeckte sie schon von weitem. Ich suchte noch nach etwas anderem. Ich suchte nach den Splittern der kurz vor Kriegsende gesprengten Brücke. Es interessierte mich, wie weit sie geflogen waren. Und einmal fand ich sogar auf diesem Acker ein zerfetztes Stück Stahl, das seinem Anstrich nach nur von der Brücke stammen konnte. Die scharfkantigen Bruchstellen waren schon rostig. Der Wert dieses Fundes bestand für mich darin, daß er von dem Sprengort am weitesten entfernt lag.

Damals hatten wir viele Besucher. Mein Vater war auf

Landesebene in Funktionen und wurde dort bereits als erfahrener Praktiker anerkannt und zu Gutachten und Schätzungen herangezogen. Und da er zuverlässig war, bekam er auch Aufträge, Saatgut zu vermehren. Aber die Größen der Landwirtschaftswissenschaft zog es nicht nur deshalb zu uns, sondern es hatte sich herumgesprochen, daß meine Mutter ein friedensmäßiges Essen servieren ließ.

Einmal beobachtete ich meine Mutter, wie sie versuchte, einem Dienstmädchen beizubringen, wie es sich zu verhalten hatte, wenn Besuch kam. »Dann binden Sie sich eine weiße Schürze um, gehen an die Tür und fragen: ›Wen darf ich melden?‹«

Das Mädchen brachte gerade noch das Umbinden der Schürze zustande. Sie scheiterte aber daran, daß sie den Satz »Wen darf ich melden?« nicht in die ihr geläufige Mundart umwandeln konnte. Und sie hätte sich eher die Zunge abgebrochen, als ihn hochdeutsch aufzusagen. Ich saß auf der Treppe und hoffte, daß niemand kam.

In dem zurückliegenden Jahrhundert änderten sich die Zeiten sehr schnell. So kam es, daß meine Eltern immer auf dem falschen Dampfer saßen. Wenn sie zustiegen, konnte man sicher sein, daß drinnen schon die Rettungswesten ausgeteilt wurden. Keine ihrer Freuden war ganz ungetrübt. Wollten sie mit der Kutsche ausfahren, nahmen sie den kürzesten Weg zum Wald und versicherten einander, daß die Pferde bewegt werden müßten.

Mein Vater war 1945 in die SPD eingetreten und wurde mit vereint. Er war also Mitglied der Partei und zugleich Kulak und Ausbeuter. Ich fand das alles sehr verwirrend. Als Kind kann man soviel Dialektik noch nicht ertragen, man will einen festen Standort haben. Einmal fragte ich ihn, warum er eingetreten ist.

»Damit ich nie wieder zu einer dummen Gans ›Gnädige

Frau‹ sagen muß«, erwiderte er. Seine Stimme hatte dabei etwas Abschließendes. Ich getraute mich nicht, weiter zu fragen, obwohl seine Antwort mich nicht zufriedenstellte. Heute nehme ich sie nicht mehr wörtlich. Ich glaube, er wollte sein Unbehagen gegenüber der bürgerlichen Umgangskultur ausdrücken, die er so verlogen erlebt hatte.

Er besuchte einen Dreiwochenlehrgang an einer der neu gegründeten Parteischulen. Ich wickelte ihm selbstgemachte Pralinen in ein Wollknäuel. Anstelle eines Adventskalenders.

Als er wieder nach Hause kam, sagte er: »Ich bin so klug als wie zuvor.« Doch das stimmte nicht. Er hatte zwei neue Lesearten kennengelernt: das Diagonal- und das Zwischen-den-Zeilen-Lesen. Und das waren wesentliche Fähigkeiten, um sich in dem neuen System zurechtzufinden.

Meine Mutter brauchte das alles nicht. Die Einladung, beim Demokratischen Frauenbund mitzutun, lehnte sie ab. »Die haben mich bei der Frauenschaft nicht gebraucht, und da werden sie wohl auch diesmal allein zurechtkommen.«

Wenn ich gefragt worden wäre, ich glaube, ich hätte mich für eine andere Existenz entschieden. Ich hätte gern in einem der kleinen Häuschen gelebt, in der Küche mit der Familie Abendbrot gegessen und unterm Dach geschlafen. Dann hätte ich Pflichten gehabt, deren Erfüllung für die Familie wichtig gewesen wäre. Meine Eltern wären so gewesen wie alle, und auch ich wäre so gewesen wie alle.

Aber das ist nicht die ganze Wahrheit. In Wirklichkeit gehörte es sehr wohl zu meinem Selbstverständnis, daß wir unsere Mahlzeiten unter einem Kronleuchter einnahmen, der so schwer war, daß er durch zwei Stockwerke verankert werden mußte. Er bestand aus bronzenen Ranken, an denen Eiszapfen aus Kristall hingen und elektrische Kerzen glänzten. Inmitten des Ganzen schwebte eine Messingkugel.

Unser Eßzimmer war so groß, daß später eine ganze Familie darin Raum fand.

Unter dem Kronleuchter stand ein großer runder Tisch mit Bärentatzenfüßen An dem nahmen wir unsere Mahlzeiten ein. Die übrigen, die bei uns wohnten und arbeiteten, aßen auf der Diele eine Etage höher. Sie bekamen das gleiche wie wir zu essen. Von dort hörte man öfter Gelächter. Ich hätte lieber dort gegessen. Aber das denke ich vielleicht nur heute.

Es gab mir Sicherheit, daß die Felder und Wiesen, über die ich ging, im Besitz meines Vaters waren. Dabei war dieses Gefühl vollkommen unangebracht, denn nichts war in jener Zeit unsicherer als solcher Besitz. Täglich gingen Nachrichten von Enteignungen ein. Sabotage war ein gefürchtetes Wort.

DER WANDERER WIRD den Weg zu diesem Dorf vergeblich in seinen Karten suchen oder nur ungenaue Angaben finden, denn er gehört zum ehemaligen Grenzgebiet.

Als Urgroßvater Anton ins Dorf kam, war es Teil des Fürstentums Reuß, jüngere Linie. Es ist altes Grenzland. Man merkt es an der Sprache, die sich von Ort zu Ort ändert. Es ist die Grenze zwischen Thüringen und Bayern. Eine Grenze zwischen Protestanten und Katholiken. Und war für kurze Zeit die Grenze zwischen zwei Weltlagern. Eine sehr gefährliche Grenze, bei der ein Funke genügt hätte, um der Welt den Garaus zu machen.

»Die sind alle falsch«, sagte meine Mutter und meinte die Katholiken.

Es war ein Winterabend. Die Frauen, die bei uns entweder im Haushalt oder auf dem Hof arbeiteten, meine Mutter und meine Großmutter saßen in der Küche beim Federnschleißen und tranken selbstgebrauten Punsch. Zu den

Worten meiner Mutter nickten die anderen beifällig. Wer darauf bauen konnte, daß seine Sünden vergeben wurden, der konnte nur falsch sein.

»Aber Fasching fejre, des kennse«, sagte ein Mädchen aus Ostpreußen. »Ich denk, desse viellejcht lustiger sin.«

»Das Denken überlassen Se mal lieber den Pferden! Die haben die größeren Köpfe«, erwiderte meine Mutter, die sich angegriffen fühlte.

»Denken ist sowieso Glücksache«, murmelte meine Großmutter.

Als wir vierzig Jahre später lauthals singend in einem umlackierten Jeep der Nationalen Volksarmee über einen noch illegalen Grenzübergang in Bayern einfielen, war dort von einer besonderen Lustigkeit nichts zu bemerken. Aber auch nichts von Falschheit. Im Gegenteil. Die Mienen waren voll ehrlicher Abneigung.

Ich aber wollte froh sein. Und erstaunlicherweise war ich es auch. Plötzlich hatte die Welt wieder vier Himmelsrichtungen. Und die längst verlorenen Orte bekamen ihre Namen zurück.

Es war auf Dauer unmöglich, ein Volk einzusperren, um es gegen seinen Willen glücklich zu machen. Das ist aber nur die eine Seite der Medaille. Die andere Seite ist die, daß wir einfach großes Glück hatten. Glück, daß der kalte Krieg kalt blieb und nicht aufflammte. Glück, daß die Mauer gewaltlos fiel, daß es nicht zum Bürgerkrieg kam. Wir sind glimpflich davongekommen.

Damals, in meiner Kindheit, konnten sich die Leute nicht vorstellen, daß diese Grenze einmal so trennend werden sollte. Die meisten Bewohner des Ortes waren nach wie vor zu Geburtstagsfeiern und Hochzeiten über die Grenze gegangen. Sie hatten den Grenzern die Ortskenntnis voraus. Einige boten Fremden ihre Dienste als Führer an. Andere zogen sich das Mißtrauen des Staates und seiner Organe zu, ohne daß sie sich die Gründe erklären konnten. Sie alle wurden in Nacht-und-Nebel-Aktionen aus dem Grenzgebiet entfernt.

Man konnte den Staat nicht verklagen, sondern mußte sich mit Bittgesuchen an ihn wenden.

»Ehe man sich versah, war man mit drin«, erinnerte sich ein Alter abends am Stammtisch. »Man konnte noch zusammen geskatet haben, da rief die Partei, und man mußte mithelfen, den Nachbarn auf einem Lastwagen wegzufahren.«

Auf den Prozeß meiner kindlichen Meinungsbildung hatten zwei Personen entscheidenden Einfluß: Die eine war, wie schon gesagt, meine Mutter. Die andere war Karl May. Karl May wurde damals im Osten nicht verlegt, weil er als rassistisch galt. Ich mußte den »Schatz im Silbersee« hergeben, um in das Tauschgeschäft hineinzukommen. Werte wie Ehre, Treue, Blutsbrüderschaft oder Mut spielten bei mir eine große Rolle. In meinen Aufsätzen stand Ernst Wallau aus dem »Siebten Kreuz« von Anna Seghers am Marterpfahl der Indianer und sagte kein einziges Wort.

Die neuen Mächtigen bezogen ihre Legitimation aus ihrer guten Absicht. Sie waren für eine gerechte Gesellschaft. Sie standen für den Frieden auf Wacht. Sie waren Antifaschisten. Mehr konnten sie gar nicht sein oder tun. Sie hatten ein klares Feindbild: Wer nicht mit ihnen war, der war gegen sie. Das brachte sie in Schwierigkeiten, denn die Anzahl der Leute, die sich einfach nicht dafür interessierten, war hoch.

Ich hatte einen Onkel im Westen, aber keinen Westonkel, denn wir hatten keine Beziehung zu ihm, weil meine Mutter mit ihren Geschwistern zerstritten war. Wenn die Mitschüler nach den Sommerferien von ihren phantastischen Reisen berichteten und die Westklamotten auf den Tischen ausbreiteten, blieb das nicht ohne Wirkung auf mich. Ich maße mir nicht an, das aus heutiger Sicht zu verurteilen. Kleidung ist ein Signal. Ein Zeichen, wo man sich einordnen möchte. Kleidung kann Akzeptanz bringen oder eine Außenseiterstellung. Selbst der Staat sah sich bedroht, wenn mehr als drei Leute mit bunten Ringelsöckchen herumliefen.

Damals fühlte ich mich noch nicht für die Weltgeschichte verantwortlich. Politik war für mich etwas, was über den Menschen hereinbrach und dem er ausgeliefert war. Ich war noch nicht so größenwahnsinnig, zu glauben, meine schwachen Kräfte wären von irgendeiner Bedeutung.

Es gingen geheimnisvolle Dinge vor sich. Mein Vater war nachts durch den Tunnel gegangen. Er hatte sich sehr gefürchtet. »Es war drinnen stockdunkel.« In der Nacht war es noch dunkler als am Tag, wo man fast immer einen Lichtschimmer von einem der beiden Eingänge sah. Für uns Kinder war es eine Mutprobe. Am Tag, natürlich.

Meinem Vater stand der Sinn nicht nach Mutproben. Er wollte den Weg abkürzen, weil er in Eile war. Soweit ich es verstand, war er irgendwohin bestellt worden, wo er unbedingt pünktlich sein mußte. Ich hörte ihn zu meiner Mutter sagen: »Ich habe die amerikanischen Panzer wieder abfahren lassen.« Er sagte es mit gedämpfter Stimme, und trotzdem hatte ich ihn genau verstanden. Als ich ihn aber fragen wollte, woher er die Macht über Panzer hätte, daß er sie eben mal so auf- und abfahren lassen konnte, antwortete er unwirsch, das ginge mich nichts an. Und ich sollte gefälligst den Schnabel halten. Ich hatte den Eindruck, daß da ein großes Geheimnis verborgen war, und dachte mir allerlei Erklärungen aus, eine abenteuerlicher als die andere. Aber im Grunde genommen wußte ich, daß ich nur mein völliges Desinteresse herauskehren mußte, damit mein Vater es mir eines Tages erzählte. Er würde sein Schweigen nicht durchhalten.

Ich sollte recht behalten. Allerdings dauerte es einige Jahre, bis er soweit war. Da wohnten wir schon in Berlin. Er erzählte mir, daß er eines Tages mitten in der Nacht in die Kreisstadt beordert worden war und sich in einem von der Besatzung requirierten Haus melden mußte. Ein russischer Offizier befahl ihm, über faschistische Umtriebe im Dorf zu berichten. Er fuchtelte mit der Pistole herum, und mein Vater hatte Angst, daß sie nicht gesichert war. »Ich erschieße dich sonst«, sagte der Mann, und dann ließ er meinen Vater gehen. Als dieser durch das Vorzimmer ging, hörte er eine Stimme im Nachbarraum, die ihm bekannt vorkam. Diese Stimme war so charakteristisch, daß sie nur zu einem Mann gehören konnte, den die Leute aus dem Dorf wegen seiner Haltung *Aufrecht* nannten. Er war früher der einzige Kommunist im Ort gewesen. Eigentlich hieß er Teichmann. Aber dieser Name trat im Dorf so häufig auf, daß man zur Unterscheidung den Spitznamen brauchte.

Als mein Vater zum zweitenmal bestellt wurde, kam ihm die Idee, sich mit diesem Mann abzustimmen. Er ging zu ihm und fand ihn in ähnlichen Nöten. Sie schrieben beide etwas über Gerüchte, die besagten, daß amerikanische Panzer an der Grenze aufgefahren sein sollten. Und das nächste Mal ließen sie die Panzer wieder abrollen. Und das nächste Mal wieder anfahren. Und danach saßen sie alle beide in der Kreisstadt in einer Zelle des ehemaligen Amtsgerichtes hinter Schloß und Riegel. Das Amtsgericht lag im Sichtbereich meiner Patentante. Sie sah auch, wenn die Wagen vorfuhren und die Gefangenen verladen wurden. Mein Vater war nie dabei, was ein positives Zeichen war. Von den Abtransportierten hat man nur selten wieder gehört.

In der Zelle diskutierten die beiden Männer miteinander. Senkrecht sagte: »Herr Königsdorf, so habe ich mir das nicht vorgestellt. Das ist nicht mein Ding.«

Meinem Vater tat der Mann leid, und er tröstete ihn: »Das sind Leute, Hoffmann, die durch den Krieg verwildert sind. Das dürfen Sie nicht zu sehr verallgemeinern.«

Das Ergebnis dieser Diskussion war, daß Senkrecht seine alten Ziele aufgab und daß mein Vater Kommunist wurde, was für mich sehr schwer zu verstehen war. Konsequenterweise hätte er sich selbst enteignen müssen. Und dazu war er auf keinen Fall bereit. Noch nicht. Für die Bodenreform hatte er zwar einiges an Land abgegeben, aber die besten Felder waren es nicht.

Nach drei Wochen Eingesperrtsein wurden sie in ein Zimmer geführt, in dem ein älterer Mann in Zivil saß. Dieser zeigte ihnen einen anonymen Brief, in dem sie beide denunziert worden waren. »Das sind eure Freunde, die ihr schützt«, sagte der Mann, der sehr gut deutsch sprach. »Pfui Teufel!« Er spuckte in einen Aschenbecher, der zur Hälfte mit Sand gefüllt war. Dann ließ er sie gehen.

Mein Vater hatte keinen Verdacht, wer der anonyme Briefschreiber sein könnte. Er gehörte zu den Leuten, die keine Feinde haben wollen. Nun hatte er einen, noch dazu einen sehr rührigen. Es beunruhigte ihn sehr und nahm ihm die Freude am Dorf.

Im Grenzgebiet zu wohnen hatte auch Vorteile. Die Lage des Hauses in unmittelbarer Nähe zur Grenze rettete uns vor dem Rausschmiß aus dem Haus. Sowohl die örtlichen Organe wie auch die Besatzungsmacht hätten sich gern mit Großvater Oskars Architektur umgeben. Aber solche Nähe zum Klassenfeind mußte nicht sein.

Eines Tages wurde das gesamte Gebiet entlang der Grenze auf einer Breite von fünf Kilometern zur Sperrzone erklärt. Von dem Tag an waren wir vor Gästen sicher. Wollte uns jemand heimsuchen, brauchte er erst eine von uns zu beantragende Genehmigung.

ICH BIN EIN Jahr vor Kriegsende in die Schule gekommen. Dort gefiel es mir überhaupt nicht. Ich war sehr unruhig. Wenn ich gar zu sehr störte, mußte ich vorgehen und meine Hände auf den Lehrertisch legen, und der Lehrer schlug mit dem Rohrstock auf die Finger. Nicht der Schmerz machte mir so viel aus, sondern das Gefühl, sich selbst ausliefern zu müssen.

Als der Krieg zu Ende war und die Schule wieder begann, war die Prügelstrafe abgeschafft, aber mit mir war es schlimmer geworden. Ich langweilte mich sehr, denn ich war schon weiter, weil mich meine Mutter in der schulfreien Zeit unterrichtet hatte.

Eines Tages kam der Neulehrer mitten im Unterricht in die Klasse. Ich mußte meinen Ranzen packen, mit ihm durch den langen Korridor gehen und eine Treppe hinabsteigen. Solange ich lebe, wird mir der Geruch dieser Schule nicht mehr aus der Nase gehen. Dieser muffige Geruch nach Bohnerwachs, Kreide und immer feuchten Schwämmen. Es war eine Sechs-Klassen-Schule. Zwei Klassen hatten jeweils einen gemeinsamen Raum und einen Lehrer. Die Kinder aus meiner neuen Klasse, der dritten, starrten mich an, als wäre ich das achte Weltwunder. Ich hörte Kichern. Sie rechneten gerade mit Klammern, deren Bedeutung ich nicht kannte. Ich bekam einen Platz in der ersten Reihe, der wohl schon für mich freigehalten worden war. Die Lehrerin sagte, ich gehörte jetzt dahin.

Ich war kleiner als die anderen und hatte zwei linke Hände. Ich weiß nicht mehr, welche Gefühle mich bewegten, aber angenehm waren sie sicher nicht. Dafür spricht allein schon die Intensität, mit der ich die nachfolgenden Schuljahre vergessen habe.

Aber den ersten Tag nach diesem Sprung in eine höhere Klasse werde ich nie vergessen. Sie lernten gerade ein Lied, dessen dritte Strophe wir zum nächsten Tag auswendig können sollten. Ich erinnere mich, daß ich den ganzen Nachmittag aus den Fransen der Filetdecke kleine Zöpfe flocht, während meine Mutter vergeblich versuchte, mir im guten wie im bösen den Liedtext beizubringen, und zwischendurch war sie damit beschäftigt, die Zöpfe wieder aufzulösen. Meine Mutter wußte, daß es im Dorf viel Gerede gab. Die anderen Eltern waren nicht einverstanden, daß ihre Kinder ein Jahr länger in die Schule gehen sollten als ich. Sie wußte, daß sie mein Versagen mit Vergnügen zur Kenntnis genommen hätten, und sie hatte Angst, sich mit mir zu blamieren.

Ich kann nicht sagen, daß ich von meinen Eltern unter Leistungsdruck gesetzt worden wäre. Es wurde nur stillschweigend vorausgesetzt, daß ich die Beste war. Ich mußte die Beste sein, um die Demütigungen meiner Eltern wettzumachen. Wo es Schwierigkeiten gab, kam man mir sogar entgegen. Schwierigkeiten gab es mit dem Schriftbild, mit der Ordnung und mit dem Zeichnen. Mein Vater erzählte, wie Großvater Oskar reagiert hatte, als der Lehrer sich bei ihm über die schlechte Schrift meines Vaters beschwerte. Er schrieb: »Lassen Sie den Jungen in Ruhe, er wird später eine Sekretärin haben.« Das konnte mein Vater nicht versprechen, aber er erfand den Begriff der technischen Fächer und sagte, daß die total unwichtig wären, Hauptsache, in den wissenschaftlichen Fächern wäre ich gut.

Darüber hinaus erinnere ich mich nur an einige Ereignisse.

Das erste war die Einführung der Schulspeisung. Die Schule hatte eine Küche und einen Speiseraum bekommen. An einem Tag erhielten alle Kinder eine frische knusprige Semmel zum Frühstück. Nur die *Selbstversorgerkinder* nicht, also Kinder, deren Eltern selber schlachteten und die ihr eigenes Mehl zum Bäcker brachten und die natürlich entsprechend reduzierte Lebensmittelkarten bekamen. Ich empfand eine solche Begierde, daß mir der Mund schmerzte. Ich ließ mir nichts anmerken und biß tapfer in mein Frühstücksbrot mit Schmierfett, das meine Mutter aus Mehl, Salz, etwas Wasser und ungereinigtem, selbstgepreßtem Rapsöl kochte und von dem sie meinte, wenn sie es nur genug mit Majoran würzte, schmecke es nach Wurstfett. Als wir in der Schule mit Küchendienst dran waren, stellte sich heraus, daß ich noch nicht mal Kartoffeln schälen konnte.

»Du mußt wohl daheim gar nicht helfen?« fragte mich die Köchin. Das war entsetzlich peinlich. Ich durfte das Silber meiner Mutter putzen, aber wenn ich das gesagt hätte, wäre ich verhöhnt worden.

»Schaut nur hin, wie sie die Nase rümpft. Die denkt, sie ist was Besseres.«

Das hatte ich nicht gedacht. Darüber dachte ich schon lange nicht mehr nach. Davon war ich überzeugt.

Der zweite Erinnerungssplitter ist der Skandal mit den Pornobildern. Ein Mädchen aus meiner neuen Klasse hatte sie im Wäscheschrank ihrer Eltern gefunden. Der Vater hatte sie als Soldat aus Paris mitgebracht. Wir trafen uns auf dem Mädchenklo. Es gab ein Gedränge. Jede wollte die Bilder haben. Es war wirklich alles zu sehn. Das übertraf mein Lexikon bei weitem. Natürlich hatten die Jungen gemerkt, daß bei den Mädchen etwas Besonderes vor sich ging. Sie belagerten, belauschten und verpetzten uns, und fertig war der schönste Skandal.

»Es ist ein Skandal«, sagte mein Vater. Er hatte das Dienstmädchen, dem meine Mutter das Gästeempfangen beibringen wollte, in flagranti erwischt. »Und auch noch mit einem Russen.«

Er war empört. Und konnte sich gar nicht beruhigen, wenn er an die Antwort dachte, die ihm das Mädchen auf seine Frage, ob es sich nicht schäme, gegeben hatte. »Was soll ich denn machen, wenn es meine Natur verlangt.«

Ich gönnte meinem Vater dieses Ärgernis. Ich fand ihn völlig unakzeptabel altmodisch. »Wir kommen hier noch in schlechten Ruf«, sagte meine Mutter. »Woanders werden die Frauen von den Russen vergewaltigt, hier ist es umgekehrt.«

Eines Tages kam mein Vater von einer Sitzung nach Hause. Der Neulehrer, der mich einst in die höhere Klasse geführt hatte, war jetzt der Direktor der Schule und saß mit meinem Vater im Gemeinderat. Dieser Mann hatte meinem Vater zugeflüstert, es wäre nicht selbstverständlich, daß ich eine Schule mit Abiturstufe besuchen könnte.

Mein Vater sagte: »Jetzt zählt jede Zensur.«

Von da an bekam ich für jede Eins vier Mark. Für jede Drei mußte ich vier Mark zurückzahlen, für eine Vier acht Mark, für eine Fünf mußten sechzehn Mark retour.

Ich sollte mir aber trotzdem auch Gedanken machen, welchen Beruf ich wählen würde, wenn ich kein Abitur machen könnte. In gewissem Sinne fand mein Vater die Bevorzugung begabter Arbeiterkinder sogar richtig. »Wenn ein Kind aus einem Elternhaus kommt, in dem es keine Bücher gibt«, sagte er, »ist es von Anfang an benachteiligt und sollte wirklich etwas bevorzugt werden.«

»Die wollen das doch gar nicht«, sagte meine Mutter. »Die wollen möglichst schnell Geld verdienen.«

Ich beschloß, Gärtnerin zu werden.

Der Direktor der Schule mochte mich nicht. Besonders, seit ich den Chor verlassen hatte. Der Schulchor brauchte einen Dirigenten, und das sollte ein Schüler sein. Ich war felsenfest überzeugt gewesen, das Amt gebühre mir, denn ich war die einzige, die Noten kannte und auch mit den Takten Bescheid wußte. Der Lehrer übertrug dieses Amt meiner besten Freundin, die noch dazu hübscher war als ich. Das kränkte mich sehr. Ich verließ den Chor und gründete mit dem Lehrer Klein eine Schachgruppe, in der wir bald allein dasaßen, so daß wir sie auflösen mußten. Der Direktor bestrafte mich, indem er mich an einem Tag der Offenen Tür zur Bewachung einer Ausstellung unserer Handarbeiten einteilte. Die anderen durften ins Festzelt, wo es ein buntes Programm gab. Meine Exponate zeichneten sich durch eine gewisse Graufärbung und durch mannigfaltige Zufälligkeiten im Muster aus. Kam jemand bei mir vorüber, konnte es nicht ausbleiben, daß er mit abfälliger Stimme fragte: »Wem seine sind denn das?«

»Der kann mich nicht leiden«, heulte ich am Abend.

»Ich glaube, er meint es nur gut«, sagte mein Vater.

»Die sind alle neidisch«, sagte meine Mutter.

Über die Einsen in meinem Schulabschlußzeugnis staunte ich. Ich hatte nie geglaubt, daß ich so gut wäre. Dieses Zeugnis öffnete mir die Tür zur Abiturstufe.

Ich wurde Fahrschülerin. Ich fuhr mit dem Zug in die nahegelegene Kreisstadt und besuchte dort die Oberschule. Wir Neuen wurden eingeladen, im Schulchor mitzusingen. Meine Mutter, die mit ihrer Altstimme nie zufrieden gewesen war, gab mir auf den Weg mit, ich sollte unbedingt ersten Sopran singen.

Als die Stimmüberprüfung begann, gab ich an, ich wäre erster Sopran. Da gerade die Pausenglocke geläutet hatte, vergaß der Lehrer, mich zu überprüfen. Ich stand bei Auftritten in der ersten Reihe, und die hohen Töne blieben mir im Halse stecken, so daß ich den Mund nur auf und zu machte. Auf keinen Fall hätte ich mich getraut, dem Lehrer ein Geständnis abzulegen, zumal mit meiner Mutter im Hintergrund.

Nur einmal, zu Stalins Tod, war ich voll dabei. Die fünf Schweigeminuten, von denen gesagt wurde, daß sie weltweit stattfinden, die konnte ich auch.

Eines Tages sollten wir einen Fragebogen ausfüllen. Darin gab es eine Rubrik *Soziale Herkunft*. Ich wußte nicht, was damit gemeint war. Als der Sohn vom Lehrer *Intelligenz* schrieb, schrieb ich das gleiche, da ich meinen Vater für viel intelligenter als den Lehrer hielt. Aber man kam mir schnell auf die Sprünge, bei mir mußte es *Sonstiges* heißen, wenn nicht gar *Großbauernkind*, was das Schlimmste war.

Ich saß gerne im *Herrenzimmer*. Ich mochte das große Zimmer, in dem die Schränke voller Bücher bis an die Decke reichten. An den verbleibenden Wandflächen hingen die Jagdtrophäen meines Vaters.

Zwischen den beiden Nordfenstern stand sein großer Schreibtisch und in der Mitte des Zimmers ein schwerer, ausziehbarer Tisch, umgeben von Polsterstühlen. Darüber eine Lampe aus Elchgeweihen.

Die Fenster gingen nach Norden und Osten. Es war immer kühl.

Der Schrank auf der linken Seite hatte unten ein Bord, auf dem ich bequem sitzen konnte, umgeben von geheimnisvollen Dingen, die Großvater Herrmann aus Afrika mitgebracht hatte. Ein kleiner Elefantenstoßzahn. Der Zahn von einem Mammut. Versteinert. Ein hölzernes Schwert. Ein Köcher mit Pfeilen. Ein buntes Tuch. Eine Trommel.

Ich las Schmöker und blätterte in Klassikerausgaben. Bücher mit Auseinandersetzungen aus den zwanziger Jahren, zum Beispiel zur Relativitätstheorie, einschließlich Rezensionen, die aus Zeitungen ausgeschnitten waren, stammten von meinem Großonkel Felix, dem Literaturwissenschaftler. Es fehlten auch die Buchclub-Bücher nicht und die volkstümlichen Bücher von Isolde Kurz und

Johanna Spyri. Die las ich wirklich, während ich in den anderen Büchern nur mit einem andächtigen Gefühl blätterte. Die Lieblingslektüre meines Vaters waren die Romantiker, zum Beispiel Eichendorff. Das sagte er wenigstens. Ich sah ihn nie in diesen Büchern lesen. Dazu war er viel zu sehr mit sich selbst beschäftigt. Ich hätte auch nicht verstanden, wie irgend jemand diesen Langweiler, den Taugenichts, zu seinem Lieblingshelden erwählen konnte. Bei Gustav Freytag trafen sich unsere Vorlieben wieder. Meine naturwissenschaftliche Bildung und sexuelle Aufklärung bezog ich aus Meyers Konversationslexikon von 1896. Das Problem war, daß ich von irgendwoher die richtigen Stichworte haben mußte.

Außerdem las ich die modernen sozialistischen Bücher, zum Beispiel »Der Weg ins Leben«, »Wie der Stahl gehärtet wurde«, »Timur und sein Trupp«, »Das Mädchen Gulja« und »Galja, die Tänzerin«.

Im Land gärte es. In den ersten Jahren war es die antifaschistisch-demokratische Ordnung gewesen, unter deren Zeichen alles stand. Und mein Vater hatte sich damit sehr verbunden gefühlt. Aber nun war der Aufbau des Sozialismus beschlossene Sache. Es wurden die ersten *LPGs*, die Landwirtschaftlichen Produktionsgenossenschaften, gegründet. Stufenweise kam meinem Vater die Erkenntnis, daß am Ende dieses Prozesses nur noch genossenschaftliches und staatliches Eigentum stehen würde. Die Rolle, die ihm eingeräumt wurde, änderte sich über Nacht. Eben war er noch der hoch gelobte Meisterbauer gewesen, der als Praktiker die Vorarbeiten zur Gründung der Akademie der Landwirtschaftswissenschaften unterstützt hatte. Nun war er Klassenfeind. Bei der ersten Bodenreform 1945 war man ab hundert Hektar landwirtschaftlicher Nutzfläche Klassenfeind gewesen. Wer darüber lag, wurde enteignet. Jetzt waren zwanzig Hektar die kritische Größe. Wer mehr hatte, der war verdächtig. Und zu Recht. Denn durch die Gestaltung des Preis-Lohn-Gefüges hatte er auf die Dauer wenig Chancen, ohne Schwarzverkäufe auszukommen.

Großbauern sollten zunächst nicht Mitglied einer LPG werden. Später durften sie eintreten, aber keine Leitungsfunktionen übernehmen. Das bedeutete, daß mein Vater zum Knecht der Bauern geworden wäre. Die hätten nichts lieber getan, als ihn zum Ausmisten in den Stall abzukommandieren. Mein Vater war kein robuster Mensch. Er fürchtete sich vor den Tieren und hatte nicht den Ehrgeiz, eine Kuh melken zu können. In seiner Familie legte man immer Wert auf das Sozialprestige. Diesen sozialen Abstieg konnte er nicht hinnehmen.

Mein Vater ertrug es nur schlecht, schon wieder diskriminiert zu werden. Als er in einer lokalen Zeitung als Ausbeuter beschimpft wurde, war er sehr betroffen, aber er wehrte sich nicht. Und er hatte nur noch den panischen Gedanken: Flucht. Aber nicht Flucht in den Westen, dazu kannte mein Vater den Kapitalismus zu gut.

Er dachte an Selbstmord. Und als er genug daran gedacht hatte, zog er es vor, sich selbst zu enteignen. Dazu mußte er zunächst in Berlin eine Genehmigung einholen und dann eine LPG gründen, was ihm die meisten Bauern im Ort als Verrat verübelten, da sie sich unter Druck gesetzt fühlten. Er wendete sich vorzugsweise an die kleineren Bauern und an solche, die nicht gerade erfolgreich wirtschafteten. Die lockte er mit dem Angebot, er würde der neu zu gründenden LPG seinen gesamten Betrieb für neunundneunzig Jahre zur unentgeltlichen Nutzung überlassen. So geschah es dann auch. Und wir zogen aus dem Dorf in die Universitätsstadt Jena.

HERR G. HAT schwere Träume. Er wälzt sich auf seinem Lager und stöhnt, daß ich es nebenan höre. Ich überlege, ob ich ihn wecken soll. Er ist jetzt im Krieg. Er träumt meistens vom Krieg. Er sagt, er hat noch nie so viel vom Krieg erzählt wie jetzt. Es hat niemanden interessiert. Sie gehen in Kette durch eine Schonung, die »gesäubert« werden muß. Sie sind zu wenige, der Abstand zwischen ihnen ist groß. Hinter jedem Busch kann der Russe sitzen. Als er schon nicht mehr damit rechnet, springt ein Schatten auf ihn und entpuppt sich als feindlicher Soldat, der wesentlich größer und stärker ist als Herr G. Sie ringen miteinander. Die anderen kommen Herrn G. zu Hilfe. Sie nehmen dem Soldaten die Waffe ab.

Dieser steht da und schaut angestrengt in die fremden Gesichter, als wollte er sein Schicksal daraus erkennen. Plötzlich fängt er an zu zittern. Er hat ein angenehmes, intelligentes Gesicht, so empfindet es jedenfalls Herr G. Sie haben den Auftrag, die Schonung zu säubern, und nicht, Gefangene zu machen. Wenigstens einer müßte ihn nach rückwärts begleiten, und sie sind so schon zu wenige. Herr G. wendet sich ab und nestelt an seiner Uniform. Als die Schüsse fallen, tritt er zurück ins Glied. Sie gehen in Kette. Hinter jedem Busch kann der Tod lauern.

Als ich ihn wecke, fährt er hoch und sieht mich mit weit aufgerissenen Augen an, sinkt dann auf die linke Seite und schläft nun ruhig und tief. Ich liege wach.

Parkinson hat wieder die Zähne gezeigt. Ich dachte

schon, mein letztes Stündlein hätte geschlagen. Mir blieb nur noch die Wahl zwischen schmerzenden Muskelverspannungen mit zwanghaften Bewegungen oder einem Zustand bodenloser Schwäche, in dem man nur noch vor sich hin dämmert. Aber ich habe wieder Glück.

Ich habe einen Arzt gefunden, der das Medikament mit den Nebenwirkungen radikal absetzt und dafür von einem anderen eine Überdosis ansetzt. Ich bin mit der Umstellung noch längst nicht fertig, fühle mich aber schon viel besser. Es ist zwar alles noch nicht sehr erprobt, aber ich habe keine Wahl.

Manchmal habe ich das Gefühl, ich könnte ganz normal gehen. Steige ich dann aber in die Straßenbahn ein, bietet mir mit Sicherheit jemand einen Platz an, und ich bin froh, daß ich sitzen kann.

Das eigentliche Leben

ICH HATTE WOCHENLANG mit einer schweren Lungenentzündung im Bett gelegen und das erste Penizillin, das im Dorf auftauchte, gespritzt bekommen. Es stammte aus amerikanischen Heeresbeständen und war für den kleinen Ralf bestimmt gewesen. Aber für den kam es zu spät. Er war schon vorher an Diphterie gestorben. Nachdem seine Eltern hörten, daß ich so krank war, gaben sie das Penizillin meinen Eltern, und die bestellten den Arzt.

Als ich das erstemal aufstand, rutschten mir die Beine weg. Mein Vater kam zu einem kurzen Besuch an mein Krankenbett. Meine Mutter brachte den Nachmittagskaffee.

Als wir wieder allein waren, fragte ich meinen Vater nach dem Sinn des Lebens. Ich wußte, bevor mein Vater noch antworten konnte, daß ich die Frage besser nicht gestellt hätte, denn mein Vater war vollkommen überfordert. Er antwortete: »Hab du erst einmal einen Mann, dann fragst du das nicht mehr.«

Er hätte nur zu sagen brauchen, daß er es nicht wußte. Mit diesem Eingeständnis war man schon mitten in einem Gespräch. Die Erleichterung, die solch ein Geständnis bringt, kann enorm sein. Es ist, als gewinne man Boden unter den Füßen. Doch das weiß ich auch erst heute.

So kam es, daß wir dieses Thema nie wieder berührten.

Der Tod des kleinen Ralf war für mich ein einschneidendes Ereignis, durch das ich plötzlich sterblich wurde. Auf einem Bauernhof gibt es viele Unfallquellen. Ich bin öfter in Gefahr gewesen. Einmal bin ich Hals über Kopf in den Bottich gefallen, in dem das Schweinefutter angerührt wurde. Das Quieken der Schweine, die aufgrund der Geräusche im Dämpferraum längst die Fütterung erwarteten, übertönte alles. Aber ich hätte sowieso nicht um Hilfe rufen können. Ich hatte hineinsehen wollen, Übergewicht bekommen und hing nun am Bottichrand, und mein Kopf stak in der Pampe aus Kartoffeln, Wasser und Kleie. Ich konnte nicht vor und nicht zurück. Wäre nicht ein Mann in den Raum gekommen und hätte meine strampelnden Beine gesehen, ich wäre eines elenden Todes gestorben. Es ist eine sachliche Erinnerung, die nicht mit Angst verbunden ist. Dadurch weiß ich, daß es vor dem Tod des kleinen Ralf passiert sein muß.

Auch die Schlachtfeste, an die ich mich erinnere, müssen vorher gewesen sein, denn das Gruseln, das mich überkommt, wenn ich an sie denke, ist ein nachträgliches Gruseln. Mein Platz war auf dem gemauerten Sockel, in den ein Kessel eingelassen war. Dort schwammen unter mir die Würste in der Wurstsuppe und kochten. Und meine Aufgabe war es, sie hin und wieder anzustechen, damit sie nicht platzten. Meine sonst eher übervorsichtige Mutter hatte offensichtlich keine Bedenken, ich könnte mich durch eine unvorhergesehene Verlagerung des Schwerpunktes mir nichts, dir nichts zu den Würsten gesellen.

Die Todesangst, mit der ich in meinem Leben oft zu kämpfen gehabt habe, kam erst später, denn der Tod hatte mit mir noch nichts zu tun. Es starben immer nur die Alten, und bis ich alt sein würde, war noch unendlich viel Zeit. Nun war zum erstenmal ein Kind gestorben. Das änderte alles.

In der südwestlichen Ecke des Gartens, wo es immer ein bißchen feucht und muffig roch, wuchs ein Ahornbaum mit einer mächtigen Krone. Generationen von Kindern hatten unten am Stamm und an den ersten Ästen Stufen und Sitzbretter angenagelt. Wenn ich hochkletterte, hatte ich, ohne selbst aufzufallen, die Hälfte des Friedhofs, den Teil, der hinter der Kirche lag, vor mir. Ich wußte also, daß die Särge mit den Verstorbenen in die Erde eingelassen wurden. Da ich Totsein trotz allem nicht begreifen konnte, jedenfalls nicht als etwas Unabänderliches, quälte mich abends, wenn ich wach lag, die Vorstellung, ich würde, zwei Meter tief in die Erde eingebuddelt, wieder zu Bewußtsein kommen und hätte keine Chance, das Grab zu verlassen. Meine Mutter mußte mir hoch und heilig versprechen, im Falle meines Todes in meinen Sarg eine Klingel einbauen zu lassen.

Die erste Beerdigung, an der ich teilnahm, war die von Großonkel Alfred.

Er hatte eines Tages als Flüchtling aus Schlesien vor der Tür gestanden. Obwohl mein Vater nicht gerade begeistert war, mußte er ihn aufnehmen. Er wohnte in dem Turm, dessen Zimmer sonst als Gästezimmer benutzt wurden. Er war krank und verbreitete einen mörderischen Gestank. Niemand mochte ihn.

Als er gestorben war und beerdigt wurde, hielt der Pfarrer eine sehr feierliche Rede und sagte viel Gutes über den Toten. Mein Vater war mit seinem schwarzen zusammenklappbaren Zylinder gekommen, wie ihn sonst nur die Schornsteinfeger aufhatten. Ich stellte mir meinen Vater als Schornsteinfegermeister vor, und diese Vorstellung amüsierte mich. Meine Mitschüler, die Kurrendesänger, zogen ernste Mienen. Ich fand das alles so seltsam und komisch, daß ich ein Lachen kaum unterdrücken konnte. Langsam steigerte ich mich in einen regelrechten Lachzwang. Mir war gar nicht mehr zum Lachen zumute. Aber mein Gesicht verzog sich von ganz allein. Mutter sah mich streng an. Und das machte es nur schlimmer. Meine scheinbare

Lustigkeit übertrug sich auf die Sänger. Ich sah, wie der große Dietmar losprustete und Steins Mariechen die Hände vor ihr Gesicht hielt. Meine Mutter machte mir Zeichen, die nichts Gutes bedeuten konnten. Aber nicht mal das stoppte mich, ich hatte schon ganz laut gelacht. Ich nutzte die Gelegenheit, als die Trauergemeinde zum Grab ging, mich seitlich abzusetzen. Zu Hause hatte die Köchin große Berge Streuselkuchen auf den Tisch gestellt. Sie erwartete noch niemanden zurück. Ich schlug tüchtig zu und brachte mich vor Mutter für diesen Tag in Sicherheit.

Meine Mutter versicherte mir manchmal, ich sei beim Aussuchen meiner Eltern sehr umsichtig gewesen. Ich hätte eine glückliche Kindheit gehabt. Ich habe nie entscheiden können, ob das richtig war. Spontan stimmte ich dem zu. Aber dann kamen die Zweifel.

Die Kinder, mit denen ich spielte, waren zwar meine Freunde, aber die Freundschaft ging nicht so weit, daß ich über meine Probleme mit ihnen reden konnte. Sie waren einfach anders als ich und hätten nichts verstanden.

In der letzten Grundschulzeit gehörte ich zu einer Gruppe von Mädchen, die enger befreundet waren. Eine Zeitlang luden wir uns zu Geburtstagen ein. Eingeladen wurde man nur gemeinsam mit einem Freund, der zu unserer Klasse gehörte. Wir rümpften die Nase, wenn ein Mädchen mit einem anderen Jungen ging. Erst recht, wenn dieser ein Fremder war, also aus einem der umliegenden Dörfer kam.

Zwar gehörten sie alle zum gleichen Kirchspiel, und wir hatten den Konfirmandenunterricht gemeinsam. Aber aufgrund ihres Dialektes konnte man sie den einzelnen Dörfern fehlerfrei zuordnen, obwohl die Dörfer teilweise nur weniger als zwei Kilometer auseinanderlagen.

Die Alten erzählten von Frauen, die ins Nachbardorf

geheiratet hatten und dort bis ans Lebensende als Fremde behandelt worden waren. Daß wir nur Klassenkameraden zuließen, geschah auf ein Verlangen der Eltern, die unser Treiben argwöhnisch beobachteten und um ihren guten Ruf besorgt waren.

Obwohl er ein schmucker Bursche war, wollte niemand sonst meinen Freund haben, weil er aus einer Familie stammte, die den Teufel haben sollte. Jedenfalls glaubten es die Leute vom Dorf. Einer behauptete, den Teufel gesehen zu haben. Er sei zum Schornstein hineingefahren und kurz darauf wieder erschienen. Vielleicht war ich die einzige, die nicht an den Teufel glaubte.

Wenn es Abend wurde, draußen war es dann schon dunkel, machten wir das Licht aus und jeder Bursche mußte sein Mädchen fangen. Und hatte er es im Arm, zog er es an sich und hielt es fest.

Später tanzten wir nach einer plärrenden Grammophonplatte: Herz, Schmerz und sonst noch was. Wir hatten nur die eine. Die Jungen traten uns auf die Füße, doch wir sagten nichts. Denn es war ein Wunder, daß sie sich überhaupt auf das Tanzen einließen.

Wenn ich ehrlich war, mußte ich zugeben, daß sich die Antwort meines Vater gar nicht so sehr von meinen Vorstellungen von Glück unterschied. Meine Vorstellungen von einem sinnvollen, erfüllten Leben waren immer Träumereien von Liebe gewesen. Von einer maßlosen, alles umfassenden Liebe. Ich hatte große Angst, das eigentliche Leben zu verpassen, und gleichzeitig das Gefühl, in eine dicke Schale eingeschlossen zu sein, durch die ich nicht hindurch konnte.

Die Erwachsenen, denen meine Eltern stolz erzählten, daß ich ohne Probleme eine Klasse übersprungen hatte, hoben den Finger und unkten: »Wartet die Pubertät ab!«

Wir Mädchen spielten Hochzeit oder Mutter, Vater und Kind. Manchmal spielten wir auch Schwangerschaft. Wenn es Kissen gab, die wir in unsere Unterwäsche stecken konnten. Wie auch immer, wo auch immer, in dem Spiel kam unweigerlich der Moment, wo der Vater die Mutter fragte, ob sie nicht noch ein Kind machen sollten.

Nach solchen Spielen kamen wir mit verlegenen Gesichtern aus der Scheune, in der das Stroh gestapelt war und bis zu den Balken des Daches reichte. Mich störte ein bißchen, daß ich immer der Vater sein sollte. Aber der Vater hatte nun mal die Initiative, und die Einfälle gingen bei mir nie aus. In meinem Kopf war dauernd Überfüllung.

Dieses Leben war freilich noch nicht das eigentliche. Das ließ auf sich warten. Man konnte es nicht erzwingen. Irgendwann würde es sich einstellen. Ich nannte das Leben, das ich bis dahin führte, das Zwischendurch.

Im ersten Jahr der Oberschule schrieb mir ein Junge Briefe. In denen stand: »Je t'aime«. Aber die Tochter des Pfarrers klärte ihn auf, ich sei noch ein Kind, noch nicht einmal konfirmiert. In einer Freistunde brüstete sie sich noch damit.

Ich war nun Fahrschülerin. Die anderen aus meiner alten Klasse gingen jetzt in die Lehre, wurden Friseusen oder Verkäuferinnen, Mechaniker oder Elektriker. Sie hatten plötzlich etwas Erwachsenes. Sie verdienten bereits eigenes Geld, wenn es auch wenig war und sie zu Hause davon abgeben mußten. Wenn wir uns begegneten, ging uns schnell der Gesprächsstoff aus. Ich wußte, daß sie von uns sagten, wir Oberschüler wären eingebildet.

Vielleicht waren wir das auch.

Aber erst mal war ich Fahrschülerin und wartete auf das eigentliche Leben. Ich schwindelte zu Hause einen Stenokurs vor. Ich zeigte meiner Mutter sogar eine Seite in Steno Geschriebenes. In Wirklichkeit war es nur eine Krakelei.

Denn ich hatte keine Ahnung von Steno und meine Mutter auch nicht.

Ich fuhr mit dem Achtzehnuhrzug in die Kreisstadt, in der ich morgens zur Schule ging. Ich lief dort drei Stunden durch die Straßen, um dem eigentlichen Leben eine Chance zu geben, und fuhr gegen einundzwanzig Uhr wieder zurück. Es waren trübselige, öde Kleinstadtabende. Die Kälte drang durch die Kleidung auf die Haut. Die Zeit wollte und wollte nicht vergehen. Mein Traum, der *Märchenprinz* käme, war verbunden mit einer ungeheuren Sehnsucht nach Zärtlichkeit, wie sie nur Menschen empfinden, denen in der Kindheit zu wenig Zärtlichkeit zuteil wurde. Wenn ich es recht bedenke, habe ich noch Glück gehabt, daß ich auf meinen Abendspaziergängen durch die Stadt keinem Märchenprinzen begegnet bin.

Wenn ich heimkam, hatte meine Mutter für jede von uns beiden acht Eier in die Pfanne geschlagen, in der schon der Schinken brutzelte. Wir aßen im Erker, der zum Schlafzimmer meiner Eltern gehörte und wo meine Mutter eine kleine Küche eingerichtet hatte. Dort schlemmten wir heimlich.

BEVOR WIR AUS dem Dorf wegzogen, wurde ich noch konfirmiert. Und zwar ich allein. Nach einem Gottesdienst. Die kirchliche Obrigkeit hatte nicht zugestimmt, daß ich mit meiner Klasse konfirmiert wurde, weil es einem jungen Menschen von zwölf Jahren an der notwendigen Reife fehlen müsse. Was schlimm war, weil die Zugehörigkeit zu einem Konfirmandenjahrgang im Leben des Dorfes mehr zählte als die zu einer Schulklasse. Als aber im nächsten Jahr der Palmsonntag heranrückte, lag ich mit Lungenentzündung im Bett. Der Pfarrer befürchtete schon, er müßte mich ein weiteres Jahr im Konfirmandenunterricht ertragen. Es hatte mich nämlich gekränkt, daß ich als Schülerin der Oberschule noch dahin gehen mußte. Durch provokante Fragen versuchte ich zu beweisen, daß ich überlegen war. Das untergrub seine Autorität. Nun war er erleichtert, daß die Konfirmation einige Wochen später nachgeholt werden konnte. Und ich war auch zufrieden. Als ich allein vor dem Altar saß, dessen Schnitzerei manche einem der großen Meister zuschrieben, beschloß ich, ein frommes, gottgefälliges Leben zu führen. Das war für lange Zeit mein letzter Kirchgang. Trotzdem bin ich ein religiöser Mensch, ein Mensch, der anfällig gegenüber Ideologien und Dogmen ist. Deshalb war ich erfreut, daß man mich bat, in meiner alten Schule bei den Ferienspielen zu helfen. Ich hatte zwei dicke Bücher von Makarenko gelesen, und seine Erziehungsmethoden hatten mir sehr imponiert, im Gegensatz zu dem, was um mich herum geschah. So ging ich voller Selbstbewußtsein dahin.

Ich weiß nicht, was sich die Lehrer dabei gedacht hatten, sie übertrugen mir sofort die Betreuung der ersten Klasse. Einer schwierigen Klasse. Es gab darin zwei Jungen, die sich entweder miteinander prügelten oder sich verbündeten, um sich gemeinsam auf Schwächere zu stürzen. Was schlimmer war. Irgend jemand blutete am Abend immer. Wahrscheinlich wollte niemand diese Klasse haben. Aber mir machte es nichts aus.

Am nächsten Tag führte ich die Kinder gleich in der Frühe über die Brücke. Wir stiegen eine Weile bergan, kamen am Echo vorüber und riefen: »Was essen die Soldaten?« Und das Echo schallte zurück: »Tomaten.« Nahmen dann den schmalen Weg, der zum Alpensteig führt. Das ist ein Pfad, der sich in halber Höhe über der Saale an einem Steilhang entlang durch Felsmassive windet. Und den man manchmal mehr ahnt als sieht. Er ist heute gesperrt. Aber er war damals bereits gefährlich. An einigen Stellen war das Erdreich abgerutscht.

Ich forderte die Großen auf, den Kleineren zu helfen. Es war ein tüchtiges Stück Weg bis ans Ende. Dorthin, wo der Uhu horstete. Nachdem wir das Abenteuer bestanden hatten, mußten wir im Geschwindschritt nach Hause.

Dort wartete man schon auf uns. Auf die Frage, wie es ging, antwortete ich: »Na, gut!«

»Sag bloß, die haben auf dich gehört.«

»Ja. Das kann man so sagen.«

»Und keine Prügelei?«

»Nein. Keine Prügelei.«

»Das ist ja ein Wunder.«

Sie sollten sich bald noch mehr wundern. Am nächsten Tag waren nämlich die Eltern in der Schule und wollten wissen, ob es der Wahrheit entsprach, daß ich mit ihren Kindern den Alpensteig entlanggegangen sei. Da gab es großen Krach. Ich fühlte mich ungerecht behandelt, denn ich glaubte mich im Recht, hatte ich doch Makarenko an meiner Seite.

Als nächstes bekam ich die sechste Klasse. Die Mädchen hatten zu nichts Lust. Die Jungen gaben freche Antworten. Und sie waren sich alle einig, ich sei noch ein Kind, und fühlten sich beleidigt, daß man sie mit einem Kind abspeiste. Kurz, ich hatte es nicht ganz leicht.

Der Nachmittag war schon im Zenit, als ich beschloß, mit ihnen Räuber und Gendarm zu spielen.

Erst schickte ich die Räuber los, sich zu verstecken. Dann sandte ich die Gendarmen hinterher und stand plötzlich allein da. Es ging schon auf sechs zu. Ich hätte räumliche und zeitliche Begrenzungen festlegen müssen. Aber dafür war es zu spät. Ich rief nach den Gendarmen, wozu ich die Hände zu einem Schalltrichter formte.

Ein Mann, den ich nicht kannte, kam vorüber und sagte unfreundlich: »Du hast sie wohl nicht alle.«

»Die Räuber sind auch weg.«

»Dachte ich mir doch«, brummte der Mann.

Und er bestand darauf, mich in der Schule abzuliefern. Ich war kaum dort angekommen, erschienen auch die Gendarmen. Sie hatten mein Rufen gehört. Von den Räubern fehlte jedoch jede Spur. Und das im Grenzgebiet. Etwa zwei Kilometer von der Schule entfernt gab es eine Grenze, an der scharf geschossen wurde.

Es wurde Alarm gegeben. Man fand die Kinder. Sie hatten ziemlich nahe an der Grenze ganze Felder voll schönster Heidelbeeren gefunden. Das war an Mund und Händen deutlich zu sehen.

Von da an wurde ich bei den Ferienspielen nicht mehr gebraucht.

Für die Grenzer war es besonders peinlich. Da konnte jemand, nein, nicht jemand, eine halbe Schulklasse, so einfach ins grenznahe Gebiet eindringen und sich dort wie zum Hohn in aller Ruhe den Bauch mit Blaubeeren vollschlagen. Und keiner hatte es bemerkt. Die Schüler wurden erst entdeckt, nachdem die Schule Alarm geschlagen hatte.

Erst einige Jahre später wurde mir der ganze Leichtsinn bewußt. Und ich bekam nachträglich einen großen Schreck.

Im August des Jahres 1953 – ich war gerade fünfzehn Jahre alt – sind wir umgezogen. Mein Vater arbeitete bereits seit Jahresbeginn in Jena und kam nur am Wochenende nach Hause. Am 17. Juni warteten wir den ganzen Tag auf seinen Anruf. Meine Mutter sagte: »Hoffentlich gibt es keinen Krieg.«

Einer seiner Kollegen erzählte mir später, er sei mit ihm durch die Stadt gegangen. Vorsichtshalber habe mein Vater sein Parteiabzeichen abgemacht. Überall begegneten sie aufgeregten Menschen. Wildfremde diskutierten miteinander. Anderen wurde es zu gefährlich, die zogen sich zurück. Mein Vater hatte Sorgen. Er sagte zu dem Kollegen: »Wenn das jetzt andersherum kommt, hätte ich den größten Fehler meines Lebens gemacht.« Er hatte einige Tage zuvor den Vertrag unterschrieben, mit dem er seinen Hof aufgab.

Sie kamen bei Zeiss vorbei und gingen in Richtung Holzmarkt. Als sie auf der Höhe des Turmes waren, in dem Goethe den menschlichen Zwischenkieferknochen entdeckt hat, sahen sie gegenüber aus einem Fenster Papiere und Karteikarten flattern.

Als der Umzug näher rückte, staunte ich darüber, daß sich bei mir kein Abschiedsschmerz einstellen wollte. Zwar schrieb ich ein großes Heimatgedicht, in dem viel von Natur und Gefühl die Rede war. Nicht von den Menschen. Die Menschen waren anders als ich. Jedenfalls hatte ich ein starkes Anderssein-Gefühl, obwohl ich mir viel Mühe gegeben hatte, dieses zu überwinden, denn es ängstigte mich. Ich wollte so sein wie alle.

Als wir dann in Jena wohnten, war unsere alte Welt sehr schnell irgendwohin versunken. Es war, als fiele ein Alptraum von uns ab. Jeder erlebte es auf seine Weise, aber es war für jeden eine positive Erfahrung. Da mochte meine Mutter noch soviel von Abstieg reden, als sie das erste Mal die Außentreppe scheuerte. »Und alle Nachbarn konnten mich sehen, welch ein Abstieg«, sagte sie. Aber wie sie es sagte, klang es nicht bedauernd, eher stolz, stolz, dieser Situation gewachsen zu sein.

Auch Jena lag an der Saale. Aber das war nicht der Fluß, den ich kannte. Auf dem im Frühjahr, wenn Eisgang war, die Schollen aneinanderstießen, daß die ganze Gegend dröhnte.

Diese Saale war enttäuschend schmal und langweilig. Daß sie auch gefährlich sein konnte und viele kleine Stromschnellen und Strudel hatte, merkte ich erst später.

Jena liegt in einem Talkessel, der von Kalkbergen umgeben ist, die bis zur halben Höhe mit Häusern und Gärten bebaut sind. Wir wohnten am Kernberg in einem schönen Zweifamilienhaus. Da ich bisher als zweite Fremdsprache Französisch gehabt hatte, mußte ich die Schule besuchen, in der es Französisch gab. Mein Schulweg führte quer durch die ganze Stadt, am neuen Wirkungsort meines Vaters vorbei. Die Universität hatte eine Landwirtschaftliche Fakultät, und die Fakultät besaß mehrere Güter zu Lehr- und Forschungszwecken. Mein Vater hatte in der Zentralen Leitung der Universitätsgüter einen Arbeitsplatz gefunden. Er sollte ein neues Abrechnungssystem, speziell für landwirtschaftliche Betriebe, einführen. Er interessierte sich damals auch schon für wissenschaftliche Fragen. Ich erinnere mich, daß er mir seine Ideen erklären wollte. Sobald er aber begann, befiel mich eine eigenartige Müdigkeit, und ich schlief, wie ein Hase, offenen Auges ein.

Meine Mutter versorgte den Haushalt und stürzte sich auf Konzert- und Theateranrechte und sagte, sie knüpfe damit direkt an ihre Jugendzeit an. Ich ließ mich mit hineinziehen, obwohl mir ihre Kritikwut auf die Nerven ging. Immer hatten die Tenöre »gekehlt«, waren die Anschläge der Pianisten zu hart, das Piano der Geiger nicht sauber.

Mein Vater bekam 398 Mark monatlich. Und davon mußten wir zu dritt leben. Meine Mutter hatte vorgesorgt und jede Menge Konserven produziert und auf den Umzug mitgenommen. Sie hatte sogar Milch eingeweckt.

Den ganzen Sommer über hatte ich ein dumpfes Gefühl in der Magengrube gehabt, wenn ich an den ersten Schultag in Jena dachte. Wenn ich mir vorstellte, daß da lauter

Wildfremde saßen, die mich anglotzten, als wäre ich der erste Mensch, wurden meine Beine schwach. In der Französischklasse gab es nur Mädchen. Der Klassenlehrer sah mein Zeugnis an und kommentierte: »Solche guten Zensuren geben wir hier nicht.« Damit beleidigte er nicht nur mich, sondern auch meine Schule und die Gegend, aus der ich kam. Zu allem Überfluß hörte ich hinter mir ein Mädchen mit einem dicken Zopf tuscheln. Ich verstand nur das Wort »Landpomeranze«. Da war für mich die Front klar. Ich wurde regelrecht fröhlich. Die sollen mich kennenlernen, dachte ich.

Der Lehrer las gerne französische Texte vor. Aber sein Lesen klang überhaupt nicht französisch. Es fehlte der Klang des Glöckchens am Ende des Satzes. Für solches Lesen hätten wir in der alten Schule eine Fünf bekommen. Unser Lehrer dort war längere Zeit in Frankreich gewesen und hatte großen Wert auf die richtige Intonation gelegt. Als ich drankam, las ich, wie ich es gewohnt war. Von diesem Tag an waren wir Feinde.

WIR HABEN NUR drei Jahre in Jena gelebt. Blicke ich aber zurück, scheint mir die Zeit viel länger gewesen zu sein.

Für den Unterricht brauchte ich kaum zu arbeiten. Ich machte meine Hausaufgaben meistens erst, wenn ich morgens in die Schule kam. Ich las sehr viel und konnte stundenlang vor mich hin träumen. Das eigentliche Leben ließ auf sich warten, aber ich hatte das Gefühl, daß es ganz nahe sein mußte.

Stieg man gegen Abend auf den Berg, der hinter unserem Hause lag, kam man zuerst durch die feuchte Kühle dichten Unterholzes. Die Baumstämme waren von wildem Hopfen und Efeu überwuchert. In einer gewissen Höhe trat man hinaus aus der üppigen Vegetation in die Wärme, die der Kalkstein im Laufe des Tages gespeichert hatte und die er nun an die Umgebung abgab. Unten, sehr weit unten, glommen die Lichter der Stadt und hatten keine Gewalt über mich. Es war eine Umgebung für Liebe, und sie machte traurig, war man allein.

Obwohl weltbekannt, hatte Jena etwas Kleinstädtisches an sich. Die Nachbarn wußten übereinander Bescheid, ähnlich wie im Dorf. Sie wußten, wer bei Zeiss arbeitete oder in der Universität angestellt war. Hier wurde alles registriert und nichts vergessen.

Inzwischen war der Aufbau des Sozialismus beschlossene Sache. Die Angehörigen der Intelligenz, die Rang und Namen hatten, wurden mit viel Aufmerksamkeit umgeben, die sie am Verlassen des Landes hindern sollte. Sie bekamen einen Einzelvertrag, in dem ihnen ein schönes Gehalt zugesichert wurde. Die Folge war, daß sie sich für bedeutend hielten, gleichgültig, ob es gerechtfertigt war oder nicht. Einige hielten sich sogar für so bedeutend, daß sie nun gerade erst den Mut fanden, in den Westen zu gehen.

Deren Bewerbungsunterlagen kamen oft nicht einmal auf den Schreibtisch des Personalchefs. Aber davon stand nichts in den Briefen, die in die alte Heimat gingen. Da war die Rede von Autos und von Reiseplänen.

Der Hochmut der Gebliebenen übertrug sich sogar auf die Kinder. Ihnen wurde im väterlichen Einzelvertrag ein Studienplatz garantiert. Mir nützte es gar nichts, daß wir jetzt nahezu arm waren. Ich blieb *Sonstiges*.

Als einer der Professoren seinen fünfzigsten Geburtstag feierte, erzählten seine Töchter in der Schule, daß an einem Tag die Weißen und an einem andern die Neger eingeladen würden. Die Weißen waren die Professorenkollegen, und die Neger waren die Mitarbeiter.

Etliche von den Professoren waren schon bei uns zu Gast gewesen. Es lag noch etwas von dem früheren Glanz auf meinen Eltern. Aber mein Vater hatte keinen akademischen Grad. Er hatte überhaupt keine berufliche Ausbildung.

Meine Mutter wurde zwar zum Kränzchen der Professorengattinnen eingeladen, doch sie fühlte sich da nicht wohl. Sie mußte verletzt worden sein, denn sie sagte: »Die meisten sind ehemalige Nazis.« Was nichts weiter zu bedeuten brauchte. Meine Mutter hatte sich angewöhnt, Unbehagen auf diese Weise auszudrücken.

Ich nahm meinen Eltern den Schokoladenpudding mit Mandeln übel. Als mein Vater fünfzig wurde, lud auch er die Professoren getrennt von den Kollegen ein. Die Professoren bekamen Schokoladenpudding mit Mandeln verziert. Die Mandeln reichten nur für einen Pudding. Ich war so wütend, daß ich heimlich eine bittere Mandel dazwischensteckte.

In diesen Jahren wurden die Weichen für meine Zukunft gestellt. Ich mußte mich entscheiden. Mit jeder Entscheidung verengte sich die Menge meiner Möglichkeiten. Ich hatte Angst, etwas falsch zu machen. Um mich selbst zu ermutigen, spielte ich die Bedeutung des Ganzen herunter. Ich sagte mir selbstbewußt: »Ich werde später schreiben.« Das klang gut, aber ich glaubte selbst nicht daran.

Mein Vater ging pragmatisch vor. Er fragte gar nicht erst nach meinen Wünschen, sondern erkundigte sich in der Studienabteilung nach meinen Möglichkeiten. »In welchem Fachgebiet hat sie denn eine Chance?«

Und er erhielt Auskunft. Ich hätte gute Aussichten in der Physik, weil ich ein Mädchen wäre und die Quote erheblich verbessern könnte.

»Und wie ist es mit Mathematik?« fragte mein Vater.

»Das kann ich nicht empfehlen. Mathematik ist und bleibt eine brotlose Kunst«, sagte der Mann. Und mit dieser falschen Prognose verabschiedete er meinen Vater.

Sah ich von meiner schnellen Auffassungsgabe und meinem guten Kurzzeitgedächtnis ab – Eigenschaften, die für die Schule sehr günstig waren, aus denen aber noch nichts folgte –, entdeckte ich bei mir keine besonderen Neigungen oder Fähigkeiten. Eigentlich traute ich mir alles zu, ich hatte aber keine besonderen Interessen, ich hatte zu nichts ausgesprochene Lust. Ich wußte, daß dies ein Mangel war, aber da konnte man nichts erzwingen.

Atomphysik war damals sehr im Gespräch. Nicht einmal die Atombombenabwürfe schadeten ihrem Ansehen. Atomphysiker waren oft in der Zeitung abgebildet. Sie trugen einen weißen Kittel und sahen immer irgendwie bedeutend aus. Ich wollte Atomphysikerin werden.

Der große Bruder einer Mitschülerin war Physikstudent im höheren Semester. Als ihm seine Schwester von meinen Absichten erzählte, ließ er mir ausrichten, Physik sei für Mädchen prinzipiell zu schwer. Daraufhin schrieb ich meine Bewerbung für ein Physikstudium, die – wie ich fand – sehr überzeugend ausfiel.

Doch mein Physiklehrer sah das anders. Er stöhnte: »Mädchen, bist du wahnsinnig geworden? Tu mir das nicht an. Du weißt ja gar nicht, was du alles nicht weißt.« Er war schon in den Jahren und hatte Mühe, mit seinen Kriegserlebnissen zurechtzukommen. Es war leicht, ihn auf dieses Thema zu bringen, und dann war die Unterrichtsstunde für die Physik verloren. Was der Lehrer vor sich selbst dadurch rechtfertigte, daß er die ganze Physik als überflüssig für Mädchen ansah. Und nun fürchtete er, sich mit mir zu blamieren.

Ich mußte gute Zensuren haben, um einen Studienplatz zu bekommen. Ich war kein Streber. Aber meine ganze Zukunft hing davon ab. Es war mir nicht schwergefallen, Klassenerste zu werden. In manchen Fächern, zum Beispiel in Mathematik, hatte ich eine solche Position, daß ich entschied, was die Klasse zu verstehen hatte und was nicht. Das gab mir eine gewisse Macht. Nur bei unserem Klassenlehrer hatte ich immer noch einen schlechten Stand. Dafür hatte ich es geschafft, daß er zu den monatlichen Klassenausflügen nicht mehr eingeladen wurde. »Wir brauchen doch keine Aufsicht!« hatte ich gesagt. Und es war wirklich ohne ihn lustiger, wenn wir auch alle ein schlechtes Gewissen gehabt hatten.

Eines Tages besuchte uns die Mutter meiner Mitschülerin Doris. Sie war Dozentin an der Arbeiter-und-Bauern-Fakultät, der *ABF*. Sie war gekommen, um uns aufzuklären, warum der Lehrer Doris und mich nicht leiden konnte. »Weil Sie in der Partei sind. Und ich auch«, sagte die Mutter von Doris zu meinem Vater.

Sonst war nur noch Rosis Vater in der Partei. Aber Rosi war außer Konkurrenz, denn sie war unser einziges Arbeiterkind, das bei jeder Gelegenheit als Beispiel vorgezeigt wurde, was Rosi selbst haßte. Sie schämte sich ihrer Eltern.

»Gegen einen solchen Klassenlehrer hat ein Schüler keine Chance«, sagte die Mutter von Doris. »Unsere Kinder werden ein Zeugnis davontragen, das ihnen die ganze Zukunft verbaut. Es wäre besser, wenn sie ihr Abitur woanders machten. Zum Beispiel an der Arbeiter-und-Bauern-Fakultät in Halle.«

Doch weder ich noch meine Eltern waren von diesem Vorschlag begeistert. Mit den anderen Lehrern lief bei mir alles gut.

Meinen Aufsatz zum Thema »Warum wurde Gretchen schuldig?« hatte ich verpatzt. Ich hatte Gretchen für unschuldig erklärt, und das war nicht das Thema gewesen.

Beim Abitur bekamen wir für die mündliche Prüfung die Fragen vorab. Wir hatten sie aufgeteilt und arbeiteten die Antworten schriftlich aus. Eine der Prüfungsfragen betraf die Sprachentwicklung vom Mittelhochdeutschen her. Dieses Thema übernahm die Mutter einer Mitschülerin, eine Germanistin. Es wurde ein kleiner wissenschaftlicher Vortrag, der weit über unseren Lehrstoff hinausging. Es fiel mir nicht schwer, solche abstrakten Dinge für kurze Zeit im Gedächtnis abzuspeichern. Ich hatte Glück und zog ausgerechnet diese Frage.

Die Prüfungskommission zeigte sich so beeindruckt, daß ich entgegen dem Einspruch meines Klassenlehrers in Deutsch ein »Sehr gut« aufs Zeugnis bekam. Nur in Zeichnen hatte ich nach wie vor eine Vier.

Der Zeichenlehrer wollte mir helfen, damit diese eine Note nicht das Gesamtprädikat verdarb. Ich kam ins mündliche Abitur und sollte eine Tulpe malen. Doch der Lehrer merkte sehr bald, daß ich nichts zustande bringen würde. Ich mußte an die Tür gehen und aufpassen, ob jemand kam. Inzwischen zeichnete er eine schöne Tulpe.

Ich wurde an der Universität in Jena für das Fach Physik angenommen. Nach der feierlichen Zeugnisausgabe in der Schule ergab es sich, daß ich in meinen Klassenraum kam, wo nur noch der Klassenlehrer war. Er schien auf etwas gewartet zu haben. Er kam auf mich zu, gab mir die Hand und gratulierte mir zu dem schönen Zeugnis. Dann sagte er: »Strebsamkeit ist etwas Gutes, wenn man darüber die Menschen nicht vergißt.« Dabei sah er mich nicht an, sondern er blickte wie immer nach hinten in die rechte obere Ecke, als gäbe es dort etwas zu sehen. Nun, da er keine Macht mehr hatte und ich keine Angst mehr vor ihm zu haben brauchte, schämte ich mich plötzlich entsetzlich. Er hatte, bevor ich kam, ein sehr gutes Verhältnis zur Klasse gehabt. Ich hatte ihn verdrängt. Ich sah in sein zerknittertes Gesicht, das ich noch nie so genau angesehen hatte, und es wäre mir lieber gewesen, er wäre noch einmal bösartig geworden.

Ein langer Sommer lag vor mir.

Sonntags machten meine Eltern große Wanderungen in die Umgebung von Jena. Manchmal schloß ich mich an. Es waren sehr schöne Ausflüge. Trotzdem konnte ich es nicht verhindern, daß mich eine üble Laune überkam. Ich hatte das Gefühl, Lebenszeit zu verschwenden. Wenn das jetzt immer so weiterginge, dachte ich mir, würde ich unversehens alt sein. Frauen alterten sowieso schneller. Nicht biologisch, sondern sozial.

Irgendwann begannen die Männer, wenn sie in einer Gruppe waren und sich stark fühlten, hinter mir her zu pfeifen. Es störte sie überhaupt nicht, ob ich in Begleitung meiner Mutter war oder nicht. Anfangs wurde ich rot und stolperte über meine eigenen Füße. Aber mit der Zeit gewöhnte ich mich daran, und es machte mir nichts mehr aus. Meine Mutter fand nun, es sei höchste Zeit, mich gründlich auf das Leben vorzubereiten. Und ich lernte, daß Männer alle nur dieses eine wollten, worauf eine Frau recht gut verzichten konnte. Und daß sie die Frau, nachdem sie sich darauf eingelassen hatte, nur noch verachteten.

Ich lebte immer noch im Zwischendurch. Dabei lag in Jena das eigentliche Leben vor der Haustür. Im Oberland war das Klima rauh gewesen. In Jena erlebte ich laue Sommerabende und milde, klare Herbsttage. Auf den Bergen blühten die Silberdisteln. Als in Dornburg die Heckenrosen blühten, und ihr Duft so stark war, daß die Luft süß schmeckte, hatte mein Vater plötzlich dringend dort zu tun, und mir schrieb er eine Entschuldigung für die Schule. Ich war überrascht, daß mein Vater, der so viel von Gesetz und Ordnung hielt, wegen Heckenrosen zu solch einer Übertretung bereit war.

Ein andermal nahm er mich mit zu einem in Richtung Weimar gelegenen Gut. Ganz einsam und versteckt in einem Waldgebiet wuchsen dort große Mengen Walderdbeeren und Orchideen. Aus den Wiesen leuchtete das Knabenkraut. Und in Waldlichtungen, die von den Bauern geheimgehalten wurden, blühte, beinahe unauffällig, der Frauenschuh.

Nachdem ich das Abitur in der Tasche hatte, besuchte ich meine Großmutter Anna Emma Lina, die in meiner Geburtsstadt in einem Pflegeheim war.

Ich konnte nicht herausbekommen, ob sie mich erkannt hatte. Ich hielt ihre Hand und saß ganz still.

Plötzlich zwinkerte sie mir zu, hob den Kopf und flüsterte: »Die Tür zum Glück geht nach außen auf.«

Wenige Wochen später benachrichtigte man uns, daß sie gestorben war.

DIE GESCHICHTE MIT *Beauté* ist für mich wichtig gewesen. Durch sie war ich gegenüber meinen Gefühlen immer mißtrauisch. Ich lernte, wie verlogen Gefühle sein können.

Um von Beauté zu erzählen, muß ich noch einmal in die Zeit vor dem Abitur zurückgehen.

Ein Jahr nach unserem Umzug – also 1954, die zwölfte Klasse begann, ich war sechzehn – fühlte ich mich, als hätte ich schon immer in Jena gelebt. Mein Vater warnte: »Mädel, ein guter Ruf verliert sich nur einmal.« Aber ich war in einem Alter, in dem man solche Warnungen leichtfertig in den Wind schlägt. Ich lebte ganz spontan, ohne meine Wirkung auf andere zu bedenken. Ich hatte Freunde und Feinde. Da ich gern lachte, waren es mehr Freunde als Feinde.

Ich erklärte mich bereit, in der Zentralen Schulgruppenleitung der Freien Deutschen Jugend, der *FDJ*, mitzuarbeiten, wurde gewählt und war für die Kultur zuständig. Meine erste Amtshandlung war es, einen Elferrat zu ernennen. Dieser mußte sich versammeln. Unsere Sitzungen fanden im Hinterzimmer einer Kneipe statt. Der hauptamtliche FDJ-Sekretär spendierte das Bier aus der FDJ-Kasse. Als ich fragte, ob das rechtens wäre, erwiderte er lachend: »Natürlich nicht! Aber soll ich das etwa aus der eigenen Tasche bezahlen. Weißt du, wieviel ich verdiene! Oder wollt ihr trocken tagen! Nein. Ihr seid immer ganz schön lustig, hinterher. Habe ich recht?« Er hatte recht.

Auf einem der Schulbälle, für die ich nun auch zuständig war, traf ich Beauté. Ich sah ihn nicht zum erstenmal. Er war für mich einer der anonymen Schüler gewesen, die zu anderen Klassen gehörten. Deren Gesicht man als Teil einer Masse sieht und die man nicht genau beschreiben könnte, würde man danach gefragt. Daß er sich zum erstenmal hervorhob, lag an dem Spitznamen, den ihm die Mädchen meiner Klasse gegeben hatten. Beauté. Schönheit.

Da die Schulbälle von mir organisiert wurden, schaffte ich das Vorrecht der Jungen zum Auffordern ab. Aber erstaunlicherweise waren die Jungen gar nicht unzufrieden mit dieser Regelung, während die Mädchen mich heftig kritisierten, weil ihnen die ganze Sache peinlich war. Mir übrigens auch, aber ich mußte mit gutem Beispiel vorangehen. Ich holte Beauté zum Tanz. Er fragte, ob ich nun das Führen übernehmen wolle aus Gründen der Gleichberechtigung. Überrascht sagte ich: »O ja, gern!« Und wir kamen aus dem Lachen nicht mehr heraus. Es ergab sich gleich eine gewisse Vertrautheit, die sich noch verstärkte, als ich erfuhr, daß er aus der gleichen Gegend stammte und in dieselbe Oberschule gegangen war und daß wir sogar im selben Chor gesungen hatten, nur daß ich in der ersten Reihe und er in der letzten gestanden hatte. Wir blieben den ganzen Abend zusammen. An diesem Tag hatte ich ein neues Kleid an. Meine Haare waren zum erstenmal blondiert. Und ich fand mich sehr schön. Wir tanzten oft miteinander, und ich überließ sogar das Auffordern ihm. Als der Tanzabend zu Ende war, brachte er mich nach Hause. Unterwegs küßte er mich. Dabei ließ er seine Zunge in meinen Mund umherfahren, was mir ein bißchen unangenehm war. Aber ansonsten war ich sehr glücklich. Jetzt konnte das eigentliche Leben beginnen. Am darauffolgenden Wochenende trällerte ich dauernd vor mich hin. Am liebsten hätte ich meiner Mutter davon erzählt, aber eine innere Stimme sagte mir, daß ich niemanden einbeziehen durfte. Nachdem wir uns ein paar Tage nicht gesehen hatten, traf ich ihn auf dem Schulhof. Er nickte mir kurz zu und ging an mir vorbei. Beim nächsten Ball tanzte er mit einer anderen. Die hatte ein leuchtend blaues Taftkleid an. Ich hätte für mein Leben gern ein leuchtend blaues Taftkleid besessen. Kurz, es waren die üblichen Leiden, und es wäre langweilig, die ganzen Kümmernisse hier auszubreiten.

Als ich das Abitur hinter mir hatte und schon wußte, daß es für mich gut ausgegangen war, machte die Klasse einen Ausflug auf einen der Berge, wo wir in einem Restaurant eine Rostbratwurst aßen und Kirschlikör tranken. Ich fühlte mich sehr tragisch, weil ich ihn nun nie wiedersehen würde, und leerte die Gläser, die von den anderen nicht mehr getrunken wurden. Es fehlt mir jegliche Erinnerung, wie ich vom Berg heruntergekommen bin.

Der Aufenthalt in einer Kneipe, wo wir Kaffee tranken, mochte ein Übriges getan haben, so daß ich nicht mehr sehr gut ausgesehen habe, als mich meine Schulfreundinnen bei meinen Eltern ablieferten. Meine Mutter machte mir Essigumschläge, weil sie glaubte, meine Herzschläge würden schwächer. Sie rief einen Arzt aus der Nachbarschaft, aber dieser lehnte es ab, zu einer Betrunkenen zu gehen. Als ich gegen Morgen die Augen aufschlug, hörte ich sie von weither sagen: »Du Schwein!« Ich schloß die Augen gleich wieder, denn mir war so entsetzlich schlecht, daß ich absolut keine Kraft zu einem Streit mit meiner

Mutter hatte. Ich mußte nur sehen, wie ich die Essigumschläge loswurde.

Von einem Mädchen, das in der Nachbarschaft von Beautés Eltern wohnte, hörte ich von seinem weiteren Schicksal. Er hatte mir erzählt, daß er Verkehrswesen studieren wollte und dafür im Sommer ein Praktikum bei der Eisenbahn zu absolvieren hätte. Dort erlitt er einen schweren Unfall. Auf dem rangierenden Zug, außen an einem Güterwagen hängend, fuhr er über die Gleisanlagen, bis ihn ein Pfosten, der zu nahe am Gleis stand, herunterstreifte. Er stürzte so unglücklich, daß der Wagen über ihn hinwegrollte. Bei diesem Unfall verlor er beide Beine. Als ich davon erfuhr, war meine erste Regung, zu ihm zu eilen und ihm meine Liebe zu beweisen. Doch ich schob es Tag für Tag vor mir her. Und dann fing das Studium an. Und ich vergaß die ganze Geschichte. Aber die Zweifel an meinen Gefühlen blieben.

Es gab zwar Liebe auf den ersten Blick. Aber was ist das, ein Gefühl, das nur vom Äußeren getragen wird. Und von dem Prestige, das der Geliebte einträgt.

Wir haben uns dreißig Jahre später wiedergetroffen. Es war ein Zufall. Ich besuchte einen Freund in Dresden, dem ich diese Liebesgeschichte vor Jahr und Tag einmal erzählt hatte. Der sagte geheimnisvoll, es sitze jemand in der Sofaecke, der mich gern wiedersehen würde. Ich ging ohne besondere Erwartungen ins Zimmer. Er trug Prothesen. Obwohl sie ihn schmerzten, wollte er um keinen Preis in den Rollstuhl. Hätte er nicht eine Krücke neben sich liegen gehabt, ich hätte ihn nicht erkannt. Er war immer noch ein gutaussehender Mann.

Ich war ihm wahrscheinlich noch unvertrauter als er mir. Er hatte Mühe, mich einzuordnen. Ich hatte bei ihm offensichtlich keinen tieferen Eindruck hinterlassen. Er erinnerte sich nicht einmal, daß wir uns geküßt hatten. Er war frisch geschieden und hatte einen Ausreiseantrag gestellt. Er suchte eine Frau, die mit ihm ging. Wir verbrachten einige Tage miteinander. Aber in mir regte sich nichts. Und er war nicht traurig darüber.

Ich weiß nicht mehr, was wir gesprochen haben. Ich weiß nur noch, daß er den Unfall noch nicht überwunden hatte. Immer noch trauerte er dem gesunden jungen Mann hinterher, der er einmal war. Er hatte seine Krankenschwester geheiratet und hatte mit ihr zwei hübsche Töchter. Aber er hatte sich schließlich von der Frau bevormundet und in seinen sozialen Kontakten behindert gefühlt. Ich wollte ihn überzeugen, im Lande zu bleiben. »Wegen der größeren Wärme der Menschen untereinander.«

Darüber lachte er nur und zählte mir die vielen Möglichkeiten auf, die er als Behinderter im Westen hatte.

Ich hatte Verehrer. Da war *Sechshundertmeterberg,* ein Junge, der mich besuchen wollte und meinem Vater in die Hände fiel, von dem er zur Probe nach der Höhe des Berges hinter unserem Haus befragt wurde. Da war *Teppichklopfer*, der auf meine Mutter stieß, die gerade den Wohnzimmerteppich auf der Teppichstange bearbeitete und der sich sofort mit dem Teppichklopfer bewaffnete und ihr half, was sie sehr gnädig annahm. Da war *Schaukelpferd,* ein Chemiestudent, der mir Schach beibringen wollte und der einen etwas ausladenden Gang hatte. Ernster war die Geschichte mit *Kamillentee.* Der war schon verheiratet, ehe er sich in mich verliebte, verheiratet mit der Partei. Wo die Partei ihn hinstellte, würde er stehen, nicht da, wo eine Frau ihn haben wollte. Das imponierte mir sehr. Als er zum erstenmal bei uns Abendbrot aß, vermißte er den heimischen Kamillentee, den seine Mutter bei jeder Gelegenheit auf den Tisch brachte.

Ich genoß die kleinen Liebeleien. Aber es war mir nichts

wichtig. Mein erfundener Verlobter mußte immer wieder herhalten.

Das Studium absolvierte ich mit ähnlicher Leichtigkeit wie die Schule. Mein Physiklehrer hatte recht gehabt. Mein Vorwissen war katastrophal. Ich hatte bis dahin nicht gewußt, daß es Gleich- und Wechselstrom gab. Die Übungen schrieb ich meist ab. Die Abschlußprüfungen nach dem ersten Studienjahr waren gut bis mittelmäßig.

Das genügte.

Am Ende des ersten Studienjahres machte ich zusammen mit drei Studenten aus Dresden ein Praktikum in der Lehrwerkstatt von Zeiss. Der Meister ließ uns die gesamte Ausbildung zum Feinmechaniker in diesen sechs Wochen durchlaufen. Der Geruch der Drehbank nach erhitzten Metallspänen und Schmieröl ist mir unvergeßlich. Aber zugleich blühte draußen der Flieder. Meine Mitpraktikanten, die drei Studenten, hatten sich gegenseitig das Versprechen gegeben, in dieser Zeit eine strikte Männerfreundschaft zu bewahren, den Störungen, die durch eine Frau hineinkamen, keinen Raum zu geben. Und nun war ich da. Sie verhielten sich kameradschaftlich, und wir machten gemeinsame Wanderungen. Nach spätestens drei Wochen hatte mir jeder erzählt, daß er gern mit mir allein zusammen wäre, doch müsse er sich den beschlossenen Spielregeln unterwerfen. Das war eine große Herausforderung. Und nach sechs Wochen war ich mit jedem allein verabredet gewesen und war erstaunt, wie kreativ die Männer lügen. Doch ich hatte längst andere Sorgen. Diesmal war ich mit meiner Sucht, dem eigentlichen Leben jede Chance zu geben, entschieden zu weit gegangen. Ich war bei den Segelfliegern gelandet.

Den Kontakt zu den Segelfliegern verdankte ich Kamillentee. Im Winter war ich gern zum theoretischen Unterricht gegangen und hatte auch das Pendeln absolviert, wo man immerhin noch einen festen Punkt auf der Erde hat. Schon bei den theoretischen Stunden war mir der kameradschaftliche Ton aufgefallen, der unter den Segelfliegern herrschte.

Dort lernte ich den *Schwarzen Teufel* kennen.

Er war älter als die anderen. Er war schon dreißig. Hatte Frau und Kinder.

Im Mai traf ich ihn bei einem Stadtbummel. Wir gerieten ins Plaudern und verabredeten einen Spaziergang auf meinem Berg. Von dem Mann ging ein starker Reiz aus. Aber es war offensichtlich, daß in diesem Fall zutraf, was meine Mutter über Männer gesagt hatte.

An der Stelle, wo man in die Wärme des Kalkgesteins kam, saßen wir lange und blickten hinunter auf die dunkle Stadt. Und wir offenbarten uns gegenseitig, daß wir später die Absicht hatten zu schreiben. Einmal sagte er zu mir: »Du siehst etwas falsch. Es ist nicht so, daß nur die Männer von dir etwas wollen, sondern auch du selbst willst etwas von ihnen. Über deine eigenen Wünsche mußt du dir klarwerden.« Das war der Zauberspruch, der mich von den mütterlichen Ratschlägen erlöste. Aber dem Schwarzen Teufel selbst nutzten seine schönen Sprüche nichts. Trotzdem machte meine Mutter sich große Sorgen um mich, da sie den Mann für gefährlich hielt.

»Nimm es mir nicht übel«, sagte sie zu mir, »aber immer wenn du mit diesem Schwarzen Teufel weggehst, habe ich Angst, er bringt dich unterwegs um. Ich habe selten so etwas Unsympathisches gesehen.«

Der Schwarze Teufel konnte sich kein Aufsehen leisten, denn er steckte mitten in einem Parteiverfahren, weil er die Frauen aller seiner Freunde und Genossen verführt hatte, worüber sich vor allem seine eigene Frau bei der Partei beschwert hatte.

Er hatte mich für ein kleines dummes Ding gehalten und biß nun auf Granit. Er wunderte sich, denn er kannte meine Mutter nicht. Die aber hätte lieber dem harmlosen treuherzigen Kamillentee mißtrauen sollen. Denn der brachte mich in echte Lebensgefahr.

Meine Eltern wären nie mit dem Segelfliegen einverstanden gewesen. Sie hatten schon Angst, wenn ich nur mit dem Fahrrad unterwegs war. Als ich zwei Wochen Ausbildung auf dem Segelflugplatz meiner Geburtsstadt hatte, wußten sie nicht, wo ich war. Ihnen hatte ich erzählt, es wäre eine vormilitärische Übung, zu der alle Studenten einmal einberufen würden. Die Segelfliegerei war der Gesellschaft für Sport und Technik unterstellt. Für die Segelflieger war neben dem Fallschirmspringen auch Schießen Pflicht. Ich hatte mich aber immer erfolgreich davor gedrückt. Vor beidem.

Abends wanderten wir um den Flugplatz. Der Schwarze Teufel und ich. Er hatte viel erlebt und konnte gut erzählen. Einmal wollte er mich küssen, doch ich wehrte ab. Kurze Zeit später tauchten zwei seiner Genossen aus dem Graben auf. Der Schwarze Teufel drückte meine Hand und flüsterte: »Danke!«

Der Schwarze Teufel hatte keine Angst vorm Fliegen. Er hatte es im Krieg mit ganz anderen Flugzeugen zu tun gehabt. Jetzt war das Fliegen für ihn ein reines Vergnügen.

Ich hatte einen Unfall. Und das war mein Glück. Man stelle sich vor: ein Segelflugzeug, ein Schulgleiter, einsitzig, ohne Kabine, und man setzt sich hinein mit Sturzhelm, wird angeschnallt, hält den Steuerknüppel in der Hand und hat keinerlei Erfahrung mit den Kräften, die man damit in Gang setzt. Man hat nur theoretisches Wissen, aber kein Gefühl dafür entwickeln können. In diesem Moment darf man keine Angst haben, muß wahrscheinlich ein Naturtalent sein. Davon konnte bei mir aber nicht die Rede sein.

Die Winde zog mich an, und mir war nicht gerade fröhlich zumute. Als ich etwa sechs Meter hoch war, drosselte der Mann an der Winde die Geschwindigkeit, und das Flugzeug fiel durch und plumpste auf die Erde und sah danach nicht mehr gut aus. Er war schuld an dem Unfall, wenn auch die anderen alles mir in die Schuhe schieben wollten, weil sie den Mann mit der Winde noch brauchten. Instinktiv empfand ich ihm gegenüber keinen Groll und protestierte nicht. Aber erst heute wird mir das Ganze in der vollen Tragweite bewußt. Erst jetzt wird mir klar, daß ich bei diesem Unfall Glück hatte, denn sechs Meter konnte man gerade noch überleben. Runtergefallen wäre ich auf jeden Fall.

Ich hing in den Gurten und hörte, wie einer der dort Beschäftigten sagte: »Das ist immer so, wenn die Studenten da sind.« Ich hatte einen Schrei ausgestoßen, der sicher von einem entwicklungsgeschichtlich uralten Teil meines Zentralnervensystems verursacht wurde. Ich fühlte einen kurzen starken Schmerz in der Wirbelsäule und lag mit Verdacht auf Wirbelsäulenbruch vollkommen flach im Krankenhaus, wo das Röntgengerät gerade nicht arbeitete. Meine Freunde schickten den Schwarzen Teufel mit Blumen und Kompott. Die Blumen brachte mir später die Schwester. Der Schwarze Teufel hatte mich auf einer falschen Station gesucht, und als er mich dort nicht fand, das Kompott mit den Schwestern geteilt.

Der Chefarzt war ein ehemaliger Schulfreund meines Vaters. Er guckte nicht auf die Karteikarte. Er warf bei der Visite nur einen kurzen Blick auf mich und sagte: »Da kann man nicht einmal Mitleid haben, wenn junge Frauen so was machen.«

Ein Jahr später, wir wohnten schon in Berlin, machte Kamillentee dort Praktikum. Wir hatten eine schöne Zeit miteinander, doch wurden wir kein Liebespaar, weil Kamillentee nicht an meine Unschuld im Umgang mit dem Schwarzen

Teufel glauben konnte. Vielleicht hätte er mir verzeihen können, hätte ich Verrat zugegeben. Doch damals setzte ich noch auf die Wahrheit. Die taugt aber zu nichts, wenn das Falsche glaubwürdiger erscheint.

Kamillentee gegenüber bedauerte ich sehr, daß ich in Berlin nicht mehr fliegen konnte, denn die Wege waren alle zu weit. Und diese Lüge glaubte er sofort.

Mein Vater sagte in solchen Fällen: »Wer sich in Gefahr begibt, kommt darin um.« Da verzichtete er sogar auf sein Latein.

Zu meinem Glück war er damals mit sich selbst beschäftigt gewesen und hatte keinen Verdacht geschöpft. Ihm war aufgrund seiner wissenschaftlichen Arbeiten und Vorträge eine Stelle an der Akademie der Landwirtschaftswissenschaften in Berlin angeboten worden, und er kam wieder nur sonntags nach Hause.

Es gab eine internationale Konferenz über die ökonomische Behandlung der neuen sozialistischen Strukturen in der Landwirtschaft. Unter den illustren titelgeschmückten Namen muß sich der Name meines Vaters fast wie ein Versehen ausgenommen haben. Aber er war sehr glücklich über diese Entwicklung.

Allerdings waren meine Mutter und ich ein bißchen traurig darüber, da wir uns gerade in Jena eingelebt hatten. Ich wäre gern noch allein in Jena geblieben. Aber mein Vater war der Meinung, daß ich, allein, unter die Räder käme.

Obwohl er nicht durchsah, trug er mir trotzdem eine Aussprache an. Wir stiegen an einem Sonntagvormittag die steile Abkürzung in die Höhe. Mein Vater mußte mehrmals innehalten und die schöne Aussicht bewundern. Womit er seine Herzbeschwerden zu verbergen suchte.

Mir fiel auf, wie schnell er außer Atem war. So kannte ich ihn überhaupt nicht.

An dem Ausblick angekommen, erklärte er mir, was ein

schlechter Ruf war, und verglich mich mit einer Alraune. Ich wußte nicht, was das war, eine Alraune, und er konnte es auch nur ungenau erklären, aber danach war es etwas Schreckliches.

Er sagte, es ginge nicht an, daß sich so viele junge Burschen bei uns einstellten, ich müßte mich für einen entscheiden.

Ich sagte zu ihm: »Das ist alles Käse und Quark.« Da er die Walzen von seiner Schwiegermutter, meiner Großmutter Anna Emma Lina, in Wirklichkeit nie genau angehört hatte, bezog er diesen Satz auf seine Rede. Er ließ mich stehen und ging beleidigt nach Hause.

Wir zogen im September 1956 nach Berlin. Ich war gerade achtzehn geworden, und das zweite Studienjahr begann.

Die Tür zum Glück

Ich betrete das Zimmer. Es ist vertraut und zugleich fremd. Es ist ein Zimmer der Wohnung, in der ich am längsten lebte. Es ist das Zimmer meines Sohnes. Doch fehlt alles, was auf seine Anwesenheit schließen ließe. Fast sieht es aus, als hätten hier Menschen gelebt, die keinerlei Spuren hinterlassen haben.

Ich gehe weiter und bin im Zimmer meiner Tochter. Alles unberührt. Alles kalt. Sogar die Stofftiere frieren.

Es ist nur logisch, daß danach unser Eßzimmer mit den *Wertsachen* in den Vitrinen an der Reihe ist. Den Raum nebenan, dort, wo die beiden wuchtigen Schreibtische stehen, nannten wir Arbeitszimmer. Danach das Schlafzimmer mit den Ehebetten. Alles ist aufgeräumt. Mir fällt auf, daß es in der großen Wohnung keinen Platz gab, der nur mir gehörte.

Ich will weg. Gleichgültig, wohin. Nur raus. Raus aus der Wohnung, die mich krank macht. In der die Einsamkeit scheeläugig aus allen Winkeln glotzt.

Aber es geht nicht mit rechten Dingen zu. Kaum habe ich die Wohnungstür hinter mir geschlossen, stehe ich – im Zimmer meines Sohnes.

Und immer wieder die gleiche Wohnung. Die Menschen, die da wohnten, sind alle fort. Nur ich werde sie nicht los, diese Wohnung, diese Menschen. Und mich.

In Berlin wohnten wir in einer Siedlung, die im Osten lag, fernab vom Stadtzentrum, in einer weiten Ebene, die etwas

Ländliches hatte. Die Siedlung war in den dreißiger Jahren für kinderreiche Familien gebaut worden.

Erst allmählich begriffen wir, daß wir in den Rieselfeldern gelandet waren. Durch ein kunstvolles Kanalsystem wurden die Fäkalien der Millionenstadt wohlverteilt in den Boden gebracht und machten diesen für den Anbau von Gemüse und anderen nahrhaften Dingen wieder fruchtbar.

Wurde in unserer Nähe gerieselt und kam der Wind aus dieser Richtung, war der Gestank kaum auszuhalten.

Wir wohnten in einem Reihenhaus, das zwei Etagen hatte und ziemlich geräumig, aber ohne jeden Komfort war. Es gab eine große Waschküche, aber ein Bad mußte man erst einbauen lassen. Ich bekam zwei Zimmer unterm Dach, ein kleines Durchgangszimmer mit Wasseranschluß und ein größeres, das ich mit alten Möbeln meiner Eltern einrichtete. Ich hatte damals vor alten Sachen keinerlei Respekt. Im Gegenteil. Bei jedem Umzug war ich froh, daß die Erinnerungsstücke weniger wurden. Ich wollte frei sein. Nicht den Ballast einer Vergangenheit mit mir herumschleppen. Einer Vergangenheit, mit der ich nichts zu tun haben wollte.

In dem Haus meiner Eltern hatte es viele kleine, wirklich alte Kostbarkeiten gegeben. Es waren oft ganz schlichte Dinge. Und dann gab es die aufdringlich protzigen. Die hatten nur minderen Wert. Weder ich noch meine Eltern konnten Spreu vom Weizen trennen. Wir hielten einiges für sehr wertvoll. Und immer wenn meinen Vater das schlechte Gewissen plagte, weil er mein Erbe verschenkt hatte, sagte er: »Mädchen, du bekommst dafür die Wertsachen.« Doch später stellte sich heraus, daß sie nicht den zehnten Teil des Wertes hatten, den wir uns immer vorstellten. Und daß sie für diesen Preis noch nicht mal verkäuflich waren. Vielleicht war es gut, daß wir das nicht gewußt hatten.

Hinter unserem Haus gab es einen Garten, gerade so groß, daß drei Obstbäume, ein Erdbeerbeet und ein Stück Rasen für den Liegestuhl meiner Mutter Platz hatten.

Links von unserem Haus war die Fleischerei. Rechts wohnte ein Tischler, der schon im Rentenalter war. Und daneben ein Taxifahrer, der als einziger in der Siedlung Fernsehen hatte. Über die Familie im Haus gegenüber waren allerlei Gerüchte im Umlauf. Einige behaupteten steif und fest, die Mutter, die man nie zu Gesicht bekam, weil sie immer im Bett lag und von da aus die Familie drangsalierte, des Nachts im Westen auf dem Strich gesehen zu haben.

»Aber doch nicht die Alte«, sagte meine Mutter. »Die ist Klofrau. Da wette ich.«

Die meisten, die hier wohnten, mußten jeden Tag mit dem O-Bus in die Stadt fahren. Ich stieg an der Endstation in die Straßenbahn um und wechselte nach drei Stationen zu dem Doppelstockbus, der mich zur Universität Unter den Linden brachte, wenn ich dorthin mußte. Die Hörsäle und Praktika der Physiker waren über den ganzen Stadtbezirk Mitte verstreut.

Meine Mutter hatte diesmal einen leichten Schock erlitten. Mein Vater hatte den Umzug allein eingefädelt und immer von dem Haus gesprochen, in das wir einziehen würden. Meine Mutter hatte sich etwas ganz anderes vorgestellt. Aber sie wog die Vor- und Nachteile ab und sah ein, daß die Familie jetzt viel besser abgesichert war. So gut, daß sich mein Stipendium minderte.

Das Wichtigste aber war, daß für ihn *Intelligenzrente* beantragt worden war. Die Police erhielt er vor seinem Infarkt.

Als wir nach Berlin kamen, war mein Vater noch voller Pläne. Er veröffentlichte allein und auch mit Kollegen. Und seine Arbeiten waren für eine Forschungsgruppe unter der Leitung eines bekannten Ökonomen, der kurze Zeit später in Ungnade fiel, von äußerstem Interesse. Er schrieb meinem Vater einen Brief, in dem er feststellte, daß dessen Arbeiten gerade die letzte Lücke ihrer eigenen Arbeit schließen würden. Die Praxis sei das letzte Argument ihrer fachlichen Gegner gewesen. Und das würde mein Vater auf kompetente Weise widerlegen.

Mein Vater war glücklich. Er war stolz, daß ihn die Jüngeren, die frisch von der Hochschule an das Institut gekommen waren oder die gerade ihren Doktor gemacht hatten, akzeptierten.

Mein Vater war nie ganz gesund gewesen, wollte das aber nicht wahrhaben. Doch die Anzeichen von körperlicher Schwäche, die jetzt bei ihm auftraten, waren neu. Er mußte beim Treppensteigen immer häufiger kleine Pausen einlegen und wäre im Sommer beinahe ertrunken.

Wir waren an der Ostsee gewesen. Mein Vater und ich, beide unerfahren, waren trotz Wellengangs hinausgeschwommen. Plötzlich hatten wir den Boden unter den Füßen verloren. Wir waren in die Fahrrinne der Fischer geraten. Vor Schreck wurde mein Vater im Gesicht krebsrot. Das Atmen schien ihm große Mühe zu bereiten. Aber er hat sich nicht festgeklammert, sondern er forderte mich auf, allein ans Ufer zu schwimmen. Ich nahm seine Hand und schrie in Richtung der Fischer um Hilfe. Aber die sahen intensiv landeinwärts. Ich hatte eine Menge Wasser geschluckt, ehe ich in den Wellentälern wieder festen Boden unter meinen Füßen spürte. Trotzdem hatte ich noch Mühe, meinen Vater ans Ufer zu bringen, weil der Sog ziemlich stark war und meine Kraft nachließ. Er war jetzt fast ohnmächtig. Es hatte uns ein ganzes Stück abgetrieben. An dieser Stelle waren nur wenig Urlauber. Keiner half mir, als ich den schweren Körper durch die Brandung zog. Sie glaubten wohl, es wäre ein Spiel. Meine Mutter, die neben dem Strandkorb ahnungslos in der Sonne gelegen hatte, lief sofort mit dem Bademantel los und schickte mich einen heißen Kaffee holen, den wir meinem Vater einflößten. Seither war ich von der Tapferkeit meines Vaters überzeugt.

Ich selbst bekam erst am Abend so etwas wie einen Schock. Ich zitterte am ganzen Körper und mußte plötzlich weinen und wußte nicht wieso.

Im September begann für mich das zweite Studienjahr. Wieder war alles neu und fremd. Der Empfang war wie eine kalte Dusche. »In diesem Studienjahr kommst du hierher, wo die meisten am liebsten weggehen würden?« Nach dem zweiten Studienjahr stand die Prüfung bei Professor Einsiedel ins Haus. Da fielen bis zu 50 Prozent durch. Nicht mal das Ministerium hatte sich dagegen durchgesetzt. »Du solltest dir das überlegen. Bei Mädchen ist er besonders scharf. Und da gibt einem alles Lernen keine Sicherheit. Er fragt dich, welcher der steinernen Humboldte am Eingang zur Universität rechts und welcher links sitzt. Oder nach den Ziffern auf der Uhr vom Bahnhof Friedrichstraße, die nur Striche hat. Und wenn du die Fragen nicht beantworten kannst, bist du eine schlechte Beobachterin und nicht geeignet. ›Wenn Sie unbedingt einen weißen Kittel tragen wollen‹, sagt er, ›dann werden Sie Friseuse.‹«

Nun muß man von allem Prüfungshorror die Hälfte streichen. Besonders diejenigen, die mit dem Ausgang unzufrieden sind, stellen sich gern als Opfer zum Himmel schreiender Ungerechtigkeit dar. Aber im Falle der Prüfungen bei Einsiedel sah die verbleibende Hälfte noch bedrohlich genug aus.

Das einzige Mädchen im Studienjahr gehörte zur anderen Seminargruppe. Sie kam auf mich zu und sprach mit mir, als wollte sie gleich etwas klarstellen. Ich erinnere mich nur, daß sie mit dem Satz endete: »Du mußt dir deinen Kreis suchen.« Das war eine prophylaktische Abfuhr. Mir fehlte eine Freundin.

Die Bedingungen für das Suchen eines Kreises waren äußerst schlecht. Nach den Vorlesungen ging jeder seines Wegs. Und die Entfernungen waren so groß, daß man sich abends nicht ohne umständliche Verabredung treffen konnte.

Als wir für das Anfängerpraktikum in Zweiergruppen eingeteilt wurden, sagte der Hilfsassistent in einem Ton, der keinen Widerspruch duldete: »Und die beiden Damen machen natürlich das Praktikum zusammen.« Das war meiner Kommilitonin gar nicht recht, aber daran konnte sie nichts ändern. Zumal derjenige, mit dem sie zusammenarbeiten wollte, schon anderweitig versorgt war.

Physik verlangte gleichzeitig experimentelle Fähigkeiten wie auch mathematische Begabung. Und das schreckte viele ab.

Meine Mitstudenten hatten fast alle ihr Abitur mit Auszeichnung gemacht. Sie waren strebsam und ehrgeizig. An Abschreiben war nicht zu denken. In den Übungen zur theoretischen Physik verstand ich meistens nicht einmal die Aufgabe, die es da zu lösen gab. Wenn ich am Aushang las: »Berechnen Sie einen Kreisel« und keine weitere Erklärung, stand ich davor wie der Ochs vorm neuen Tor. Die Ausbildung in der theoretischen Physik war sowieso gestört, weil die Dozenten dauernd wechselten. Es war immer das gleiche. Erst kamen sie unpünktlich, dann gar nicht mehr, und schließlich erhielten wir die Auskunft, sie wären republikflüchtig.

»Wer zuletzt lacht, lacht im Westen«, sagte der Student, mit dem ich mich angefreundet hatte, und sah mich prüfend an. Aber ich verstand nicht, was er meinte.

Wir waren zusammen in Westberlin in der Bauausstellung gewesen, hatten die neue Kongreßhalle mit dem Spannbetondach besichtigt und im Kino »Porgy and Bess« gesehen.

Obwohl mir der Film sehr gefiel, wäre mir »Vom Winde verweht« lieber gewesen, denn seitdem mein Vater das gesehen hatte, zog er dauernd Parallelen zwischen diesem Film und mir, und ich mußte das hinnehmen, da ich den Film nicht kannte. Er sagte: »Mach nur so weiter! Vom Winde verweht. Das wird dein Ende sein.« Ich habe diesen Film erst viel später gesehen. als er über die Fernsehbildschirme flimmerte. Ich fand ihn kitschig. Aber das konnte ich meinem Vater nicht mehr sagen. Da war er schon tot.

Ich überquerte die Grenze immer mit einem flauen Gefühl in der Magengegend. Ich hatte zu lange an einem schwerbewachten anderen Teil dieser Grenze gelebt, um ihr nun die vorgetäuschte Harmlosigkeit zu glauben. Ich hatte Angst um meinen Studienplatz. Im Institut meines Vaters war es inzwischen den Mitarbeitern verboten, die Grenze zu übertreten. Das führte dazu, daß sie sich bei den Mittagsspaziergängen nicht mehr auf die gewohnte Bank setzen konnten, die nur zwei Meter im Westen stand.

»Das kann doch nicht der Sinn der Anordnung sein«, sagte ein Kollege und setzte sich demonstrativ dorthin. Aber er war im Irrtum, er wurde fristlos entlassen.

In der Siedlung war ich weitab von meiner sonstigen Welt. Dort war man überzeugt, ich sei arbeitsscheu, weil ich so unregelmäßig mit dem Bus in die Stadt fuhr und oft zu Hause war. Ich beobachtete amüsiert, wie mein Vater nicht davon loskam, dem, was die Nachbarn von uns dachten, äußerste Wichtigkeit beizumessen. Im Dorf hatte man einander angesehen. Wegblicken wäre eine Beleidigung gewesen. In Jena hatte man vermieden, sich anzusehen, aber doch einander im Auge behalten. In der Großstadt sah man durch den anderen hindurch. Aus Gleichgültigkeit.

In meinem Studium war ich drauf und dran, den Anschluß zu verlieren. Und ich machte meinem Vater Vorwürfe, daß er mir das Physikstudium aufgedrängt hatte und ich nicht in Jena bleiben durfte. Ich sagte: »Es ist besser, Erster im Dorf als Zweiter in der Stadt zu sein.«

Ich gewöhnte mir an, in den Lesesälen mit Fachbüchern zu arbeiten. Nach kurzer Zeit hatte ich herausgefunden, daß die meisten Dinge besser und konzentrierter in den Lehrbüchern standen, und ich beschloß, zu keiner Vorlesung mehr zu gehen, da ich mit den Büchern selbst intensiver arbeiten konnte. Zudem waren meine Vorlesungsmitschriften in so schlechter Form, daß sie mir später, zu Hause, nichts mehr nutzten. In einem Buch fand ich die Berechnung des Kreisels, die mich im Herbst so deprimiert hatte. Und ich begriff, daß es nicht nur wichtig war, etwas zu wissen. Man konnte sowieso nicht alles abspeichern. Aber man mußte wissen, wo es stand oder wie man es finden konnte.

Mir wurde klar, daß es für mich jetzt in der Physik um Sein oder Nichtsein ging. Durch selbstformulierte Prüfungsfragen zerhackte ich den Stoff in Teile, die ich zu kleinen Vorträgen ausarbeitete. Später, zu Hause, erwiesen sich meine Stofftiere als geduldige Zuhörer. Einmal kam meine Mutter dazu. Ich hatte sie nicht bemerkt. Ich hörte sie aber später zu meinem Vater sagen: »Jetzt ist sie endgültig verrückt geworden.«

Mein Verfahren erwies sich als eine gute Methode, weil ich zugleich die Technik des Darstellens übte. Es gab immer wieder Studenten, die eine Menge wußten, die aber ihr Wissen in der Prüfung nicht herausbrachten. Für einige besonders wichtige Bücher stellte mir mein Vater Geld zur Verfügung. Er hatte eine Prämie bekommen.

Auf die Prüfung bei Einsiedel war ich gut vorbereitet. Meine Übungsscheine waren im vierten Semester in Ordnung. Lediglich mit der Hilfsassistentin hatte ich eine Diskussion. Hilfsassistenten waren Studenten, die gegen ein kleines Honorar in die Betreuung der unteren Studienjahre einbezogen wurden. Wir nannten sie *Hilfsbremser.* Sie fragte uns, warum sich zwei schwere Körper anziehen. Diese Frage konnte ich nicht beantworten. Ich konnte höchstens erklären, nach welchem Gesetz die Anziehung erfolgte. Sie hatte die Kühnheit, zu behaupten, sie wisse es. »Wegen dem Schwerefeld«, sagte sie. »Und warum ist ein Schwerefeld?« fragte ich. Darauf sagte sie, hier stelle sie die Fragen und nicht ich, und gab mir eine Vier. Ich könne nicht physikalisch denken.

Die Zeit vor den Prüfungen verbrachte ich in meinem Mansardenzimmer. Draußen blühte der Flieder. Aber es gab keine Ausflüge zu Heckenrosen und Walderdbeeren. Ich beschäftigte mich mit Physik. Und ich kann nicht sagen, daß ich unglücklich gewesen wäre. In meinem Zimmer sammelte sich Staub an, aber ich hatte beschlossen, erst sauberzumachen, wenn ich die Prüfung bestanden hätte.

Das einzige Vergnügen, das ich mir leistete, war diesmal nicht lebensbedrohlich. Ich spielte Volleyball. Die erste Mannschaft unserer Sportgemeinschaft war mal DDR-Meister gewesen. Ich spielte in der zweiten Mannschaft. Dort war ich Ersatz und saß die meiste Zeit außerhalb des Spielfeldes herum. Aber ich ging gern hin, denn ich brauchte den Kontakt. Unser damaliger Trainer war gleichzeitig Lektor in einem Verlag. Ich hatte die Idee, die Courths-Mahler der DDR zu werden, und sprach mit ihm darüber. Ich erklärte ihm, daß so etwas dringend fehle und daß es stabilisierend wirken würde. Aber er hatte Zweifel. »Dafür haben wir den sozialistischen Realismus«, sagte er grimmig. Ich hatte gehört, daß er gerade in irgendwelchen Schwierigkeiten steckte.

Ich lachte und dachte über den positiven Helden in beiden Fällen nach. Und plötzlich erkannte ich, warum es nicht ging. Bei der Courths-Mahler gab es immer einen hochgestellten Bösewicht. Und daß so etwas bei uns nicht sein durfte, sah sogar ich ein.

Überhaupt war ich sehr einsichtig. Man kann durchaus fragen, warum ich damals nicht in die Partei eingetreten bin. Wenn ich jetzt über eine Antwort nachdenke, erinnere ich mich, daß es mehrere Gründe gab.

Ich fühlte mich einer Parteimitgliedschaft für nicht würdig, weil mir für die illegale Arbeit der Mut gefehlt hätte. Fast niemand, den ich kannte, war würdig, aber das schien denen selbst nichts auszumachen. Mich störte es sehr.

Außerdem war zu bedenken, daß man lange Versammlungen mit einem festen Personenkreis aushalten mußte. Die örtlichen Genossen, auf die ich immer gestoßen war, versprachen in dieser Hinsicht keinerlei Lustgewinn.

Und dann störte mich die Disziplin, die einem auferlegt wurde. Ich haßte es von jeher, diszipliniert zu werden. Und ich konnte einfach nicht einsehen, wieso ich mein Licht unter den Scheffel stellen und eine Ansammlung von mittelmäßigen Leuten immer recht haben sollte.

Wie auch immer, meine Volleyballmannschaft war besser als die Partei. Die machte auch nicht solchen Lärm um die Disziplin. Nicht bei einer Ersatzspielerin.

Erst mußte ich aber durch die Einsiedel-Prüfung kommen. Drei Wochen vor diesem Termin erreichte uns die Nachricht, daß der Professor einem Herzinfarkt erlegen war. Ich kann nicht behaupten, daß ich sehr traurig gewesen wäre. Obwohl er mich vielleicht gerade durch den Leistungsdruck, der von seinen Prüfungen ausging, vor einem peinlichen Versagen gerettet hatte.

Im Frühjahr war mein Vater zur Kur gefahren. Und als er zurückkam, brachte er die Nachricht nach Hause, daß sein Chef im Westen wäre. Es wäre eine Frauengeschichte, aber es gab auch fachlich inhaltliche Differenzen. In der

Parteiversammlung mußte jeder aufstehen und erklären, daß er das Verhalten des Herrn V. verurteile. Mein Vater, der sich diesem Mann zu großem Dank verpflichtet fühlte, sah eine solche Stellungnahme als Verrat an. Aber er wußte, daß er nicht von neuem beginnen konnte. Er mußte meine Mutter und mich ernähren. In allen Lebenslagen hatte meine Mutter zu ihm gehalten. Und ich hatte ihm gerade erst mit meinen Schwierigkeiten das Herz schwer gemacht, indem ich ihm die Schuld an meinem Studiendilemma in die Schuhe schob.

Wie muß er in der Versammlung gelitten haben, als der Kelch langsam, aber unaufhaltbar, näher kam. Er stand auf und sagte etwas, woran er sich später nicht mehr genau erinnern konnte. Er fühlte sich elend. Am Abend brachten wir ihn mit dem Blaulichtwagen ins Krankenhaus. Er hatte einen schweren Infarkt.

Von nun an galt für meinen Vater eine andere Zeitrechnung. Er teilte sein Leben in »vor meinem Infarkt« und »nach meinem Infarkt« ein und sagte: »Vor meinem Infarkt war ich ein Stehaufmännchen. Jetzt könnt ihr das Stehauf streichen.«

Von Stund an war sein Interesse bloß noch auf sein Überleben konzentriert. Der Schock war zu groß gewesen. Seine Kollegen aus dem Institut besuchten ihn anfangs. Sie blieben aber allmählich aus. Ich gestehe, auch ich suchte das Weite, wenn er zu einem längeren Vortrag über sein unbotmäßiges Innenleben ansetzte.

Lediglich meine Mutter war in ihrem Element. Er brauchte bloß zu hüsteln, schon kam sie mit einer ganzen Palette von Medizin und bot sie ihm an. Es konnte geschehen, daß sie ihn mitten in einem konzentrierten Gespräch unterbrach und sagte: »Hast du was? Du hast doch was! Ich sehe es dir an, daß du was hast. Nimm mal was!«

Das ganze Haus roch nach Baldrian, Arnikatinktur und Nitrangin.

Mein Vater flüsterte mir zu: »Ich kann noch nicht abtreten. Du siehst doch, deine Mutter kommt allein nicht zurecht. Und wenn ich mal …, na du weißt schon, dann mußt du dich um sie kümmern. Ehrenwort?«

»Ehrenwort!« sagte ich. Aber ich mußte lächeln. In Wirklichkeit hatte meine Mutter längst das Heft in der Hand.

Mein Vater lag noch im Krankenhaus, als meine Semesterferien begannen. Ich hatte meine Prüfungen ohne Zwischenfälle über die Runden gebracht und die Zimmer, in denen sich der Staub bereits klumpte, gründlich gesäubert.

»Bei dir rennen ja schon die Wollmäuse umher. Und wie du rumläufst! Gar nicht adrett, wie man es von einem jungen Mädchen erwartet. Auf die Weise wirst du eine schlampige alte Jungfer, vielleicht mit einigen Verdiensten für die Wissenschaften.«

Solches Gerede ging mir doch auf die Nerven. Was verstanden denn meine Eltern davon, daß ich aus dem Stand eine andere werden mußte. Zum erstenmal mußte ich ernsthaft und konzentriert arbeiten. Alle Gefühle mußten zurückgedrängt werden.

Arbeiten in der theoretischen Physik oder in der Mathematik bedeutete, sich immer von neuem zu überwinden. Sich auf etwas einzulassen, was schwer nachvollziehbar war. Vor allem aber war es harte Arbeit, die den Verstand forderte. Doch auch körperliche Kraft. Ich mußte sehr ökonomisch mit dieser Kraft umgehen. Ich bin überzeugt, daß meine spätere Krankheit gar keine spätere war, sondern daß sie schon lange in mir steckte. Aber davon wußte ich noch nichts. Ich merkte nur, daß mich Erschöpfungszustände heimsuchten, gegen die ich mit starkem Kaffee ankämpfte.

Ich hatte mich zu einem Studentenzeltlager in Thüringen angemeldet. Mein Vater bestand darauf, daß ich fahren sollte. »Wenn wir dich brauchen, werden wir dich schon finden.«

In diesem Studentenlager lernte ich O. kennen. Wir saßen uns im Zug gegenüber. Als ich hörte, daß er seine Kindheit in Argentinien verbracht hatte und noch gar nicht lange hier war, begann ich mich für ihn zu interessieren. Seine Aufmerksamkeit zog ich durch den Biß in eine Tomate auf mich. Kaum hatte ich nämlich meine Zähne in die pralle Frucht geschlagen und meine Augen geschlossen, damit ich mich voll auf den Genuß konzentrieren konnte, lief mir der Saft übers Kinn und tropfte von da auf mein weißes Nicki, wo er trotz aller Reinigungsversuche mit gereichten Taschentüchern einen häßlichen blaßroten Fleck hinterließ. Es war mir schrecklich peinlich. Ich sah mich im Fensterspiegel an. Als ich merkte, da war nichts mehr zu machen, beschloß ich, mich so zu verhalten, als sei nichts geschehen. O. dachte, daß ein Mensch sehr selbstbewußt sein mußte, wenn er einen so großen Tomatenfleck auf der Brust einfach ignorieren konnte.

Es war nur ein kleines Lager, ungefähr fünfundzwanzig Studenten. O. und ich galten von Anfang an als ein Paar. Am ersten Tag waren wir spazierengegangen, hatten uns gründlich verlaufen und fanden erst gegen Mitternacht zu den Zelten zurück.

Am letzten Tag wanderten wir um einen See. Das Ufer war voller Spuren. Unser Gespräch stockte. Man konnte die Wildschweine förmlich riechen.

Auf der Heimreise machte ich einen Abstecher. Ich war in Jena mit Kamillentee verabredet, der mir auch ein Zimmer besorgen wollte. Ich hatte nicht das Gefühl, daß in diesem Sommer Weichen für mein Leben gestellt worden wären. Das eigentliche Leben war ferner denn je.

Kamillentee erwartete mich am Bahnhof. Es war unmöglich, in Jena eine Unterkunft zu bekommen. Es war auch zu

1999

1999

spät, sich bei einer Freundin einzuquartieren, zumal sie alle noch bei ihren Eltern wohnten. Kamillentee schlug vor, wir sollten die Nacht über spazierengehen. Spätestens um Mitternacht zitterte ich am ganzen Körper vor Kälte. Gegen zwei war mir ziemlich elend zumute. Und sogar Kamillentee merkte, daß es so nicht weiterging. Er hatte ein Zimmer zur Untermiete bei einer Wirtin. Wir schlichen uns dorthin. Und ich schlug vor, der Wirtin am nächsten Tag reinen Wein einzuschenken. Er aber verlangte, wir sollten uns hinausschleichen, die Wirtin wäre ein bißchen schwerhörig. Ich schlief auf dem Sofa, das heißt, von Schlafen konnte nicht die Rede sein, weil ich immer noch sehr fror. Am Morgen sagte Kamillentee, ich sollte mich leise verhalten, er würde Semmeln holen. Kaum war er weg, begann wieder der Schüttelfrost. Und als Kamillentee mich zum Bahnhof bringen wollte, war ich unfähig aufzustehen.

Nun mußte er die Wirtin doch informieren. Die brachte ein Fieberthermometer. Ich hatte über vierzig Fieber. Sie rief einen Arzt. Als dieser erfuhr, daß ich in Jena keine Bleibe hatte, sagte er, mit einer Angina wäre nicht zu spaßen, und schrieb mir eine Einweisung ins Krankenhaus. Kamillentee brachte mich in die Hals-Nasen-Ohren-Klinik. Er hatte es jetzt eilig, mich loszuwerden. Die Partei rief. In diesem Fall in das Pumpspeicherwerk an der Hohenwarte-Talsperre, das Jugend-Objekt geworden war. Es gab an der Saale zwei Staumauern. Die Hohenwarte-Staumauer und weiter flußaufwärts, da, wo ich herkam, die Mauer der Bleiloch-Talsperre.

Von Kamillentee hörte ich nichts wieder. Er hat wohl an die Mandelentzündung nicht geglaubt. Eigentlich hätte ich meinen Mandeln dankbar sein müssen, denn vielleicht haben sie mich vor einem großen Fehler bewahrt. Was soll ein Mann, der einem nicht glaubt. Aber die Mandeln mußten raus, der Entschluß stand schon fest.

Ich war mit O., der ein Studienjahr weiter als ich war und Mathematik studierte, an einem Septembertag im Vestibül der Universität verabredet. Ich stand bereits eine Weile neben der breiten Treppe, unter der Losung, daß die Philosophen die Welt nicht nur interpretieren, sondern auch verändern müßten.

Schließlich kam O. aus dem Gang, in dem an den Wänden die Vorlesungsverzeichnisse hingen. Er war ziemlich unmodern gekleidet. Wir gingen durch die Straßen und redeten miteinander. Er erzählte über seine Eindrücke, die er vor vier Jahren, aus der modernen Großstadt Buenos Aires kommend, von diesem Land gewonnen hatte, vor allem von der Gegend um Frankfurt/Oder, in die es die Familie bei ihrer Rückkehr aus der Emigration zuerst verschlagen hatte. Seinen Mitschülern war es klargewesen, daß einer, der aus Argentinien kam, ein guter Fußballspieler sein mußte. Und sie stellten ihn in der Schulmannschaft als Stürmer auf. O., der aus jugendlicher Überheblichkeit das ganze Land als eine finstere Provinz empfand, schloß sich dieser Erwartung gern an. Zumal er ein leidenschaftlicher Fußball-Fan war, was er mir in den ersten zwei Jahren unseres Zusammenseins erfolgreich verheimlichte. Als ich einmal seine Vorlesungsskripten in der Hand hatte, war der Rand mit Zeichnungen von Fußballereignissen geschmückt. Nur kurzzeitig waren auch mal Frauen dazwischen gewesen. Es war sein Lebenstraum, ein großer Fußballer zu sein. Aber das Ganze muß eher ein großer Reinfall gewesen sein. Und diese Blamage ließ ihn das Land noch mickriger sehen, als es in Wirklichkeit war. Ich fand es nun meinerseits sehr selbstbewußt, daß er ehrlich darüber sprechen konnte. Bald aber merkte ich, daß dieses Selbstbewußtsein sehr weit ging. Er war der Meinung, daß er alles könnte. Er hätte auch ein berühmter Musiker sein können. Er wäre auch Bach geworden, wenn es sein mußte, oder Picasso. Aber er hatte eben keine Lust dazu. Später begriff ich, daß dies wahrscheinlich die Erziehung seiner Mutter war. Und ich fand das viel besser als die Restriktionen meiner Mutter. Allerdings konnte es passieren, daß man sich lächerlich machte und die Leistungen anderer nicht genug anerkannte.

Im Oktober bekam ich eine schwere Grippe. Ich hatte viele Tage hohes Fieber und hustete stark. Irgendwann begannen mir die Haare auszufallen. O. schrieb mir einen Brief, in dem stand, daß er mich auch ohne Haare lieben würde. Ob er schon eine Perücke besorgen sollte. Ich freute mich über diese Post und auch über ein Biedermeiersträußchen, das meine Mutter an der Haustür fand und mir brachte.

Als O. uns zum erstenmal besuchte, war ich schon wieder gesund. Anschließend werteten meine Eltern mit mir den Besuch aus. Diesmal enthielten sie sich aller bösartigen Scherze. Meine Mutter sagte nur: »Dieser junge Mann ist zu schade für dich. Das richtige Essen mit Messer und Gabel wird er noch lernen. Der Rest schleift sich ab.« Mein Vater ergänzte: »Aber sag ihm bitte, daß er für die andern auch ein bißchen Salat übriglassen soll.«

Als ich zu seinen Eltern eingeladen wurde, war ich ein bißchen nervös. Seine Mutter sah viel jünger aus, als ich erwartet hatte. Und aus irgendeinem Grund störte mich das. Sie sagte: »Hauptsache, das Studium kommt nicht zu kurz.«

Die ganze Familie war sehr laut. Sobald einer eine Ansicht äußerte, der die anderen nicht zustimmen konnten, gab es einen heftigen Streit. Das heißt, am meisten stritten Mutter und Tochter. Die Mutter mit einer hellen durchdringenden und die Tochter mit einer dunklen polternden Stimme. Oft ging es um politische Fragen, und ich war an so etwas nicht gewöhnt, jedenfalls nicht an solche Leidenschaft. Der Streit wogte hin und her, bis einer aufsprang, die Hände über dem Kopf zusammenschlug und »Freundschaft, Freundschaft!« rief. Da mußten alle lachen, und die Sache war erledigt. Tamara, die Schwester von O., hatte Schwierigkeiten sich einzugewöhnen. Sie machte sich über die Spießigkeit und Doppelzüngigkeit der Funktionäre lustig. Sie suchte den Kontakt zu Südamerikanern. Und die Wohnung ihrer Eltern wurde bald zur Adresse für Leute, die aus Südamerika kamen und irgendwelche Probleme hatten. »Da gibt es ein Mädchen, die hilft dir«, sagte einer dem anderen weiter. Ich bewunderte ihre Spontaneität und ihr Temperament. Es konnte sein, daß südamerikanischen Musikern ein Trommler fehlte, und schon saß Tamara mitten unter ihnen und trommelte heiße Rhythmen. Und fehlte das Instrument, Tamara trieb gewiß irgend etwas Brauchbares auf, und wenn es ein Papierkorb war.

Doch hatten wir Schwierigkeiten, einander näherzukommen. Sie war eine Schwärmerin. O. und ich waren Leistungstypen.

Keiner hätte geglaubt, daß aus dem Mädchen später Tania la Guerrillera, die Mitstreiterin von Che Guevara, werden würde, die mit dreißig Jahren in Bolivien bei einer Flußüberquerung von Soldaten erschossen wurde. Ich konnte mir nicht vorstellen, wie dieselbe Tamara, die ich als einen offenen, direkten Menschen kennengelernt hatte, zehn Jahre später in La Paz, wo sie so erfolgreich war, mit ihrer Situation zurechtgekommen ist. Mit einer fremden, erfundenen Identität, unter der alles verlogen wurde: Freundschaften, Liebe. Darunter muß sie gelitten haben.

Aus meiner Perspektive war es trotz aller edlen Ziele nicht zulässig, Bürgerkrieg in ein fremdes Land zu tragen. Viel wichtiger erschien mir, den Sozialismus endlich attraktiv zu machen. Und das konnte nur durch harte Arbeit und persönliches Engagement der Menschen erreicht werden, dachte ich damals.

Wir, O. und ich, hatten uns beide einsam gefühlt. Nun waren wir gute Kumpel, die Freud und Leid miteinander teilten. Wir liefen nur noch Arm in Arm durch die Straßen und waren für viele, die uns kannten, das klassische Liebespaar.

»Die Heilige und ihr Narr«, hießen wir in unserer Siedlung. Aber der Verdacht, daß wir arbeitsscheu wären, machte auch vor O. nicht halt. In Wirklichkeit arbeiteten wir so viel wie nie. Ich wollte auf keinen Fall wieder den Anschluß verlieren.

Eines Tages erschien es uns als Zeitvergeudung, daß O. jeden Abend nach Hause fuhr und jeden Morgen wiederkam. Wir gingen hinunter und verabschiedeten uns laut. Ich zog hörbar die Haustür zu. Und dann gingen wir, nun im Gleichschritt, die Treppe wieder hinauf. Aber meine Mutter hatte bald Verdacht geschöpft. Und eines Tages warf sie mir mit grimmigem Gesicht ein Deckbett und ein Kissen vom Boden herunter. Als mein Vater schließlich dahinterkam, sagte er böse: »Was sollen denn die Leute denken? Wenn ich das in meinem Haus dulde, kann ich ohne weiteres wegen Kuppelei bestraft werden. Und überhaupt habt ihr euch den ganzen Spaß verdorben, indem ihr das Brot vorweg gegessen habt.«

Wir mußten lachen. Ich war zwanzig Jahre alt. Ich hätte mit dem Heiraten warten können. Aber als Verheiratete fühlte ich mich in meiner Männergesellschaft im Studium und später im Institut viel selbstsicherer. Niemand konnte mir mehr unterstellen, ich sei auf diesen oder jenen aus.

Es war schwierig gewesen, O. einen Heiratsantrag zu entlocken und ihn gleichzeitig in dem Glauben zu bestärken, daß dies seine Idee war. »Wenn du meinst«, sagte ich betont gleichgültig.

Als ich meinen Eltern unseren Entschluß präsentierte, im Sommer, nach dem dritten Studienjahr, zu heiraten, sagte meine Mutter mit kläglicher Stimme: »Mein Pelzmantel!« Sie hatte von dem Wirtschaftsgeld immer etwas zurückbehalten und konnte sich gerade den Pelzmantel kaufen, den sie für ihr Selbstbewußtsein brauchte. Nun sah sie ihn davonschwimmen, denn sie war die Brautmutter und mußte nach altem Brauch die Hochzeit ausrichten. So sah sie es jedenfalls.

Ich war verdutzt. Diese Reaktion hatte ich nicht erwartet. Doch ehe ich zur Besinnung kam, nahm mich mein Vater beiseite und fragte: »Mädchen, hast du dir das auch richtig überlegt? Konntest du nicht noch ein bißchen warten? Was machst du, wenn er durch die Prüfung fällt!«

»Er fällt nicht durch«, behauptete ich selbstbewußt. »Ich bin ja schließlich auch noch da.«

Ich wußte, daß er sich über diese Antwort ärgerte. In Wirklichkeit war es mit meiner Sicherheit nicht weit her. Bei keiner meiner eigenen Prüfungen war ich so nervös wie bei den Prüfungen von O., dessen Vorbereitung ich immer für nicht ausreichend hielt. Aber er kam jedesmal mit Sehr gut heraus.

Im dritten Studienjahr mußte ich mich um eine Diplomarbeit bewerben und die entsprechenden Seminare belegen. Ich wollte mich auf Halbleiter-Physik spezialisieren, was damals gerade sehr im Kommen war. Der Professor, bei dem ich um einen Termin gebeten hatte, sah mich kurz an und sagte dann: »Sie können gern versuchsweise kommen. Aber ich warne Sie! Bei einem Wissenschaftler kann der Arbeitsschutz nicht paragraphengetreu zur Anwendung kommen. Wir arbeiten mit Röntgenstrahlen. Wenn Sie noch Kinder haben wollen ...«

Mit dieser Auskunft stand ich wieder draußen. Ich war wütend und hätte mich gern irgendwo beschwert. Aber ich dachte mir, der Professor würde einfach alles abstreiten. Wem würde man eher glauben?

Ich bedachte meine Möglichkeiten wie beim Schachspiel, und meine Sache stand nicht gut. Und wie beim Schachspiel fiel es mir schwer, den geordneten Rückzug anzutreten. Aber ich wußte schon, daß alles andere nur dumm gewesen wäre.

Im dritten Studienjahr begann die Philosophieausbildung. Der Dozent, der die Vorlesung hielt, hatte langes, fliegendes Haar und eine volltönende Stimme. Wenn er aufgeregt war, fuchtelte er mit den Händen, und sein Manuskript fiel vom Katheder. Er sagte, das marxistische Denken könne man nur verstehen, wenn man auch die Vorläufer, mit denen sich Marx auseinandersetzte, kennen würde. Aber er blieb nicht bei den Vorläufern stehen, sondern kam bis zur Wiener Schule, also fast bis in die Moderne. Er hatte die Ansichten dieser Philosophen dargestellt und anschließend mit großem stimmlichem Aufwand verdonnert. Sogar Sir Popper mit seiner Logik der Forschung kam vor. Was sehr mutig war. Die Folge war, daß wir Physiker uns fast alle für den Positivismus interessierten, weil diese Weltsicht gut zur Denkweise eines Physikers paßte. Mir war es ganz egal, welche Denkvoraussetzungen sich ein Mensch schuf, erkannte er nur seine Festlegungen als subjektiv an und versuchte nicht, sie anderen aufzudrängen.

Wir wurden allmählich zum Fall. Es hieß, die Abteilung Grundstudium hätte ihren Antrag auf Berufung des Dozenten zum Professor zurückgezogen. Er sollte sich erst bewähren. Daraus wurden fünfzehn Jahre. Wir nahmen unsere Urkunden in derselben Veranstaltung entgegen.

Im Februar 1958 sollten die Jungen in die Braunkohle, und wir Mädchen durften die Lohnabrechnung eines Großbetriebs in Ordnung bringen. Die Mehrheit des

Studienjahres weigerte sich. Einige hatten sich vorgenommen, ein Spezialseminar durchzuführen, um die Lükken, die in der theoretischen Physik geblieben waren, zu schließen. Mich hatten sie nicht gefragt, ob ich teilnehmen wollte. Entweder trauten sie mir nicht, oder sie trauten es mir nicht zu. In beiden Fällen war es ärgerlich. Aber ich wollte ihnen nicht in den Rücken fallen und weigerte mich auch.

Eines Tages – wir wollten gerade den Hörsaal verlassen – kam eine Gruppe Mathematiker und Physiker, Assistenten und Studenten, darunter auch O., und versperrte uns die Ausgänge. Das war die Parteigruppe der Mathematisch-Naturwissenschaftlichen Fakultät. Einer der Assistenten stellte sich als Parteisekretär der Fakultät vor. Er sah aus wie ein frühzeitig gealterter FDJ-Funktionär. Und wenn ich es recht bedenke, hat sich sein Aussehen nie verändert. Ich könnte nicht mehr sagen, ab wann wir ihn den *Alten* genannt hatten. Das muß noch vor seiner Amtsübernahme als Direktor am Mathematischen Institut gewesen sein.

Er hielt eine durchaus wohlgesetzte und leidenschaftliche Ansprache über die Weltlage und die politische Motivation der Arbeit. Ich war beeindruckt. Es war die erste intelligente Rede zur Politik, die ich überhaupt hörte. Und das in einer bildhaften und ausdrucksstarken Sprache. Sorgsam alle Phrasen meidend. Er sprach wie einer, der wußte, daß er die besseren Argumente hatte. Ich entschloß mich spontan, am Arbeitseinsatz teilzunehmen.

Die Prüfung in Philosophie war die einzige, zu der ich schlecht vorbereitet ging. Ich hätte mich durchfallen lassen, aber ich bekam eine Zwei. Das war peinlich. Die Spitzen unseres Studienjahres, darunter auch der Student, mit dem ich »Porgy and Bess« im Kino gesehen hatte, bekamen schlechte Noten, oder sie fielen einfach durch. Ich fühlte mich jetzt wie ein Verräter.

Im Herbst wurde uns mitgeteilt, daß diese Studenten als Gruppe in den Westen gegangen waren. Ich habe keinen von ihnen wiedergesehen und nur gehört, daß einige später ein gutes wissenschaftliches Ansehen hatten.

Nach dem dritten Studienjahr arbeitete ich sechs Wochen in einer Baracke, die zum Funkwerk Köpenick gehörte. Es war ein Praktikum. Ich hatte die Aufgabe, die Antenne des Flugzeuges, das die DDR-Oberen damals noch bauen lassen wollten, auszumessen. Leider reifte auch dieser Blütentraum wie so viele vor ihm nicht. Es reichte nur zur »Investruine«. Es war viel von Sabotage die Rede. Die Aufgabe war schnell erfüllbar gewesen. Und weitere hatte man für mich nicht. Ich bat darum, ein Radio bauen zu dürfen, weil ich mir davon einen Gewinn an technischen Fähigkeiten versprach. Ich hatte gesehen, daß die Ingenieure Radios oder Fernsehapparate reparierten. Als ich dieses Anliegen meinem Betreuer vortrug, hob der die Hände gen Himmel und fragte: »Wie soll ich das verstehn?«

Als ich schwieg, fuhr er fort: »Ich denke mal ganz pragmatisch, was soll ich denn in den Bericht über Ihre Arbeit hier bei uns schreiben? Über Ihr Verhältnis zum Volkseigentum? Wo kämen wir denn hin, wenn sich da jeder so einfach bedienen wollte!«

Aber er saß am längeren Hebel. Ohne Praktikumsschein wurde man nicht zu den Diplomprüfungen zugelassen. Ich faulenzte und langweilte mich.

Im August heirateten wir.

Die Hochzeit war bis zum letzten Moment in Frage gestellt gewesen, weil der Bräutigam nicht so richtig existent war. Ihm fehlte die Geburtsurkunde. Die Standesbeamtin erkannte die Urkunden und die dazugehörigen Erklärungen nicht an. Auch nicht die Hochzeitsurkunde der Eltern und die Ehelichkeitserklärung des Vaters für den Sohn. Beides ausgefertigt bei einem kurzen Zwischenaufenthalt in Montevideo.

Das zuständige Standesamt für O.s Urkunde lag in Westberlin. Deshalb konnten wir nichts unternehmen. Als wir zum zweitenmal ins Standesamt kamen, hatte die Frau eine ordentliche Geburtsurkunde für O. besorgt. Und sie schlug zwei Varianten vor: Die Eltern von O. sollten heiraten, der Vater sollte O. als ehelich anerkennen, oder wir müßten als Namen den Mädchennamen von O.s Mutter tragen.

Ich fand das alles eher komisch und wollte schon eine Doppelhochzeit vorschlagen, aber die Mutter von O. schäumte vor Wut. »Wollen Sie damit sagen, wir hätten die ganze Zeit in wilder Ehe zusammengelebt?« fragte sie die Standesbeamtin. Und dann zu ihrem Mann gewendet: »Und so etwas sitzt bei uns im Standesamt!« O.s Vater sagte: »Dann ist es ja bei uns noch interessanter gewesen, als ich dachte.«

Eine Bemerkung, die ihm eine halbstündige Standpauke einbrachte. Meine Schwiegermutter verstand in dieser Sache keinen Spaß. Ich stelle mir vor, wie sie in ihrer Hartnäckigkeit von Amt zu Amt lief, um sich über die Ignoranz dieser Standesbeamtin zu beschweren. Ich bin überzeugt, sie wurde abgesetzt.

Wir zelteten an der Ostsee. Der Zeltplatz gehörte zu Prerow. Er war unterteilt in Textil- und FKK-Strand. Wir beachteten die anderen kaum. Wir liebten uns, und in den Zwischenzeiten, in denen wir uns losließen, spielten wir Schach oder gingen in dem Naturschutzgebiet, das sich bis zum Leuchtturm hinzog, spazieren. Oder wir halfen den Autobesitzern – damals waren sie noch eine Minderheit –, ihre Fahrzeuge wieder flottzubekommen, wenn sie auf dem Waldweg im Sand steckengeblieben waren.

Es war übrigens die einzige Zeit unseres Zusammenlebens, in der ich eine Chance hatte, gegen O. im Schach zu gewinnen.

Als wir ein Jahr später wiederkamen, gehörten wir schon dazu, waren wir alte Hasen. Fast immer kamen die Leute zu den gleichen Zeiten und an die gleichen Orte wieder. Diesmal hatten wir vier Wochen Sonnenschein. Aber etwas war anders: Es gab keinen öffentlichen FKK-Strand mehr, weil die Einwohner des Ortes sich durch den Anblick der Nackedeis gestört fühlten. »Zufälligerweise« fühlten sich alle Gemeinden, in denen es FKK-Strände gab, zur gleichen Zeit gestört. Jemand hatte eine Unterschriftensammlung gegen das Verbot gemacht. Abends kam der Bürgermeister ins Lager und ließ uns zusammenrufen. Er machte uns klar, daß wir einen Gesetzesverstoß begangen hatten. Die Unterschriftensammlung, die sich gegen seine Anordnung richtete, hätte von ihm vorher genehmigt werden müssen.

Ein Jahr danach war FKK wieder ausgeschildert. Es wurde zum DDR-Hasch. Eine Übertretung, nicht des Gesetzes, aber doch der üblichen Normen. Natürlich alles in geregelten Bahnen.

Im ehemaligen Naturschutzgebiet übten nun Soldaten. Dort, wo einst der Fischadler kreiste, lagen die Schnellboote der Nationalen Volksarmee.

Meine Diplomarbeit machte ich schließlich in dem Institut für Spektroskopie. Ich arbeitete mit Caesium. Das war ein sehr anspruchsvolles Alkalimetall. In der Natur kam reines Caesium nicht vor. In meiner Hand lag es, silberglänzend, in kleinen Glasampullen und sah ganz unschuldig aus. Es vertrug nicht die geringste Berührung mit Luft. Wurde die Ampulle plötzlich undicht, dann verpuffte das Caesium unter kräftiger Lichterscheinung zu weißer Asche.

Ich sollte die Stoßquerschnitte zwischen angeregten und unangeregten Caesiumatomen messen. *Angeregt* bedeutete, daß es einen Energieaustausch gegeben hatte und daß sich einige Atome in einem höheren Energiezustand befanden.

Es war nicht so, daß man sich einfach hinsetzen und die Stoßquerschnitte messen konnte. Man konnte sie überhaupt nicht messen. Aber wozu gab es eine Theorie. Man mußte meßbare Größen finden, aus denen man das Gesuchte berechnen konnte.

Die Diplomarbeit vergab Dr. Reinwald, Abteilungsleiter am Institut und zugleich Bürger Westberlins. Es gab nicht nur Grenzgänger von Ost nach West. Es kamen auch welche von West nach Ost. Die waren meistens qualifiziert und hatten schöne Posten inne. Sie konnten im Osten einkaufen, und einen Teil ihres Gehaltes bekamen sie in West.

Dr. Reinwald hatte die Stoßquerschnitte für die übrigen Alkalimetalle schon im Kasten. Sie waren in vorangegangenen Diplomarbeiten bestimmt worden. Das Caesium war das letzte und schwierigste. Um es dahin zu bekommen, wo ich es brauchte, also in meine Versuchsgefäße, hatte ich beim Glasbläser eine gläserne Anlage bestellt, an die sowohl diese Gefäße als auch der Pumpstand, der mir das nötige Vakuum erzeugte, angesetzt und wieder abgeschmolzen werden konnten.

Der Glasbläser nahm mir meine Zettel aus der Hand und sagte: »Nun erzähl mal langsam, was du machen willst.« Er verstand sofort, zeichnete, und was er zeichnete, sah wesentlich besser aus. Im Prinzip hätte ich mit der Arbeit beginnen können. Das wäre zu schön gewesen, leider hatte der Pumpstand ein Loch.

In diesem Jahr mußte O. allein zelten fahren. Ich besuchte ihn nur übers Wochenende. Einmal brachte ich ihm die vierjährige Tochter meiner Cousine mit. Wir hatten den Zug verpaßt, an dem O. uns erwartete. Und das war ärgerlich, weil es von der Busstation sehr weit bis zum Zeltplatz war. Aber wir hatten eine Chance. Damals wurden die Züge an der Stadtgrenze eine halbe Stunde lang kontrolliert, damit keine falschen Leute in das Land kamen. Und es waren noch so paradiesische Zeiten, daß man den Zug mit einem Taxi in Bernau einholen konnte.

Nachträglich finde ich es als etwas gewagt, Leuten, die noch nie ein Kind betreut haben, eine Vierjährige auf die Reise mitzugeben. Aber das kleine Mädchen war sehr anpassungsfähig.

O. WAR INZWISCHEN Assistent an der Universität und konnte seinen Urlaub genießen. Aber ich mußte das Loch im Pumpstand suchen und traute mich nicht, Urlaub zu nehmen.

Dr. Reinwald drängte. Aber eigentlich war ich nicht schuldig. Ich fühlte mich eher von dem Institut ausgebeutet. Dr. Reinwald brauchte meine Ergebnisse, da er sie mit den anderen zusammenfassen wollte, um daraus eine Habilarbeit zu machen. Er hatte das Thema gestellt, und er betreute mich. Das Caesium brachte er in seiner Jackentasche mit. Ich wußte nicht, woher es stammte. Er zitierte in seinen eigenen Arbeiten die Diplomarbeiten ordentlich als Quellen, und ich durfte auf dem nationalen Physikerkongreß einen kleinen Vortrag unter unser beider Namen halten.

Nur einmal waren wir ernsthaft in Streit geraten. Physik ähnelt der Kriminalistik. Man sucht einen Täter und stößt auf einen Dreckeffekt. Das Streulicht war so etwas. Man konnte nicht einfach mit den Meßwerten arbeiten, sondern man mußte die Daten korrigieren. Und dazu benutzte man eine Formel, die sich durch geometrische Plausibilitätsbetrachtungen ergab.

In meinem unbedachten Ehrgeiz hatten mich andere Argumente, die mir ebenfalls plausibel erschienen, zu einer anderen Formel geführt. Die Ergebnisse aus beiden Formeln waren ziemlich unterschiedlich. Ich war stolz auf meine Leistung. Aber Dr. Reinwald war voller Verachtung. Er wurde nahezu hysterisch: »Machen Sie, was ich Ihnen auftrage, und lassen Sie solche Dinge, von denen Sie nichts verstehen.«

Ich war begriffsstutzig, bis ich verstand, daß ich dabeigewesen war, die Habilarbeit von Dr. Reinwald in Frage zu stellen.

An den Wochentagen hatte ich mit dem Pumpstand zu tun. Ich hatte einen Arbeitsplatz in einem Labor, das im Keller lag. Ich teilte den Raum mit einem Studenten aus dem Studienjahr vor mir. Das meiste mußte ich selbst anfertigen oder in der Werkstatt in Auftrag geben, bis hin zu den Steckerbrettchen, und vieles in der Industrie »organisieren«, so nannte man das damals, wenn man als Bittsteller durch die Lande zog. Ich konnte mich vom ersten Tag an nicht über einen Mangel an Arbeit beklagen. Wenn ich nicht weiterwußte, konnte ich meinen Zimmernachbarn fragen oder den Assistenten von Dr. Reinwald.

Mein Zimmernachbar, der Assistent und eine technische Assistentin gingen gemeinsam zum Mittagessen. Am ersten Tag hatten sie mich eingeladen mitzukommen. Seitdem schloß ich mich ihnen mittags an. Aber ich konnte nie herausbekommen, ob sie nicht lieber allein gewesen wären. Sie waren immer höflich zu mir. Man mag denken, daß dies kein großes Problem ist, aber solche Unsicherheiten können sehr quälend sein. Als ich eines Tages in der Dunkelkammer arbeitete und sie mich nicht anriefen, bevor sie essen gingen, glaubte ich den Beweis zu haben, daß ich störte. Und ich ging von diesem Tag an eine halbe Stunde später. Die anderen akzeptierten es anstandslos, und auch ich verzog keine Miene, obwohl ich doch zutiefst betroffen war. Ich dachte darüber nach, was an mir so Unangenehmes sein mochte, daß mich andere Menschen ablehnten.

Nicht lange, dann gesellte sich zu mir ein junger Mann, den ich bei mir *Moby Dick* nannte und der schon so lange an seiner Diplomarbeit saß, daß er exmatrikuliert war und am Institut die Stelle eines technischen Assistenten einnahm. Es war damals üblich, daß die Physiker für ihre Diplomarbeit Studienverlängerung beantragten.

Manchmal ging auch eine Chinesin mit uns zum Essen. Sie hatte ihre Doktorarbeit schon eingereicht und wartete auf die Verteidigung.

Mit Moby Dick befand ich mich im Zustand eines Dauerflirts. Wir nutzten jede Möglichkeit, über uns selbst zu lachen, vielleicht etwas mehr über Moby Dick als über mich. Als ich ihm erzählte, daß mein Mann für mehrere Tage verreist wäre, hatte er die Idee, bei mir ins Fenster einzusteigen. Aber das war aussichtslos, für die Dachrinne war er viel zu schwer. Ich hatte damals einen guten Schlaf. Er muß wohl eine Weile gerufen haben. Als er merkte, daß in den umliegenden Häusern die Lichter angingen, warf er kleine Steine hoch, aber ich hörte nichts. Gegen Morgen klingelte er an der Haustür. Und als ich öffnete, stand er verfroren und unrasiert da und lächelte kläglich. Ich machte uns Frühstück. Und meine Mutter, die fremde Töne gehört hatte, ließ es sich nicht nehmen, Kaffee zu kochen. Als er weg war, sagte sie: »Wenn er schon in unserem Garten übernachten will, soll er es doch vorher sagen, dann stelle ich ihm den Liegestuhl hin.«

Ich war O. eine treue Frau. Und als ich ihm untreu wurde, war auch die Liebe zwischen uns kaputt. War auch unsere Ehe kaputt. Das war viel später. Meine Probleme waren jetzt ganz andere.

Ich brauchte zu manchen Messungen absolute Dunkelheit. Und da ich das meinen Zimmerkollegen nicht zumuten konnte, mußte ich nachts messen. Dann war ich auf dem großen Gelände allein, bis auf zwei Pförtner, einer mit

Hund. Wenn der gegen eins auf seinem Kontrollgang vorbeikam, rief er: »Leben Sie noch?« Am schlimmsten aber war es in der Dunkelkammer. Ich durfte eine Viertelstunde keinerlei Beleuchtung anmachen. Wenn es dann in den benachbarten Kellerräumen knackte, stockte fast mein Herz. Und es knackte andauernd.

Am 13. August des Jahres 1961 – ich war schon ein halbes Jahr Mitarbeiterin des Instituts für Mathematik – wurde die Grenze dichtgemacht. Ich hörte es früh in den Nachrichten. Meine Gefühle waren durchaus nicht eindeutig. Ich war weder erfreut noch betrübt, einfach aus dem Grund, weil ich lange erwartet hatte, daß so etwas passiert. O.s Großmutter lag im Sterben, und die traf die ganze Härte des Vorgangs. Das bewegte mich dann doch. Ihre Westberliner Tochter durfte erst zur Beerdigung kommen. Mutter und Tochter hatten sehr aneinander gehangen. Die Mutter hatte sicher nicht verstanden, warum ihre Tochter nicht gekommen ist, obwohl wir alles versuchten, es ihr zu erklären. Im Prinzip paßte mir das Ganze nicht. Es war Freiheitsberaubung, und dagegen habe ich immer etwas gehabt. Aber man mußte das komplexer sehen. Und was mir bei solchen Versuchen, Klarheit in meine Gedanken zu bringen, einfiel, war immer nur, daß nichts schlimmer ist als Krieg. Ich hätte die Freiheit nicht um den Preis eines Krieges bekommen wollen.

Die Arbeitsverträge der Pendler waren null und nichtig. Auch Dr. Reinwald hatte darunter zu leiden. Seine Habilschrift lag im Institut, und er saß in Westberlin, und beide hatten keine Chance mehr, zueinander zu kommen. Aber Dr. Reinwald hatte schlimmere Sorgen. Er fand keine Arbeitsstelle. Schließlich nahm er eine Dozentur an einer Volkshochschule an, was nicht seiner Qualifikation entsprach. Aber er hat nicht lange dort gearbeitet, denn er starb ein Jahr später. Nicht einmal das machte mich stutzig. Ich kann mich nicht erinnern, daß er einen kränklichen Eindruck gemacht hätte. Sein Assistent, der die Caesiumampullen in seinem Schreibtisch hatte und sie mir immer zuteilte, überlebte ihn nur um etwa zwei Jahre. Dr. Reinwald war für mich ein Mensch ohne Alter gewesen. In Wirklichkeit war er erst Mitte Dreißig, und sein Assistent war nur fünf Jahre älter als ich.

Kein Verdacht kam in mir auf, auch nicht, als ich selbst später unheilbar krank wurde. Es sah so harmlos aus, das Caesium.

Meine Diplomprüfung in Experimentalphysik machte ich bei Professor Raute, der gleichzeitig mein Institutsdirektor war. Ich hatte durchweg sehr gut geantwortet, bis er plötzlich nach der Farbe der Hauptlinie des Wasserstoffspektrums fragte. Ich gestand, daß ich das nicht wüßte. Da sagte er: »Und Sie haben in meinem Institut Diplomarbeit gemacht und haben sich nicht einmal das Normalspektrum angesehen? Hat Sie das nicht interessiert?« – »Nein«, erwiderte ich ehrlich. »So leid mir das tut, ich muß Sie durchfallen lassen. Eben war ich noch überzeugt, ich könnte Ihnen eine Eins geben.«

Wir saßen uns eine Weile stumm gegenüber. Mein Puls war doch ein bißchen aus dem Gleichgewicht geraten. Schließlich fragte er: »Wohin gehen Sie denn? Haben Sie schon eine Stelle?« – »Ja, ich gehe in die Mathematik.« – »Ach, in die Mathematik«, sagte er, sichtbar erleichtert, »richtig ins Mathematische Institut?«- »Ja, ins Mathematische Institut.« – «Na, dann bleibe ich bei meiner Eins.«

Zu den Studenten in meinem Studienjahr hatte ich kaum noch Kontakt, alles war auseinandergebrochen. Die Diplomanden waren in ihre Institute integriert. Zum Abschied machte ich eine Feier, gemeinsam mit der Chinesin, die vier Jahre am Institut gearbeitet und ihre Doktorarbeit verteidigt hatte. Um die Chinesin, die ein bißchen zurückhaltend war, ins Gespräch einzubeziehen, fragten wir sie nach ihrer Familie und unterstellten, daß es schön sein müsse, nach so langer Zeit nach Hause zu kommen. Sie erzählte, ihr Vater sei ein in China bekannter Literaturwissenschaftler und ihm gehöre eine berühmte Bibliothek. Allerdings wisse sie nicht, ob er noch lebe. Sie hatte lange nichts von ihm gehört. Als wir sie mit weiteren Fragen bedrängten, fing sie plötzlich an zu weinen. »Will mich denn niemand heiraten«, sagte sie und blickte im Kreis umher. »Wenn ich verheiratet wäre, könnte ich hierbleiben.« Wir glaubten, daß die Chinesin Spaß machte und daß bald der erlösende Witz kommen würde. Aber da war kein Witz.

DIE MATHEMATIK IST das Kunstwerk des Verstandes. Und wer sich in ihren Dienst stellt, muß die Welt hinter sich lassen können und eintauchen in den kalten Glanz ihrer Strukturen.

Am ersten Tag im Mathematischen Institut hatte mir mein neuer Chef, Professor R., einen Platz zugewiesen und ein russisches Buch über statistische Probleme in der Regelungstheorie in die Hand gedrückt. Das war alles.

Ich versuchte das Buch zu lesen. Es gehörte zu den Büchern, die für Mathematiker zu technisch und für Techniker zu mathematisch waren. Unmöglich, mich acht Stunden lang darauf zu konzentrieren. Nach der Mittagspause sah ich wieder und wieder auf die Uhr und langweilte mich. Ich stand am Fenster und schaute hinunter auf den Hausvogteiplatz. Eine Kindergartengruppe kam vorbei, Katzen strichen vorüber, und Lastwagen brachten etwas in das große dunkle Haus gegenüber, das einst in einem Meer von ähnlichen Häusern unauffällig gewesen sein mochte und heute zu denen gehörte, die der Krieg wie Inseln übriggelassen hatte. Niemand wußte genau, was da vor sich ging. Wahrscheinlich waren es Großhandelslager.

Zu unserer Abteilung gehörten außer dem Chef und mir drei Mathematiker, die ein Jahr vor mir von der Universität gekommen waren.

Ich gewöhnte meinen Chef bald daran, daß ich erst gegen neun im Institut auftauchte und nachmittags meistens in der Staatsbibliothek arbeitete.

Wollte man mit dem Chef auskommen, wollte, mußte man ein gehöriges Maß an Selbstbewußtsein einbringen. Zeigte man Unsicherheit, war man verloren. Und da ich wußte, daß er vom Krieg her noch Metall im Kopf hatte, das da nicht hingehörte, konnte ich die üblen Launen, die ihn manchmal befielen, einordnen. An solchen Tagen ging man ihm am besten aus dem Weg.

Ich hatte in einer amerikanischen Technikerzeitschrift eine Veröffentlichung gefunden, in der es um Differentialgleichungen mit zufälligen Parametern ging. Diese Arbeit war noch unausgereift und voller Fehler, trotzdem war sie eine Pionierarbeit, denn sie stimulierte die weitere Forschung in dieser Richtung. Es war verführerisch, auf einem Gebiet zu arbeiten, das gerade im Entstehen war. Da war noch alles offen. Es störte mich nur, daß ich im eigenen Land keine Partner hatte. Um so notwendiger war es, reisen zu können. Und da hatte ich Glück, der Chef unterstützte alle Reisepläne und regte sogar noch welche an.

Fünfzehn Jahre später wurden die ersten fünfzig Wissenschaftler aus aller Welt, die auf diesem Gebiet gearbeitet hatten, zu einer Tagung in der Warwick University in der Nähe von Coventry eingeladen. Ich, die ich den meisten zum erstenmal begegnete, mußte viele Vorstellungen revidieren. Fast alle sahen jünger aus, als ich es erwartet hatte. Bei manchen hatte ich befürchtet, sie seien bereits verstorben. Und nun kamen sie, sonnengebräunt, aus irgendwelchen Urlauben und brachten ihre Tennisschläger mit.

Wissenschaftliche Tagungen sind nicht nur unter Konferenztourismus abzuhaken. Man bekommt eine Vorstellung davon, woran in der Welt gearbeitet wird, und man lernt, die eigenen Ergebnisse einzuordnen. Wahrscheinlich läßt sich heutzutage alles mit den Mitteln der modernen Kommunikation schneller und billiger haben. Aber es wäre ein Verlust. Wer viele Stunden einsam am Schreibtisch verbringt und in einer Sprache denkt, die nur einem kleinen Häuflein von Spezialisten zugänglich ist, der braucht ein menschliches Gegenüber.

Als ich an das Institut kam, war die Abteilung gerade dabei, eine internationale Tagung vorzubereiten, die im August in Berlin stattfinden sollte. Ich bewunderte die Hilfsbereitschaft der Tschechen. Ich staunte, daß sie den fast blinden Dr. V., der in der fremden Umgebung ununterbrochen betreut werden mußte, mitbrachten. Ich dachte darüber nach, ob das bei uns möglich wäre, und kam zu einem negativen Schluß.

Während der Tagung wurde mit den Kollegen vom Mathematischen Institut in Prag vereinbart, im folgenden Jahr ein gemeinsames Seminar durchzuführen.

An unserer Tagung nahmen auch drei Ingenieure aus den Flugzeugwerken in der Nähe von Prag teil. Als diese von der Verabredung erfuhren, luden sie mich für einen Tag in die Flugzeugwerke ein. Ich sollte ihre Arbeit zur Festigkeitsprüfung von Flugzeugtragflächen kennenlernen. Das interessierte mich sehr, denn ich war mit Ingenieuren im Kontakt, deren Probleme ganz anders aussahen. Es ging da um Turbinen. Um die Festigkeit der Schaufelräder in Turbinen. Nun zeigte es sich, daß die mathematischen Modelle viele Ähnlichkeiten hatten. Es sah ganz danach aus, als könnte man in derselben Weise vorgehen und auch die in den Flugzeugwerken entwickelte Analogtechnik verwenden.

Um mich stärker zu motivieren, versprachen sie mir einen Rundflug über Prag in einer ihrer kleinen Maschinen. »O nein, bitte nicht!« schrie ich, denn ich hatte noch immer die Nase vom Fliegen voll.

Als wir dann ein Jahr später wirklich in Prag waren, liebte ich diese Stadt sofort, auch wenn sie mit der Restauration der historischen Bauwerke nicht hinterherkamen, so daß es viele schmuddelige Ecken gab, die, restauriert, sehr schön aussehen mochten. Das würde eine Mammutarbeit werden.

Aber das wohlige Gefühl der Vertrautheit stellte sich bei mir nicht in erster Linie durch die Architektur ein. Mir gefielen die Menschen. Ich mochte, wie sie miteinander und wie sie mit uns umgingen.

Dr. V., der inzwischen vollkommen erblindet war, bot uns eine Führung durch die Nationalgalerie an. Keiner hatte so rechte Lust. Aber ich fand es anrührend und war der Meinung, man dürfe es in diesem Fall keineswegs ausschlagen.

An einem Abend kam es zwischen mir und meinen Kollegen zu einer heftigen Auseinandersetzung. Ich verstand nur, daß sie mir vorwarfen, ich würde mich zu sehr in Szene setzen.

Ich zog meine hochmütige Miene und ging. Doch als ich in meinem Zimmer saß, heulte ich, daß mein ganzes Gesicht aufquoll und mir die Luft wegblieb. Ich wollte mit allen gut auskommen. Ich wollte niemanden kränken. »Dummheit«, hörte ich meine Mutter sagen. »Die sind nur neidisch.«

Aber das war zu einfach. Wenn alle neidisch waren, hatte ich etwas falsch gemacht.

Im Herbst machte ich eine Studienreise nach Moskau. Ich hatte mich bei sämtlichen Größen der statistischen

Regelungstheorie angemeldet und außerdem intensiv Russisch gelernt. Letzteres wäre gar nicht notwendig gewesen, denn ich wurde die ganze Zeit von einem aufmerksamen jungen Mann betreut, der sehr gut deutsch sprach und als Dolmetscher sehr wendig war.

Eigentlich war es eine Schande, nach so vielen Jahren Unterricht in der Schule so wenig Russisch zu können, daß Nachholekurse immer noch nötig waren. Es war wie ein nicht verabredeter Streik. Wahrscheinlich lag es aber an der Motivation. Ich hatte als Kind keinen Moment den Eindruck gehabt, ich könnte die Sprachen, die ich lernte, einmal wirklich gebrauchen. Und doch war ich der letzte Vorkämpfer für Russisch als Fremdsprache auf Tagungen.

In meinen *Kaderakten* im Institut gab es eine Rubrik, in der mußte man über die Beherrschung von Fremdsprachen Auskunft geben. Natürlich konnte ich da nicht hinschreiben: keine. Es stand da schwarz auf weiß: Russisch – Konferenzsprache. Für eine Tagung in Taschkent erhielt ich die Direktive, meinen Vortrag auf russisch zu halten. Nach dem dritten Satz meldete sich jemand und fragte höflich, ob ich nicht russisch sprechen könnte. Da sprang mir ein junger Russe zur Seite und machte aus meinem schlechten Russisch ein gutes Englisch. Alle Russen hielten ihre Vorträge auf englisch.

Ich konnte sehr hartnäckig sein. Als ich einmal ohne Betreuer in Moskau unterwegs war, gelang es mir, in der Lenin-Bibliothek, nicht ohne vorher strengstens über Vater und Mutter befragt worden zu sein, bis zum Militärlesesaal vorzudringen, um eine Arbeit zu lesen, die ich sonst nirgends bekommen hatte. Da sah ich, daß auf meinem Gebiet mehr getan wurde, als ich ahnte, denn es war für Raketen und Raumschiffe von großer Bedeutung. Aber das war eine Welt, zu der man keinen Zugang hatte und die man am besten gleich wieder vergaß. Ich durfte nur die eine Arbeit unter Aufsicht lesen, alles Weiterblättern war mir verboten.

Die Moskauer waren noch nicht an ausländische Besucher gewöhnt. Wenn ich fotografieren wollte, waren sie sehr darum bemüht, daß ich nur das fotografierte, was sie für wesentlich hielten, und nicht etwa die kleinen hübschen Holzhäuschen, die damals noch inmitten von Betonklötzen malerisch verstreut lagen. Ich war unerträglich naiv in meinen Erwartungen gewesen. Ich wußte aus den Schulbüchern, daß die Moskauer Metro die schönste Metro der Welt war und daß die Moskauer ihren Urlaub auf der Krim verbrachten. Ich hatte gelernt, daß das Moskauer Gesundheitswesen das beste der Welt war und daß überhaupt alle Menschen froh und glücklich waren. Ich wußte nichts von Lagern oder anderen schlimmen Dingen. Trotzdem begann ich langsam zu ahnen, daß irgend etwas nicht stimmte: die Kriegsinvaliden, die sich auf Brettchen, an denen kleine Räder waren, mit den Händen auf der Straße entlangschoben, die Bettler, die Schwierigkeiten bei der Organisation der Gespräche, die unfreundliche Bedienung, die tristen Auslagen der Geschäfte. Ich hatte viele Gespräche mit meinem Betreuer. Aber ich befürchtete später, daß er unter meiner Naivität sehr gelitten hatte, einer Naivität, die er aushalten mußte, wollte er sich nicht selbst gefährden. Andererseits hatte man den Eindruck, daß zwischen den Leuten eine gewisse Hilfsbereitschaft und Verantwortlichkeit herrschte. Wie immer lag auch hier das Erträgliche irgendwo in der Mitte zwischen Fürsorge und Bevormundung.

An dem Tag, an dem die Moskauer ihre Pelzmützen aufsetzten, war es fast unmöglich, ohne Mütze durch die Straßen zu gehen. Fast jeder, dem ich begegnete, fühlte sich berufen, mich über den Zweck einer Pelzmütze aufzuklären.

VOR UNS KLAFFTE in der Alterspyramide eine Lücke. Die unsere Lehrer sein sollten, waren in den Krieg geschickt worden, und die meisten waren seitdem vermißt oder umgekommen. Wir mußten ins kalte Wasser springen und schwimmen. Wir waren Autodidakten. Niemand fragte uns vorher, ob wir überhaupt schwimmen konnten.

Wir gelangten frühzeitig zu Amt und Würden. Das war eine Herausforderung, aber auch eine Gefahr, da uns niemand Maßstäbe setzte. In den angeforderten Selbstbeurteilungen webten wir alle am Weltniveau.

Professor R. gehörte zu den wenigen Überlebenden eines Kriegsjahrgangs. Er war ein angesehener Wissenschaftler, aber seine Betreuung hielt sich in Grenzen. Sein Name war mit der Stabilitätstheorie unlösbar verbunden. In diesem Rahmen mußten wir uns bewegen, aber ein konkreteres Thema mußten wir uns selbst formulieren. Ich muß sagen, daß ich das gar nicht so schlecht fand, weil es damals viele interessante Entwicklungen gab. Wir suchten nach Kriterien, mit denen man einer Gleichung, ohne sie lösen zu müssen, ansah, daß kleine Störungen kleine Störungen blieben. In meinem zweiten Jahr bezog unser Chef mich schon in die Planung ein. Er sagte: »Alles in der Welt muß zuverlässig sein. Zuverlässigkeit ist das Wichtigste. Also werden wir uns in der nächsten Zeit mit Zuverlässigkeitstheorie befassen. Beachten Sie das bitte bei der Planung!«

Da wußte ich, daß er bei dem Vortrag von Professor Gnedenko aus Moskau gewesen war. Ich erschrak, denn ich hatte mich gerade in die Stabilitätstheorie eingearbeitet und hatte dort noch einiges vor. Ich las erst einmal in populären Büchern nach, was *Zuverlässigkeit* eigentlich bedeutete. Auf jeden Fall war die Zuverlässigkeitstheorie eine Domäne der Wahrscheinlichkeitsrechnung. Und in diesem Umfeld wurde sie im Land schon bearbeitet.

Und zwar aufgrund eines früheren Auftritts von Gnedenko.

Mir war völlig unverständlich, welche Gedanken den Chef zu einer solchen Neuorientierung bewogen. Vielleicht hätte ich ihm die populären Bücher auf seinen Schreibtisch legen sollen. Er hatte die Tendenz, zu glauben, daß das, was er nicht kannte, auch nicht existiere. Einmal sagte er über eine Koryphäe aus der Algebra: »So gut kann der doch nicht sein. Oder haben Sie mal was von dem gelesen?!« Wahrscheinlich war er sich nicht im klaren, daß Zuverlässigkeitstheorie ein festes, wohldefiniertes Gebiet war, das keinerlei Berührungsstellen mit der Stabilitätstheorie hatte. Ich beschloß, dies zu ignorieren, und machte die Planung so, daß eine Weiterarbeit auf unserem Gebiet möglich war, indem ich überall das Wort Stabilität durch Zuverlässigkeit ersetzte und den erklärenden Text aus der alten Planung übernahm.

Der Chef las die Entwürfe und war höchst befriedigt. Weil wir das größte Potential waren, das heißt, im Land die meisten Wissenschaftler-Arbeitseinheiten in das Thema einbrachten, wurden wir *federführend*. Da gruselte es mich doch ein bißchen. So ähnlich wie mir mußte es einem Seiltänzer zumute sein, der weiß, daß die Zuschauer auf seinen Absturz warten.

Eines Tages kam der Chef in mein Zimmer und sagte: »Sie fahren zu einer RGW-Abstimmung über Zuverlässigkeit. Sie sind Delegationsleiter. Ich habe Urlaub.« Ich konnte nicht herausbekommen, ob er Urlaub genommen hatte, um nicht dahin fahren zu müssen. Oder ob der Urlaub länger geplant gewesen war.

Der sowjetische Delegationsleiter, der die Tagung leitete, brachte mich zum Glück nicht in Verlegenheit. Er nahm unsere Themen gar nicht zur Kenntnis, sondern kam gleich zur Sache. Er sagte: »Ich habe Arbeit mitgebracht.« Was eine große Erleichterung für mich war. Ich hatte sowieso keinerlei Vollmacht, etwas Verbindliches zu sagen. Eigentlich war das Ganze vollkommen sinnlos.

Professor R. war mit allem sehr zufrieden und beauftragte mich, dem Ministerium mitzuteilen, daß wir zur Federführung eine Sekretärin brauchten. Ich schrieb: »... müssen wir Ihnen mitteilen, daß wir die Federführung leider nicht mehr wahrnehmen können, weil wir keine Sekretärin haben.« Der verantwortliche Mitarbeiter im Ministerium, der einige Anfragen auf seinem Schreibtisch liegen hatte und schon längst unsicher geworden war, was unseren Beitrag zur Zuverlässigkeitstheorie anging, nahm das stillschweigend als Absage an. Er war froh, ohne Streit davonzukommen, und ich war es auch. Als ich die Planung für das nächste Jahr machte, merzte ich das Wort Zuverlässigkeit überall in unseren Plänen aus und ersetzte es durch Stabilität.

Damals in Budapest hatte ich B. kennengelernt.

Die Stadt hatte im Fliederduft gelegen. Die Abende waren lau. Es war viel zu schön draußen, um sich im Hotel aufzuhalten. Als ich das Haus verließ, kam ich an einer Gruppe von Beratungsteilnehmern vorbei, die mir schon die übrige Zeit dadurch aufgefallen war, daß viel gelacht wurde. Als Dr. B., ein Ungar, mir zurief, ob ich nicht mit ihnen Fischsuppe essen wollte, schloß ich mich erfreut an.

B. war ein kultivierter Mensch und ein angenehmer Gesellschafter. Er gehörte zu denen, die nicht so sehr wegen der Wissenschaft, sondern vor allem wegen ihrer diplomatischen Fähigkeiten ins Ausland geschickt wurden. Er imponierte mir vor allem, weil er vier Fremdsprachen fließend und fast akzentfrei beherrschte und zwischen ihnen beliebig wechseln konnte.

Fünfzehn Jahre später erzählte ich B. die Geschichte von der Zuverlässigkeit. Insbesondere die Sache mit den populären Heften. Daß ich mich erst mal bilden mußte, was Zuverlässigkeit eigentlich beinhaltet. Da rief B.: »Ach, du auch!«, und wir mußten beide lachen.

B. stand kurz vor der Pensionierung. Ich fragte ihn, ob er im Leben schwerwiegende Fehler gemacht hätte. Überraschend schnell kam die Antwort: »Keine.« Er hatte sich diese Frage schon selbst gestellt. Nach längerem Nachdenken kam ihm die Entscheidungsfreiheit, die er sich immer eingebildet hatte, fragwürdig vor. Und leider kannte man die Alternativen nicht. Die waren aber ausschlaggebend. Somit war die ganze Frage falsch gestellt.

MANCHE, DIE MICH nur oberflächlich kennen, werfen mir vor, ich wäre nur mit mir selbst beschäftigt. Ist das denn erstaunlich? Ich bin doch mein eigenes Experimentierfeld gewesen. Wie sollte ich andere verstehen, solange ich mich selbst nicht verstehe. Vielleicht kann ich einige Fragen sogar erst jetzt stellen, jenseits von Gut und Böse. Wenn kein Ehrgeiz mehr voranpeitscht, wenn nichts mehr zu ändern ist, wird der Umgang mit sich selbst einfacher.

Was ich jetzt bin, ist kurz gesagt: Ich bin eine alte Frau. Doch gerade das kann ich nicht glauben. Hat sich nicht eben meine Seele wie die eines jungen Mädchens gebärdet? Habe ich das nicht genossen? Bis der Verstand einschreiten und mich davor bewahren mußte, mich lächerlich zu machen.

Ich bin eine alte Frau. Und das ist die schlechteste Rolle, die man sich denken kann. Ein alter Mann zu sein ist weniger schlimm. Schon allein deshalb, weil er im höheren Alter zur Mangelware wird. Weil seine Altersgenossen sich zu allem Überfluß vorzeitig aus dem Staub machen. Meine Vorstellungen von alten Frauen sind hoffnungslos mit Vorstellungen von Gejammer und Geruch verbunden.

Mein Verstand spottet. Er erklärt mir eiskalt, daß ich ein Relikt aus der ersten Hälfte des vorigen Jahrhunderts bin. Doch die Wahrheit will mir nicht vom Kopf in den Bauch.

»Da beißt die Maus kein Faden ab«, hätte meine Großmutter Anna Emma Lina gesagt. Ich sehe meinen Vater im Sessel sitzen und höre ihn beipflichtend murmeln: »Sic transit gloria mundi.« Zum Ärger meiner Großmutter, die kein Latein konnte.

Ich war eine Dreieinigkeit oder besser eine Uneinigkeit aus Körper, Seele und Verstand. Ständig mußte ich in mir um Kompromisse ringen. Und ich hatte etwas von einem Spieler. Ich war süchtig nach Zärtlichkeit. Ich wollte geliebt werden. Ich hatte Freude an der Macht und am Machen. Vielleicht hatte ich von allem ein bißchen zuviel. Ich war zu sehr Frau, zu sehr Mann und zu sehr Kind.

In Auseinandersetzungen reagierte ich mehr nach dem Gefühl als nach dem Verstand. Der Verstand hatte hinterher zu tun, um alles wieder in eine Ordnung zu bringen. In der Mathematik war es einfacher. Da war vorwiegend der Verstand gefragt. Aber die anderen Teile meines Wesens darbten.

Der Beruf prägt den Menschen. Ich traue mir zu, einen Mathematiker aus hundert Menschen mit anderen Berufen herauszufinden.

Man erkennt ihn leicht an der Art, wie er sich am Gespräch beteiligt oder, richtiger, nicht beteiligt, obwohl man ihm ansieht, daß er es gern möchte, und an einer gewissen Hilflosigkeit im Gesichtsausdruck. Im allgemeinen ist er unfähig, einem Laien zu erklären, was er in seinem Beruf treibt. Mit Sicherheit findet sich jemand, der sagt: »Da müssen Sie aber gut im Rechnen gewesen sein.« Was er mit einem gequälten Lächeln im Raum stehenläßt. Sind die Mathematiker unter sich, gibt es ein gewisses Reservoir an

Klatsch, aus dem sie immer wieder schöpfen. Ohne dies ginge ihnen bald das Gesprächsthema aus.

Ich bin für meine Kontaktfähigkeit bekannt. Doch selbst ich mußte Einschränkungen hinnehmen. Bei Geselligkeiten saß ich da und ärgerte mich über meine Langsamkeit, die mich hinderte, das Wort zu ergreifen. Manchmal sprach ich in irgendwelchen Versammlungen und merkte den Gesichtern der Zuhörer an, daß sie Mühe hatten, mich zu verstehen, obwohl ich glaubte, alles ganz einfach gesagt zu haben. Es konnte geschehen, daß ich überrascht zuschauen mußte, wie jemand mein Anliegen aufnahm und es um und um wendete, in komplizierte, absichernde Sätze faßte, so daß ich es beinahe nicht wiedererkannte. Und alle folgten ihm. Und am Ende bekam er den Beifall.

Wozu braucht der Mensch Kinder? Er braucht sie, damit sie ihn im Alter ernähren. Ob direkt oder durch Versorgungssysteme, spielt dabei keine Rolle. Ohne Kinder keine Rente.

Ich wollte Kinder haben, weil ich in mir ein starkes Gefühl von Liebe spürte. Anders als die Liebe zwischen Frau und Mann. Eine Liebe, die schon angelegt war, die aber brachlag, so daß ihre Wurzeln zu verdorren drohten.

Und als ich dann Kinder hatte, machte ich alle Fehler, die man aus der Liebe kennt. Ich konnte meine Liebe nicht zeigen. Vielleicht war ich dazu nicht in der Lage, weil ich es nicht gelernt hatte. Ich dachte, es wäre selbstverständlich. Je mehr ich liebte, um so mehr wollte ich geliebt werden und um so weniger kam zurück. Und manchmal schlug in solchen Situationen meine Liebe in Wut um, eine Wut, von der niemand ahnen konnte, daß es sich um verletzte Liebe handelte.

Nachdem ich O. kennengelernt hatte, konnte ich ihn mir gut als Ehemann und später als Vater meiner Kinder vorstellen. Das war viel wichtiger als alles andere. Und ich habe weder vorher noch nachher jemanden getroffen, der solchen Ansprüchen ohne Wenn und Aber standgehalten hätte.

Wir hatten Erfolge, und ohne es selbst zu bemerken, wurden wir danach süchtig.

O. hatte auf Anraten seiner Betreuerin aus seiner Diplomarbeit gleich eine Doktorarbeit gemacht. Er hatte diese auch in einer Fachzeitschrift veröffentlicht. Und es war und blieb seine meistzitierte Arbeit. Was ihn später sehr ärgerte, weil er sie nicht besonders schätzte.

Wir waren ehrgeizig. Wir lebten nie in der Jetztzeit. Wir hatten Ziele. Und auf den Zielen saß das Glück und winkte uns zu. Doch kamen wir an, war das Glück schon weitergezogen. Und es konnte geschehen, daß wir in ein großes graues Loch fielen. Aber ich lachte viel zu gern, um darin sitzenzubleiben. Und O. war auch kein Kind von langer Traurigkeit. Im Gegenteil, er hatte die Fähigkeit, unangenehme Dinge sehr schnell zu vergessen.

»Wir haben keine Zeit. Keine Zeit haben, das ist unser Glück«, sagte O. Keine Zeit haben, das bedeutete, in irgendeiner Weise wichtig zu sein.

Als O. unser Glück auf diese Weise definierte, saß ich in der Sofaecke und strickte, was ich nur während meiner Schwangerschaften freiwillig machte. Ich war vollkommen zufrieden in mir. Meine Definition von Glück wäre in diesem Moment sicher eine andere gewesen. Oder genauer gesagt, ich brauchte gar keine Definition. Ich war glücklich. Trotz der andauernden kleinen Übelkeit. Trotz des Buches, das neben mir lag und das ich in dieser Zeit immer mit mir führte, es hieß: *Asymptotische Gesetze in der Stellarstatistik*. Das war der Titel meines Vortrags, den ich bei der Verteidigung meiner Doktorarbeit halten mußte. Die Stellarstatistik hatte mit meiner bisherigen Arbeit nichts zu tun, aber ich sollte damit beweisen, daß ich mich schnell und selbständig in ein fremdes Gebiet einarbeiten konnte. Und ich hatte überhaupt keine Lust dazu.

Doch der Termin der Verteidigung lag schon fest: zwei Monate vor der Geburt meines ersten Kindes. Noch heute befällt mich diese Übelkeit, wenn ich nur an das Buch denke.

Wir lebten in einer neuen Wohnung in der Innenstadt. Wir hatten es gerade noch so geschafft. Ohne lange Wartezeit. Und in der gewünschten Größe. Seit die Grenze dicht war, wurden die Wohnungen knapper, und die Geburtenrate stieg sprunghaft. Die Wartezeit für unseren Trabi war abgelaufen.

Meine Eltern wohnten jetzt in unserer Nähe. Als wir ihnen zum Einzug gratulieren wollten, gab es keine Blumen zu kaufen. O. hatte sich beholfen und hatte einen Distelstrauß von den Rieselfeldern in der Hand und war stolz auf sich. Aber ich bezweifelte, daß er damit Erfolg haben würde. Ich kannte keinen, der es gewagt hätte, seine Schwiegermutter mit einem Distelstrauß zu beglücken. Und wirklich, meine Mutter war fast so beleidigt wie in unserem ersten Berliner Sommer, als O. aus Unkenntnis ihr Erdbeerbeet einen Kartoffelacker nannte. Am meisten aber ärgerte sie sich, wenn einer aus O.s Familie für sie das Wort *Bauern* gebrauchte, was diese nicht in böser Absicht machten, im Gegenteil, bei ihnen hatte das Wort Bauern etwas Romantisches.

Unser Sohn wurde am ersten Weihnachtsfeiertag geboren. Noch vor den ersten Wehen begann die Geburt mit einem Blasensprung. Aus den Kursen, an denen ich teilgenommen hatte, wußte ich, daß man nach einem Blasensprung nur noch liegen sollte, damit Nabelschnur und Kopf nicht miteinander in Bedrängnis kämen. Ich ließ mich die vier Treppen von meiner Wohnung mit einer Trage herunterbringen. Die Männer waren verärgert. Sie hätten mich am liebsten in den Treppenschacht gekippt. Aber hier ging es um mein Kind, nicht um mich.

Ich war in einer kleinen Entbindungsstation angemeldet. Dort angekommen, mußte ich sofort aufstehen. Und keiner nahm auch nur die geringste Rücksicht auf meine Kursweisheit. Die Schwestern hatten üble Laune, weil sie an den Feiertagen arbeiten mußten. Als mein Sohn geboren war, bekam ich ihn nicht in den Arm. Sie zeigten ihn mir nur mit der Bemerkung: »Hier sehen Sie, daß alles dran ist, ein Junge.« Danach mußte ich 24 Stunden warten, bis sie ihn mir brachten. Als ich ihn endlich in den Arm nehmen konnte, wollte das spontane Muttergefühl, das mir sagte, dieses und nur dieses ist mein Baby, in mir nicht mehr entstehen. Ich hatte Schuldgefühle deswegen.

Wenn ich daran denke, befällt mich ein Haß. Ich fühle mich um etwas Unwiederbringliches betrogen.

Ich wollte alles ganz genau machen, so wie es in den Büchern stand. Aber je mehr ich las, um so mehr Fehler entdeckte ich bei mir.

Ich nahm den mir zustehenden Schwangerschaftsurlaub, fünf Wochen vor und sechs Wochen nach der Geburt, und war pünktlich wieder im Institut. Mein Vater hatte sich bereit erklärt, nachmittags auf die Anwesenheit meiner Mutter zu verzichten, so daß sie meinen Sohn betreuen konnte. Vormittags arbeitete ich zu Hause.

Es war mir selbstverständlich in dieser Zeit, daß ich O. bei allen Karrierevorstellungen den Vortritt ließ. Er habilitierte und wurde an der Universität zum Professor berufen. »Daß ich das noch erlebe«, sagte mein Vater.

Meine Berufung zum Professor hat er nicht mehr erlebt. Auch nicht meine schriftstellerischen Anfänge. Die Aufmüpfigkeit meiner Texte hätte ihn beunruhigt. Aber nachdem die Texte so erfolgreich waren, hätte er wohl von ihrem

Inhalt abstrahiert. Denn Erfolg war für ihn ein wichtiges Kriterium.

Mein Chef war mit allen meinen Vorschlägen, wie ich die Arbeit organisieren wollte, einverstanden. Aber eines Tages war er bei uns verschwunden und tauchte im Westen wieder auf. Dort machte er die Erfahrung, daß er schon zum alten Eisen gehörte. Obwohl die Mathematik Wachstumsgebiet war, hatte er es sehr schwer, eine Anstellung zu finden. Die Leute, die ihm immer gute Zukunftsaussichten im Westen vorgegaukelt hatten, waren für ihn nun nicht mehr zu sprechen. Er blieb nicht ohne Arbeitsplatz, aber er schätzte selbst ein, daß er solch eine Abteilung, wie er sie im Osten gehabt hatte, im Westen nie wieder bekäme.

Die nächste Heimsuchung, die nach der *Zuverlässigkeit* über uns kam, war die *Operationsforschung.* Die Wissenschaft wurde als Produktivkraft gefeiert. Sie war praktisch die *Wunderwaffe*. So etwas kann gar nicht gutgehen, meistens gibt es dann einen Absturz.

Ich fand mich in einer Abteilung für Operationsforschung wieder, die O. auf Honorarbasis leitete. Zwar war der Gedanke, der Wirtschaft mit mathematischen Modellen zu Leibe zu rücken, sehr vernünftig. Und in einfachen Fällen gab es auch einfache Lösungen. Aber die Vorstellungen über das Machbare waren ganz und gar unrealistisch. Außerdem gehörte es sich nicht, ein wissenschaftliches Institut nach den Anwendungen zu strukturieren. In jeder anderen Disziplin würde man sich das verbeten haben.

Ich wurde in eine Kommission *Große Systeme* berufen. Ich erinnere mich nur, daß wir während unserer Tagungen in erstklassigen Hotels wohnten und daß es sehr gutes Essen gab. Ich kann mich an kein einziges vernünftiges Resultat erinnern. Dabei lag ein Negativergebnis auf der Hand. Aber das wäre ein Politikum geworden. Denn man hätte formuliert, was man wohl wußte, was man sich aber nicht bewußt machte: Nämlich, daß eine zentrale Steuerung eines so großen Systems, wie es eine Volkswirtschaft war, nicht funktionierte. Es ist klar, daß man solche großen Systeme nur näherungsweise mathematisch beschreiben kann. Aber die wesentlichen Größen müssen enthalten sein. Wenn man die Meßgrößen im Auge hat, kann man sich vorstellen, daß sie immer mehr oder weniger fehlerhaft sind und daß der Gesamtfehler, der aus den vielen einzelnen Fehlern resultiert, bei einer großen Anzahl von Einflußgrößen alles andere überdeckt. Es ist schon erstaunlich, wie viele Wissenschaftler man in eine Spur setzen kann und wie behende sie es vermeiden, an ein unerwünschtes Ziel zu gelangen.

Bald war die Operationsforschung überall in der Sackgasse. Das Umbenennen war sehr in Mode. Unter anderer Flagge wurde das Fahrrad noch einmal erfunden. Nur hieß es jetzt *zweirädriges Beinkraftmobil.* Die Drohung, daß überall zur Steuerung ein Einheitssystem eingeführt werden sollte, ging vorüber wie ein böser Traum. Ich beschäftigte mich nach wie vor mit der Stabilitätstheorie und schrieb an einem Buch. Es trug den Titel: *Über die Stabilität gewöhnlicher Differentialgleichungen mit zufälligen Parametern*. Es sollte meine Habilarbeit werden. Anschließend wollte ich das Gebiet wechseln und zur mathematischen Statistik übergehen. Ich hatte ehrgeizige Pläne und immer ein schlechtes Gewissen, daß sich Beruf und Kinder im Wege standen.

An den Vormittagen saß ich am Schreibtisch oder spielte mit meinem Sohn. Der Vormittag war in Intervalle zerhackt. Wenn ich gar zu lange am Schreibtisch saß, vertröstete ich ihn manchmal auf den Kindergarten. Am ersten Tag, kurz nach seinem dritten Geburtstag, brachte ich ihn hin. Er war voller Erwartung, aber es muß ein Schock gewesen sein, der unser Vertrauensverhältnis vielleicht bis heute belastet. Immer wenn ich ihm etwas nahebringen will, weigert er sich, überhaupt davon Kenntnis zu nehmen. Als ich ihn abends abholte, sagte er: »Ich gehe nie wieder da hin.« Ich versuchte ihn zu überzeugen, daß der Kindergarten gar nicht so schlecht sei. Aber er wehrte sich dagegen. Infolge einer Masernimpfung mit einem verdorbenen Serum war er in dieser Zeit ziemlich oft krank und eigentlich nicht kindergartenfähig. Ich fand es aber wichtig, daß er sich einordnen lernte. An einem Elternabend konnte ich seine neuen Fähigkeiten zur Kenntnis nehmen, die er vor mir geheimgehalten hatte. Er mußte ein ziemlich langes Gedicht aufsagen, und ich staunte, daß er es konnte. Es zeigte sich, daß er eine ganze Menge gelernt hatte, von dem ich nichts wußte, obwohl ich immer gefragt hatte.

Ich war inzwischen wieder schwanger und bekam mit meinem Sohn einen Müttererholungsplatz in Friedrichroda in Thüringen. Obwohl es ständig regnete und mein Sohn auf dem glatten Lehmboden nach wenigen Metern ausrutschte, so daß ich jede Menge Wäsche waschen mußte, war es eine schöne Zeit, weil ich ihn mal ganz allein hatte. Er war ein sehr interessiertes Kind, das immer alles genau wissen wollte. Einmal stiegen wir auf den höchsten Berg der näheren Umgebung. Querwaldein. Wir waren vom Weg abgekommen.

Im Winter davor war ich mit O. in der Hohen Tatra Skilaufen gewesen, und ich hatte gelernt, wie man sich bei Lawinen verhalten mußte: Man muß draufspringen und Arme und Beine weit von sich strecken, damit man nicht ins Rollen kommt. Das versuchte ich jetzt meinem Sohn beizubringen. Aber für den Abstieg hatte ich selber keine Methode. Wie sollte ich mit meiner siebenmonatigen

Schwangerschaft auf eine rutschende Blätterlawine springen. Ich stand ziemlich hilflos auf der Höhe des Berges. Aber mein Sohn war begeistert. Da kam ein Berliner, der zum Glück meine Schwierigkeiten erkannte. »Wie wolln Se da wieder runterkommen, Mann?« Dann nahm er meinen Sohn an die eine Hand und reichte mir die andere und brachte uns bis zum Fuß des Berges. Ich erzähle dieses Erlebnis nur deshalb, weil ich glaube, es hat etwas Symptomatisches. Ich konnte keinen Berg auslassen, auch wenn es mich in Schwierigkeiten brachte. Wenn ich in der Tinte saß, hatte ich immer Glück, jedenfalls glaubte ich, daß ich Glück hatte. War es etwa kein Glück, wenn an einer Stelle, an der kein Weg entlangführte, im rechten Moment ein Mann vorbeikam, der Verständnis für meine Lage hatte! Auch wenn das Glück manchmal etwas zurückhaltend war, für mich war das nur eine Frage der Interpretation.

Meine Tochter kam früher als geplant. Durch meine Erfahrung gewarnt, hatte ich mich auf der Privatstation von Professor K. angemeldet. Es ist nämlich viel besser, auf österreichisch *gnädige Frau* genannt, als auf berlinisch angeschnauzt zu werden, wenn ich auch mit der Geburt meiner Tochter warten mußte, bis der alte Herr aus dem Bett gesprungen war, denn seine Anwesenheit war wegen des Honorars unbedingt erforderlich.

In der Klinik entdeckte ich eine Bekannte. Es war meine Mitstudentin aus der Physikzeit, die auch ihr zweites Kind bekommen hatte. Unser Verhältnis war gleich wieder wie früher, mit einem gewissen Vertrautsein, aber auch mit viel Fremdheit.

Wir bekamen beide Besuch von unseren Müttern, die unsere Söhne mitbrachten. Ihr Sohn wollte bei seiner Mutter bleiben, und es gab Schwierigkeiten, als er mit der Oma wieder nach Hause gehen mußte. Mein Sohn langweilte sich und wollte zu den Enten. Die Klinik lag am Spreeufer.

Ich ging mit hinunter, doch mein Sohn hatte kaum noch einen Blick für mich. In diesem Moment war ich zum erstenmal auf meine Mutter eifersüchtig.

Eigentlich hatte ich es gut. Eine Oma, die bereitwillig die Kinder betreute, einen Mann, der mit zupackte, und eine Haushilfe. Und ich nutzte jede nur mögliche technische Erleichterung. Manchmal gab ich dafür mehr Geld aus, als ich verdiente. Und trotzdem war eine Überlastungssituation vorprogrammiert, unter der alle Mitbeteiligten leiden mußten.

Damals wurde es bei uns üblich, an den Abenden zu arbeiten. Ich war immer mit schlechtem Gewissen belastet. Einmal, weil ich die Kinder in der Kindereinrichtung abgab, zum anderen, weil ich zuwenig zur fachlichen Arbeit kam.

Gab es Schwierigkeiten, hatten die Kinder immer Vorrang, aber manche Schwierigkeit mußte ohne mich gelöst werden, weil ich auf Reisen war. Aber der Mensch ist nirgends so kreativ wie in Situationen, in denen er sich rechtfertigen will. Ich sagte mir, daß meine Energie, stürzte ich sie gänzlich über meine Kinder, denen mit Sicherheit die Luft nehmen würde. Und so etwas war auf die Dauer ungesund.

Mein Sohn war ein anstrengendes Kind. Mit drei Jahren wollte er wissen, wie Eisen gemacht wird. Und das führte dazu, daß ich mich mit der Bessemer-Birne beschäftigen mußte. Oder er fragte: »Warum ertrinken die Ameisen nicht, wenn es regnet?« Woraufhin ich mich tagelang um einen kindnahen Begriff für die Oberflächenspannung bemühte. Einmal habe ich ihn zu einer Ballettgruppe gebracht. Plötzlich war er verschwunden. Als die Klavierspielerin voll in die Tasten griff, ertönte ein unharmonisches Wimmern. Die Frau zog meinen Sohn hinter dem total verstimmten Klavier hervor. Sie sagte zu mir, er dürfe nie wieder kommen, womit er sehr einverstanden war. Mir drohte sie die Kosten für den Klavierstimmer an. Mein Sohn war fünf Jahre alt. Er hatte Sommersprossen und rötliche Lokken. Fremde hielten ihn für ein Mädchen.

Meine Tochter hatte es ein bißchen schwer. Fast alle Nischen in der Familie waren besetzt. Was sie auch begann, immer gab es jemanden, der drinsaß. Schlimmstenfalls ihr Bruder, der, weil älter, besser war. Auf jeden Fall hatte sie eine gewisse Lebensklugheit und achtete zeitig auf ihre Wirkung bei anderen. Einmal hatten sie im Kindergarten Unterricht in Mengenlehre. An einem Elternabend, an dem die Kinder anwesend waren, wurde vorgeführt, was sie gelernt hatten. Die Erzieherin legte drei Puppen und drei Bausteine auf den Tisch. Dann fragte sie: »Was könnt ihr über diese beiden Mengen aussagen?« Meine Tochter meldete sich und sagte: »Diese beiden Mengen sind gleich.« Eine Antwort, für die sie gelobt wurde. Als ich sie später fragte, ob sie wirklich der Meinung sei, daß drei Puppen das gleiche sind wie drei Bausteine, antwortete sie: »Nein, aber wir sollen das so sagen.« Um sie mußte ich mir also keine Sorgen machen. Das unterschied sie von meinem Sohn und mir. Wir brachten es nicht fertig, unser Licht unter den Scheffel zu stellen. Das hätte uns manches erspart.

Oberflächlich gesehen, war alles ganz gut. Wir waren eine glückliche Familie. Wir waren ein glückliches Paar. Wir machten Karriere. Wir waren tüchtig. Wir durften reisen.

Doch wenn ich es recht bedenke, hatten wir einen Bekanntenkreis, aber kaum Freunde. Waren wir tüchtig, aber in Grenzen. Waren wir erfolgreich, aber nie zufrieden. Ich war eine Frau von Format. Aber das war ein großes Mißverständnis.

FRÜHMORGENS IST HERR G. immer gereizt. Das ist bei ihm ein chemischer Zustand. Man mischt sich dann besser nicht in seine Angelegenheiten.

Ich frage Herrn G. nach seiner Kriegsverletzung. Ich weiß nur, daß er einen Bauchdurchschuß hatte.

»Es war ein Himmelfahrtskommando«, sagt Herr G. Er hätte gewußt, daß es schiefgehen würde.

»Muß das sein!?« hatte er den Offizier gefragt.

Da hatte dieser seine Pistole gezogen und ihn bedroht.

»Sind wir hier in einem Jungmädchenverein oder bei einer Truppe, die Krieg führt. Sie können auch noch schneller zum Himmel fahren, Sie brauchen sich nur weiter so zu verhalten.«

»Der Russe nahm uns in die Zange. Niemand da, der uns abgesichert hätte. Es schien, als kämen die Geschosse von allen Seiten. Ich weiß nicht, wie lange ich da gelegen habe«, sagt Herr G. »Ich muß ohnmächtig gewesen sein. Ich hatte Erfrierungen an Füßen und Händen. Mich da rauszuholen, das war für die Kameraden nicht einfach. Sie mußten die Dunkelheit abwarten.«

Plötzlich wird Herr G. böse. Er sagt: »Ach laß mich in Ruh. Ich möchte nicht daran denken. Ich träume schon wieder davon.«

Er steht auf und fährt fort: »Als ich wieder richtig zu mir kam, spürte ich furchtbare Schmerzen. Ob ich wollte oder nicht, ich habe gebrüllt wie am Spieß.«

Eine Frau von Format

Mein Vater liebte meine Kinder sehr. Für ihn waren es Wunderkinder. Er konnte sich richtig in Begeisterung reden, und er begriff nicht, warum sich andere nicht so ohne weiteres anschließen wollten, eher kühl reagierten, denn fremde *Wunderkinder* ertragen die meisten Menschen noch schlechter als fremde Krankheiten. 1968 schenkte ich meinen Eltern einen Aufenthalt im »Heidehof«, einem einsamen, am Waldrand gelegenen Gasthof in der Nähe von Dresden. Dort ging mein Vater mit seinem Enkelsohn auf die *Pirsch*, während meine Mutter am Bett meiner kleinen Tochter blieb, die an Windpocken erkrankt war. In der Abenddämmerung trat das Wild genau dort aus dem Wald, wo es mein Vater vorhergesagt hatte.

Als ich sie wieder abholte, war er voller Freude, aber es war auch, als hätte er schon eine Ahnung. »Daß ich das noch erleben durfte!« sagte er, als wir im Auto saßen und Richtung Berlin fuhren.

Wenige Wochen später, an einem trüben Novemberabend – ich war gerade nach Hause gekommen und hatte meine Mutter bei den Kindern abgelöst –, rief mein Vater an und sagte, es ginge ihm nicht gut und ich sollte sofort zu ihm kommen. Wenn mein Vater so sprach, war es ernst. Ich organisierte schnell für die Kinder eine Aufsicht und fuhr zur Wohnung meiner Eltern.

Als ich dort ankam, war meine Mutter noch unterwegs. Die Nachbarin öffnete die Tür. Mein Vater saß im Sessel und war tot.

Ich sagte den Kindern, die drei und fünf Jahre alt waren, nichts vom Tod ihres Großvaters. Er war einfach nicht mehr da, und sie gewöhnten sich daran. Vielleicht war das falsch. Aber ich wollte ihnen keine Angst machen.

Mir selbst machte der Tod meines Vaters mehr zu schaffen, als ich erwartet hatte. Manchmal hatte ich das Bedürfnis, mit jemandem zu reden. Aber da war niemand mehr.

Wir waren in O.s Sinne glücklich. Wir hatten nie Zeit. Die Mathematik hatte die Operationsforschung überstanden. Der Niedergang, den ich erwartet hatte, blieb aus. Die Entwicklung verlief so schnell, daß sich ein Land, das modern sein wollte, keine Niedergänge leisten konnte. Es mußte eine bestimmte Pro-Kopf-Anzahl von Rechenzentren vorweisen. Und jedes Rechenzentrum brauchte eine bestimmte Anzahl von Mathematikern. Deren Ausbildung dauerte aber fünf Jahre. Beinahe hätte man den Absprung verpaßt. Das Studium wurde um ein Jahr verkürzt. Die Anzahl der immatrikulierten Mathematikstudenten erhöhte sich auf das Fünf- bis Zehnfache. Wer auch immer in einer anderen Fachrichtung abgelehnt wurde, bekam eine *Chance* in der Mathematik.

Nach meiner Habilitation wurde ich Honorardozentin an der Universität und blieb es, bis ich zwei Jahre später an der Akademie zur Professorin berufen wurde. Ich hatte für etwa hundert Studenten Vorlesungen, Übungen und Seminare zu gestalten. Es war meine erste Vorlesung, die ich hielt. Ich war nicht besonders stolz darauf. Die Studenten fürchteten sich vor meiner Prüfung fast so, wie wir uns vor der Einsiedel-Prüfung gefürchtet hatten. Zwei Studenten, die ursprünglich Medizin studieren wollten und die bei mir durchgefallen waren, kamen noch einmal zu mir. Ich hatte gesagt: »Stellen Sie sich vor, Ihr ganzes Leben auf einem falschen Dampfer.« Und dafür bedankten sie sich.

Ich wollte mein Tätigkeitsgebiet verbreitern. Bisher war ich im wesentlichen als Einzelgänger mit theoretischer Forschungsarbeit befaßt gewesen. Ich wollte mit anderen zusammenarbeiten. Um O., der auf einem Gebiet der mathematischen Statistik arbeitete, war eine kleine Gruppe im Entstehen. Ich wechselte nach meiner Habilitation in die Forschungsthematik von O. über.

Unsere Forschungsgruppe bestand anfangs aus der Abteilung von O. an der Universität und meiner Abteilung am Institut. Letztere spaltete sich später weiter auf. Außerdem nahmen einige Kollegen aus Anwenderbereichen am wissenschaftlichen Leben der Gruppe teil. Ich legte immer Wert auf organisatorische Voraussetzungen, die wissenschaftliche Leistungen und eine gute zwischenmenschliche Atmosphäre beförderten.

Weder O. noch ich wären fähig gewesen, allein eine Gruppe mit solcher internationalen Ausstrahlung aufzubauen, wie sie nun in wenigen Jahren entstand. Später kamen noch jüngere Kollegen mitgestaltend hinzu. Als ich meine *Kaderakte* aus dieser Zeit ausgehändigt bekam, stand darin, mir würde ein autoritärer Leitungsstil nachgesagt. Und der Schreiber wunderte sich, daß es keine Beschwerden gab.

Wenn Mitarbeiter von mir nichts mehr lernen konnten, schickte ich sie für einige Monate ins Ausland, dorthin, wo sie von international bekannten Wissenschaftlern betreut wurden.

Einmal erhielt ich Besuch von vier Studentinnen. Eine war hübscher als die andere. Sie wollten alle vier nach dem Studium bei mir arbeiten, und ich hatte zwei Stellen zu besetzen. Ich fragte, ob sie bereit wären, mit dem Kinderkriegen bis nach der Promotion zu warten. Ich war mir bewußt, daß ich eine solche Frage nicht stellen durfte. Und eigentlich war es nur als Spaß gemeint. Aber es meldeten sich sofort zwei, und die nahm ich, weil sie so dreist logen. Beide hatten natürlich zwei Kinder, als sie ihre Doktorarbeit verteidigten. Eine der beiden ist heute in Uppsala Professorin. Einer meiner Schüler ist heute an der Universität in Ithaca Professor, ein anderer ist Professor an einer Fachhochschule. Es gibt keinen Versager. Ich habe inzwischen wissenschaftliche Enkel und Urenkel. Die Gruppe ist zerfallen, aber das ist normal.

Eine wissenschaftliche Gruppe muß die Klassiker und die Romantiker haben. O. war bei uns der Klassiker. Er war sehr kritisch und hatte einen großen Überblick. Sein Satz: »Ich glaube, das habe ich schon dort und dort gelesen« war gefürchtet. Meistens stimmte es. Ich war mehr Romantikerin. Ich suchte nach neuen Ideen, und ich hatte welche, wenn auch von ihnen 96 Prozent schon da waren oder sich als unsinnig erwiesen. Das kritische Moment, das O. einbrachte, war hilfreich, weil es vor sinnlosen Anstrengungen bewahrte. Wenn sich ein Gedankengang aber bewährte, vergaß O. sehr schnell meinen Anteil. Im Anfang machte mir das nichts aus. Einmal, weil es meistens nur kleine Dinge waren, zum anderen, weil mir die Sache wichtiger war als mein Erfolgserlebnis. Aber ich wurde mit der Zeit empfindlicher.

Ich reiste sehr viel. Unsere Verbindungen reichten bis Indien. Es war mir gelungen, die Zusammenarbeit mit dem Indischen Statistischen Institut ins Regierungsabkommen einzubringen. Im Januar 1977 nahm ich als Gast der indischen Regierung an einem großen nationalen Wissenschaftskongreß in Delhi teil. Nach dem Kongreß war ich noch eine Woche in Kalkutta, um die Aufenthalte meiner Mitarbeiter vorzubereiten.

Es war eine Traumreise. Die ausländischen Gäste wurden nach der Konferenz noch zu Ausflügen über Land zu berühmten Sehenswürdigkeiten eingeladen. Wir wohnten in den besten Hotels und bekamen das feinste Essen. Aber es wollte uns nicht schmecken. Besonders in Kalkutta nicht, wo unzählige Menschen seit Jahren auf der nackten Straße lebten. Sie streckten ihre Hände bettelnd nach uns aus, hoben uns verstümmelte Kinder entgegen, und die Leprakranken näherten sich mit ihren Wunden. Wir waren gewarnt worden. Wenn wir etwas geben würden, könnten wir uns ihrer nicht mehr erwehren.

Manchmal bohrte jemand eine Wasserleitung an. Dann kamen sie mit allerlei Blechbüchsen angelaufen, um sich schnell ein bißchen Wasser zu sichern, bevor die Polizei für Ordnung sorgte und das Loch wieder schloß.

Nachts waren die Straßen voll. Jeder hatte seinen Schlafplatz. Manche deckten sich mit alten Zeitungen zu. Gegen Morgen kamen Lastwagen, und die Toten wurden aufgesammelt. Nach anfänglichem Grauen gewöhnte man sich erschreckend schnell daran, über das Elend hinwegzusteigen.

In Indien habe ich zum erstenmal das Gefühl gehabt, daß ich in einem großen Land war, in dem man verlorengehen konnte.

Als ich nach Hause kam, hatte es im Institut Veränderungen gegeben. Der Direktor war emeritiert. Und sein Nachfolger war K., den ich später in meinen Geschichten den *Alten* nannte, obwohl er noch genauso aussah wie damals, als er mit anderen in unseren Hörsaal eingedrungen war, weil wir nicht am Arbeitseinsatz teilnehmen wollten. Er hatte die Geschäfte schon eine Weile geführt, aber nun hatte er freie Bahn.

Die Veränderungen des Leitungsstils waren auf allen Ebenen zu merken. Man mußte dem Alten zugestehen, daß es ihm gelang, andere für seine Ziele zu gewinnen, ja sogar zu begeistern.

Die Wissenschaft war vielleicht der Teilbereich, in dem

sich die führende Rolle der Partei am schwierigsten durchsetzen ließ. Im Mathematisch-Naturwissenschaftlichen Dekanat führte noch immer Frau Riedl, die Sekretärin des Dekans, der sie walten ließ. Sie hatte die Habilschrift vom Alten, auf der nur noch die Unterschrift des Dekans fehlte, am selben Tag, an dem der Alte sie gebracht hatte, als Fußbodenausgleich unter ihrem Büroschrank verwendet, der vorher gefährlich gewackelt hatte. Seitdem hatte sie schon oft nach dieser Arbeit gesucht, aber vergeblich, die blieb verschollen, und das vier Jahre lang. Erst jetzt gestattete sie ihm, selbst nachzusuchen. Und als er sie fand, sagte sie nur: »Nun möchte ich wirklich mal wissen, wer so was macht.«

Die Herren Professoren waren nicht gerade glücklich über den Umgang, den der Alte mit ihnen pflegte. »Dem ist nichts heilig, der ruiniert die Mathematik.« Da war ihnen O. lieber, der immer höflich und achtungsvoll mit ihnen sprach.

»Hier sitzen zu viele auf Tauchstation«, sagte der Alte und daß er das Institut am liebsten gesundschrumpfen würde, wenn nicht das Arbeitsgesetzbuch dem im Wege stünde.

Er war unfähig, Leistungen differenziert zu beurteilen, und er konnte Menschen, die mit sich in Einklang waren, nicht ausstehen. Er bezog sein Selbstwertgefühl aus einem hohen Anspruch, dem er nicht genügte, dem niemand genügte. Viele suchten bei ihm Bestätigung, worauf er auch eine Zeitlang einging, bis er das Haar in der Suppe fand. »Da ist immer eins«, sagte er. Es gab Mitarbeiter, die von ihm außerordentlich beeindruckt gewesen waren und die krank oder wunderlich wurden, weil er sie fallenließ.

Der Alte war gern Direktor, schon weil er keinen Direktor über sich ertragen hätte. Er konnte sich nicht vorstellen, daß es einen Menschen gab, der nicht Direktor werden wollte. Und er wachte sorgsam darüber, daß niemand an seinem Stuhl sägte.

Eines Tages wurde meine Abteilung in seinen Berichten ganz unmittelbar von einer tragenden Säule zu einer morschen Säule des Institutes. Das war nach der Tagung der Institutsdirektoren in Neubrandenburg, zu der man mich eingeladen hatte, ohne ihn zu fragen. Ich erklärte mir das daraus, daß keine weitere Frau in der Runde saß. Der Alte schloß daraus, daß man mich für höhere Leitungsfunktionen vorgesehen hatte.

Als er in meine Arbeitsgruppe auf sehr unproduktive Weise eingriff, machte ich eine Eingabe an die übergeordnete Leitung. Ich war eine Kämpferin. Ich ließ mich nicht aufs Glatteis locken, sondern blieb immer bei der sachlich-fachlichen Argumentation. Wir waren Feinde, aber Feinde, die Achtung voreinander hatten. Und das war wohl das Äußerste, was der Alte auf die Dauer aufbieten konnte.

In dieser Situation verliebte ich mich in T., der jünger als ich und mein Mitarbeiter war. Das war unmöglich, soviel verstand ich sofort. Und als der Parteisekretär, ein junger Mann, der dem Direktor hörig war, mir Mitteilung machte, daß in der *Funktionale* das Gerücht umgegangen wäre, ich hätte ein Verhältnis mit meinem Mitarbeiter T., sagte ich: »Ich habe keins. Aber ich hätte es gern.«

Am letzten Adventssonntag treffen wir uns bei S. Wie immer.

Ich sitze im Sessel und fühle mich wohl. Sie sind fast alle gekommen. Der Termin ist nicht sicher gewesen. Es wollte schon jemand als Gastgeber einspringen. Aber S. ist pünktlich zurück und bringt wie immer die Platte mit dem dampfenden Zwiebelkuchen herein. Rotwein wird eingegossen. Die alte Pyramide aus dem Erzgebirge dreht sich. Alles ist strenges Ritual. Die Abteilung für Statistik, die wir einmal waren, gibt es nicht mehr. Aber wir tragen noch etwas in uns, wir haben eine Fülle von Erfahrung miteinander gemacht. Und gerade daraus wächst Vertrautheit.

Später gibt es Bratäpfel. Und wir plaudern noch ein bißchen. Wir wissen etwa, wie lange jeder bleiben wird. Ich gehe zuerst, T. geht bestimmt als letzter. Wir haben keine tiefsinnigen Gespräche geführt, aber jeder würde etwas missen, bliebe die Einladung aus.

UNSERE BEZIEHUNGEN ZUR Universität in Havanna waren mehr eine Hilfeleistung von uns als eine Zusammenarbeit.

Am Flugplatz Havanna hatte einer meiner Abholer gefragt: »Habla usted español?« Und ein anderer aus dem Kreis hatte für mich geantwortet: »Claro. Cómo no!« Und los ging es.

Und was ich hörte, erinnerte mich überhaupt nicht an das Spanisch, das ich sechs Wochen lang mit meiner Schwiegermutter gepaukt hatte. Es schien eine ganz andere Sprache zu sein.

Ich nickte ergeben zu allem mit dem Kopf und hoffte, daß es in Ordnung gehen würde. O. würde einige Tage später nachkommen. Seine Reisebestätigung war noch nicht dagewesen. Erst einmal mußte ich allein ins Feuer. Ich sollte an der Universität von Havanna Vorlesungen halten, Seminare durchführen und die Studienpläne überarbeiten. Ich hatte ganz einfach anfangen und möglichst wenig Technik voraussetzen wollen. Die erste Vorlesung hatte ich schon vorbereitet. Mit anschaulichen Beispielen. Als ich die Studienpläne schwarz auf weiß vor mir hatte, war ich erstaunt. Solche Studienpläne hätte ich mir zu Hause auch gewünscht. Es gab nichts mehr, was ich noch ergänzen mußte. In meiner Not schrieb ich ihnen noch einiges hinein, was aber so theoretisch war, daß ich mir nicht vorstellen konnte, daß sie es irgendwann gebrauchen sollten. Und meine erste Vorlesung änderte ich total.

Die Studenten saßen mit teilnahmslosen Gesichtern da, und ich merkte, daß ich vollkommen über sie hinweg sprach.

Es gab eine internationale Bewegung, *Hilfe für Kuba*. Und die Spezialisten, die dagewesen waren, vor allem Franzosen, hatten die Lehrpläne jedesmal überarbeitet, und jeder hatte seinen Senf dazugegeben. Ich begriff schnell, daß die Lehrpläne nur auf dem Papier standen. Da fast die ganze Intelligenz, auch die vom Gebiet der Mathematik, Kuba verlassen hatte, gab es große Schwierigkeiten bei der Ausbildung von Studenten. Sie versuchten, sich am eigenen Zopf aus dem Morast zu ziehen, indem das höhere Studienjahr dem nachfolgenden die Vorlesung halten mußte. Zwischenfragen waren nicht erlaubt.

Das nächste Mal begann ich doch ganz von vorn, mit den einfachen Beispielen. Es war für mich sprachlich leichter, selbst Vorlesungen zu halten, als Seminare durchzuführen, in denen sie Vorträge halten mußten. Der Vortragende, ein Rothaariger in Milizuniform – alle hatten einen Zweitberuf – sprach über Markowsche Ketten und verhedderte sich immer wieder. Auf meine Zwischenfragen konnte er sich nicht konzentrieren. Plötzlich merkte ich, daß er sehr erregt war, denn ich kränkte seinen Stolz. Ich sah seinen Colt im Gürtel, bekam einen Schreck und ließ ihn reden.

Einen Tag vor unserer Abreise erfuhren wir, daß uns abends ein Comandante de la Revolución empfangen würde. Gegen 23 Uhr kam ein Auto und holte uns ins ZK.

Fidel Castro gefiel mir sofort, wie er uns in seiner Uniform gegenübersaß, seinen Colt neben sich auf dem wuchtigen Schreibtisch, und nicht recht wußte, was er mit uns anfangen sollte.

Erst versuchte er es mit einer Ananas. Es war die saftigste

und süßeste Ananas, die ich je gekostet hatte. Doch war es etwas schwierig, sie zu essen. Fidel nahm die Scheiben einfach in die Hand. Ich versuchte, ihn nachzuahmen, und wischte am Ende verstohlen meine klebrigen Hände an dem blauen Strickkostüm ab, das einzige, was ich noch zum Anziehen dagehabt hatte, denn unsere Koffer waren schon abtransportiert.

Danach wußten wir wieder nicht weiter.

Fidel und O. wechselten einige Höflichkeiten über Tamara und über die Unterschiedlichkeit von Geschwistern.

Da begann Fidel kurz entschlossen das zu tun, was er am besten konnte, er hielt uns eine Rede. Diese kam mir zwar ökonomisch fragwürdig vor, aber sie wurde so dargeboten, daß jeder Widerspruch ausgeschlossen war. Er begann mit der Frage, ob es bei uns zu Hause Südfrüchte zu kaufen gäbe. Er wartete unsere Antwort nicht ab. Er erwiderte sich selbst: »Naturalmente no.« Die Versorgung aller sozialistischen Länder mit Südfrüchten war mangelhaft. Und er glaubte, diesen Mangel in kürzester Zeit beheben zu können. Mein Schwiegermutterspanisch reichte zwar für eine mathematische Vorlesung aus, aber nicht zu einer Diskussion mit einem Staatsoberhaupt. O., dem ich einiges soufflieren wollte, versagte auch. Kurz, wir waren rechte Langweiler. Und das war vielleicht gut so.

Fidel Castro sah auf die Uhr, und die Audienz war beendet.

Doch nicht die großen exotischen Reisen brachten mir eine wichtige Selbsterkenntnis, sondern eine kleine Tagung in Prag, die von einer Gruppe veranstaltet wurde, welche sich der Asymptotik widmete.

Die Tagung fand zu Ehren des Leiters dieser Gruppe statt, der ein sehr angesehener Wissenschaftler war und der an einer bösartigen Krankheit litt, an der er bald sterben würde. Alle seine Freunde, und es waren viele, waren gekommen. Bei dem gemeinsamen Abendessen saßen die Berühmtheiten an einer Tafel in der Mitte des Raumes. Fast alle zeichneten sich dadurch aus, daß es wenigstens ein Ergebnis von ihnen gab, das die internationale Wissenschaftlergemeinde mit ihrem Namen verband. Da gab es »den Satz von A.« oder »die Vermutung von B.«.

Die übrigen saßen an kleinen Tischen rundherum. Ich saß mit T. und zwei Bulgaren an einem dieser äußeren Tische. Da wußte ich plötzlich, daß ich nie an diesen mittleren Tisch gelangen würde. Und ich sah ganz klar vor mir, was passieren würde. Ich hatte von Ziel zu Ziel gearbeitet. Es war wie eine Leiter, die ich angelegt hatte. Ich war am Ende angekommen. Plötzlich hatte ich überhaupt keine Freude mehr an der Mathematik. Vielleicht denkt jemand, der mit Wissenschaft nichts zu tun hat, daß dies eine Blamage wäre, aber in Wirklichkeit ist es der Normalfall. Da ähnelt das Ganze dem Leistungssport. Man braucht den Sockel der Pyramide, um die Spitze draufsetzen zu können. Um noch mal mit dem Sport zu vergleichen: Die Mathematik ähnelt dem Sprint, und die Geisteswissenschaften ähneln dem Langlauf. Im ersten Fall kann man schnell hohe Leistungen vollbringen, aber man wird früher alt. Im zweiten braucht man eine Menge Erfahrung, und die körperliche Anstrengung ist über einen längeren Zeitraum verteilt.

Wie im Leistungssport wäre in der Mathematik der rechtzeitige Absprung sehr wichtig. Aber wohin soll er springen, der Mathematiker?

Doch nicht nur die Betroffenheit durch die Mathematik, sondern das ganze Drumherum ging mir damals in Prag auf die Nerven. Ich war seit 1968 zum erstenmal wieder in Prag, und ich fand es sehr verändert vor. Vor allem die Menschen selbst. Einige fehlten ganz. Fragte man nach ihnen, brachte man sein Gegenüber in Verlegenheit. Andere, mit denen früher immer ein offenes Wort möglich gewesen war, entzogen sich jetzt jedem Gespräch. Ich, die ich von mir behauptet hatte, Prag wäre mir wie eine zweite Heimat, war in ein fremdes Land gekommen. In ein Land, in dem das Vertrauen der Menschen untereinander zerstört war. In dem eine schwer beschreibbare Feindseligkeit schwelte. So empfand ich es jedenfalls.

Als ich wieder zu Hause war, beschwerte sich eine Studentin, daß sie in meiner Vorlesung jeglichen Klassenstandpunkt vermisse. Ich fühlte mich vollkommen überlastet. Wenn ich abends noch lange gearbeitet hatte, um die Vorlesung vorzubereiten, hatte ich Mühe, morgens pünktlich aus dem Bett zu kommen. Ich trank immer stärkeren Kaffee. Immer häufiger litt ich an Migräneanfällen. Manchmal wachte ich nach kurzem Schlaf wieder auf, und die Termine vom nächsten Tag gaukelten durch meinen Kopf. Ich versuchte mit O. darüber zu reden, daß mir die Kräfte fehlten, die man brauchte, wenn man sich ernsthaft mit mathematischen Themen befaßte.

O. und ich stritten uns nie, außer beim Arbeiten. Da konnte es sogar ziemlich heftig zugehen, so daß die Kinder erschraken. Frühmorgens war es immer schwieriger, in eine Verfassung zu kommen, die man für eine Zusammenarbeit mit O. brauchte. Mir war zumute, als säße ich auf einem anderen Stern. O. fühlte sich durch die Veränderungen, die mit mir vorgingen, persönlich angegriffen. Wenn ich mich nicht konzentrieren konnte, kommentierte er: »Du kannst schon, du willst bloß nicht.« Wenn ich leise sprach, formte er seine Hände zu einem Trichter und hielt sie an sein Ohr und fragte mich, warum ich so unsicher wäre. Und auch meine vornübergeneigte Haltung mißfiel ihm sehr.

Wahrscheinlich war es ein Fehler gewesen, daß wir ein

gemeinsames Thema bearbeiteten, auch wenn es in verschiedene Gebiete zerfiel. Aber die gemeinsamen Tagungen und Reisen wurden für uns besonders fruchtbar, da wir unmittelbar miteinander im Gespräch waren. Darum wurden wir allgemein beneidet. Aber eine zu große Nähe ist einer Partnerschaft abträglich. Schon allein deshalb, weil der Partner all die kleinen Peinlichkeiten, die einem passieren, miterlebt. Im Normalfall legt man sich auf dem Weg nach Hause die Sache schon ein bißchen zurecht. Da wird nur ein bißchen geschoben, und schon sieht die eigene Rolle günstiger aus. Erzählt man dann zu Hause davon, ist man schon bei »Dem hab ich's aber gegeben« angelangt. Und wenn es der Partner glaubt, kann man es auch selbst so sehen. Das funktioniert nicht, wenn man so eng zusammenarbeitet wie O. und ich. Im Gegenteil. Man erlebt die kleinen Schnitzer des Partners, und die sind schlimmer als die eigenen. Ich fühlte mich durch die Haltung von O. sehr getroffen, weil ich selbst nicht weiterwußte.

Die Ärzte, die ich aufsuchte, behandelten mich auf Schulter-Arm-Syndrom, verschrieben mir Reizstrom und wunderten sich, daß ich hinterher zitterte. Außerdem wollten sie noch ein Zwölffingerdarmgeschwür entdeckt haben und verordneten mir Milchdiät, die mich fürs erste lahmlegte. Milch hatte ich schon als Säugling nicht vertragen.

Einen Neurologen suchte ich nicht auf.

Ich hatte in dieser Zeit eine sehr kleine Schrift und kam mit Handzetteln aus. Die Zeilenenden bogen sich nach unten.

Aber das war alles nichts gegenüber dem dumpfen Druck, den ich in der Magengegend spürte, und dem Gefühl der Aussichtslosigkeit, womit sich kein körperlicher Schmerz messen konnte.

»Ich seh dir das sofort an«, sagte meine Mutter, »dann ist

dein Gesicht ganz grau. Geh und leg dich hin, ich mach das schon.«

Solange mein Vater noch lebte, war ich mit meiner Mutter gut ausgekommen, weil sie einen Teil ihrer Aktivität auf meinen Vater richtete. Als dieser nicht mehr da war, klammerte sie sich ganz und gar an meine Kinder. Und konnte nicht loslassen. Es passierte, daß eins meiner Kinder zu mir in mein Zimmer kommen wollte, und meine Mutter verbot das, mit der Begründung, es müßte schlafengehen oder ich müßte meine Ruhe haben, weil ich krank wäre. Sie ging auch abends nicht mehr zeitig nach Hause, sondern fand immer neue Vorwände, den ganzen Abend bei uns zu verbringen, so daß wir niemals mehr allein waren. Ich hatte nicht die Kraft, das zu unterbinden. Bei dem kleinsten Versuch, einen Freiraum für uns zu schaffen, beschwerte sie sich bei ihren Freundinnen, die sie in dem Gefühl bestärkten, daß ihr Unrecht geschähe.

»Als sie dich gebraucht haben, warst du gut. Nun bekommst du einen Tritt.«

Als wir einmal eine Auseinandersetzung darüber hatten, versicherte sie mir: »Für dich habe ich das nicht gemacht. Das sind meine Kinder.« Sie war gewöhnt, mit uns in Urlaub zu fahren, und wir gewöhnten uns daran, Arbeitsunterlagen mitzunehmen. Denn das war unsere letzte Bastion gegen meine Mutter.

Da sie das Heranwachsen der Kinder nicht wahrhaben wollte, gab sie mir die Schuld, wenn es Streit gab. Sie haßte mich deswegen, was sie aber nicht hinderte, gleichzeitig stolz auf mich zu sein.

Eigentlich war ich rundum überflüssig. Meine Mutter und die Kinder kamen ohne mich zurecht. In der Mathematik war ich an meine Grenzen gekommen. Und mein Verhältnis zu O. wurde kühler. Irgend etwas war falsch in meinem Leben. Da ich mir nicht vorstellen konnte, daß die

Ursache für meine Beschwerden lediglich ein falscher chemischer Zustand in mir war, suchte ich die Gründe in meiner Umgebung. Es lag nahe, O. und der Mathematik die Schuld für meine Mißstimmung zu geben.

In dieser Zeit nahm ich an einem Kurs für Leitungskader teil. Dort waren Mitarbeiter der Akademie aus verschiedenen fachlichen Disziplinen versammelt. Wir hatten dreimal im Jahr je eine Woche miteinander zu tun. Ich erinnere mich, daß die Vorträge, die wir geboten bekamen, und die Übungen, die wir machten, von guter Qualität waren und daß jemand, der das auswertete, sehr gut über die Fähigkeit und die Zuverlässigkeit jedes Teilnehmers urteilen konnte. Aus meiner Sicht spaltete sich der Kurs im dritten Jahr auf. Die einen hatten immer weniger Zeit zur Teilnahme und ließen sich von ihrer Sekretärin entschuldigen. Das waren die künftigen *Nomenklaturkader*. Die anderen trafen sich abends, sangen sentimentale Lieder und dachten über den Sinn des Lebens nach. Ihre Karriere war zu Ende.

Ich war Spezialist für den Sinn des Lebens.

Ich fühlte mich krank. Aber meine Blutwerte waren hervorragend, der Herzschlag normal. Ich kam mir vor wie ein Drückeberger. Ich versuchte auf verschiedene Weise mein Leben zu ändern. Das war nicht einfach. Denn auf den ersten Blick schien es, als wäre mein Weg von der Wiege bis zur Bahre festgelegt, und zwar auf das beste festgelegt. Vielleicht ging es mir wirklich zu gut.

Ich konnte die Mathematik kaum noch ertragen. Ich empfand eine fast ins Körperliche gehende Abneigung gegen sie. Manchmal, wenn ich das Auto auf dem Parkplatz abstellte, hoffte ich, das Institut sei über Nacht verschwunden. Aber immer stand es noch da, wie ich es seit 15 Jahren kannte. Nachmittags fiel ich in einen Erschöpfungszustand.

Ich hatte den Eindruck, daß mein geometrisches Vorstellungsvermögen nachließ. Ich merkte es beim rückwärtigen Einparken. Und beim Billardspielen.

Wenn jemand Angst hat oder von Traurigkeit geplagt wird, dann denkt er nicht an den chemischen Zustand in seinem Zentralnervensystem. Er denkt: Warum habe ich jetzt Angst? Oder: Wovor habe ich jetzt Angst? Sucht also nach Gründen, die außerhalb liegen. Und solche Gründe gibt es immer. Und je mehr er es denkt, um so mehr werden die Gründe Angstauslöser.

Ich war ein Workaholic, also arbeitssüchtig, und machte den Fehler, mir mehr aufzuladen, anstatt die Belastung zu verringern.

Mein erster Versuch, ein neues Leben zu beginnen, führte mich in die SED. Ich wollte etwas tun, was meine Depressionen linderte. Die Partei, machterfahren, hatte für solche Leute wie mich Aufgaben bereit. Ich wurde kooptiert. Das heißt, ich wurde ohne Wahl Mitglied der Frauenkommission der Kreisleitung, wo ich keinen Schaden anrichten, aber Parteidisziplin lernen konnte. Man konnte nicht einfach hingehen und sagen: Hallo, hier bin ich, ich möchte mitspielen. Nein, ein Parteieintritt, oder besser, eine Aufnahme in die Partei war eine sehr ernste Angelegenheit, mindestens so ernst wie Taufe und Konfirmation zusammengenommen. Aber erst mußte höheren Orts grünes Licht gegeben werden, ehe man geworben wurde. Man brauchte zwei Bürgen und wurde Kandidat, wenn die Grundorganisation zustimmte. Und die stimmte immer zu, wenn der Antrag höheren Orts genehmigt war. Nach einem Jahr Kandidatenzeit hatte man allmählich die notwendige Reife, Mitglied zu werden.

Als der Sekretär den jämmerlichen Nelkenstrauß holte, der hinter dem Schrank in dem Blecheimer vor sich hin welkte, waren alle ein bißchen gerührt. Auch ich. Ich war jetzt mit allen per du, und ich wollte ein guter Kommunist werden.

Als ich in die Frauenkommission kam, passierte lange Zeit gar nichts. Dann führten wir eine Tagung durch, auf der wir uns dagegen wehrten, als geförderte Frauen angesehen zu werden, weil dem etwas Negatives anhing. In Wirklichkeit mußten wir gleiches wie die Männer leisten, wenn nicht mehr. Das war das Ende meiner Zeit in der Frauenkommission. Ich wurde mit höheren Aufgaben betraut und als Mitglied in die Kreisleitung gewählt. Da wurde man ab und zu aufgefordert, in den Sitzungen zu einem bestimmten Thema etwas Bestimmtes zu sagen. Ich habe nie herausgefunden, ob auch mal jemand ohne vorherige Abstimmung zu Wort kam. Einmal hatte ich mich ohne Aufforderung gemeldet. Als alle schon ermüdet waren, sagte der Erste Sekretär: »Es liegen noch zwei Wortmeldungen vor. Seid ihr einverstanden, daß wir die Genossen bitten, ihre Beiträge schriftlich bei uns einzureichen?« Und damit war die Sache erledigt.

Ich erkannte immer mehr, daß ich durch meinen Parteieintritt Teil einer gewaltigen Inszenierung geworden war. Einer Inszenierung der Macht, die schon wieder »Bewunderung« verdiente.

Der Empfang bei Fidel hatte sich herumgesprochen, und ich wurde wegen meiner Nähe zum revolutionären Weltprozeß für würdig befunden, mit dem Präsidenten der Akademie und dem Ersten Kreissekretär ins ZK zu gehen, um die Wanderfahne des ZK für gute Leistungen für die Akademie in Empfang zu nehmen. Ich kannte da niemanden und stand an eine Säule gelehnt und beobachtete das Treiben. Alle versuchten in den Dunstkreis der Mächtigen zu kommen. Und am Ende fuhr der Erste Sekretär mit dem Dienstwagen des Präsidenten und der Wanderfahne nach Hause.

Der Präsident ging zu Fuß, und ich stieg zur U-Bahn hinunter und dachte, daß man die Geschichte nur historisch sehen mußte. Eine Wanderfahne für gute Leistungen. Da hatte es Schlimmeres gegeben. Als beispielsweise ein Preußenkönig den Präsidenten der Akademie zum Hofnarren gemacht hatte.

Ich versuchte mir vorzustellen, was der Erste Sekretär zu Hause mit der Fahne machte. Ich malte mir aus, er ginge in sein Schlafzimmer und versuchte, die Fahne zusammengerollt auf den Wäscheschrank zu schieben. Die Fahne würde ein paarmal zurückrutschen, weil da oben schon andere Sachen lagerten. Bis er sie, mit einem kräftigen Ruck hinten gegen die Wand stieß.

Ich begriff, daß sich durch meinen Eintritt in die Partei kein neuer Weg für mich eröffnete. Es schlossen sich höchstens welche, weil man durch diesen Schritt etwas bekannte, was man vorher unausgesprochen gelassen hatte. Ob man es akzeptieren wollte oder nicht, man gehörte zu einer neuen Gemeinschaft, die einem wenig eigenen Spielraum ließ.

ICH WAR LÄNGST überzeugt, daß das eigentliche Leben nur ein Hirngespinst der Pubertät gewesen war. Jedenfalls für mich. Vielleicht war ich zu nüchtern. Doch dann brach es plötzlich über mich herein.

Ich war achtunddreißig Jahre alt. Ich sah mich gern im Spiegel an, und was ich sah, gefiel mir. Nur die Anfälle von Erschöpfung wollten nicht dazu passen.

»Das sind die Wechseljahre«, sagte meine Mutter. »Nimm dir ein Beispiel an mir!«

Ich hatte ihr eine Arbeitsstelle als Aufsicht im Museum verschafft. Und sie ging gern dahin. Wenn sie jünger gewesen wäre, hätte sie alle Chancen gehabt, Oberaufsicht zu werden.

O. sagte: »Das sind so kleine Krisen. Du hast doch immer alles in den Griff bekommen.«

»Dir ist es immer zu gut gegangen!« sagte der eine oder der andere. Oder dachte es wenigstens.

Nachdem ich den Winter mit Wiederholungsprüfungen und Milchkuren verbracht hatte, entzog ich mich der Gewalt der Ärzte und reiste im Mai mit O. als »Undfrau« zu einer Tagung nach Varna. Ich war übermütig wie lange nicht, als hätte ich jemandem ein Schnippchen geschlagen, weil ich am Damenprogramm teilnehmen konnte und das wissenschaftliche Programm mich nichts anging. Eigentlich hätte es mich interessieren müssen, aber es war mir völlig gleichgültig, ob jemand eine Abschätzung verbessert oder neue Eigenschaften von Punktprozessen nachgewiesen hatte.

Als der *Prinz* auf der Bildfläche erschien, war ich gerade dabei, einen langen Brief an meine Kinder in den Briefkasten zu werfen. Er trug mir das Geleit an wie ein echter Prinz. Wir kannten uns, oberflächlich, schon seit der Zuverlässigkeitszeit. Ich wußte von ihm nicht viel, ich wußte nur, daß er Schüler vom Alten und ein Vertreter der echten Zuverlässigkeitstheorie war. Ansonsten gab es nichts, was ihn für mich sichtbar hervorgehoben hätte. Da er einst in die Fänge vom Alten geraten war, konnte es gut sein, daß er mit Minderwertigkeitsgefühlen zu kämpfen hatte. Ich hatte gelernt, solche Menschen mit Vorsicht zu behandeln.

Wir machten einen großen Umweg am Meer entlang. Unser Gespräch enthielt nichts Bemerkenswertes. Ein

Mann beschwerte sich über seine Frau. Sie wäre unkonstruktiv. Und auch die leere Floskel, mit der er endete: »Denk an mich, wenn du dich einmal scheiden läßt«, hatte sicher nicht die Bedeutung, die ich heraushören wollte. Alles, was wir sagten, war banal.

Aber ich steckte in einer Lebenskrise und griff nach jedem Strohhalm. Ich hatte zu hastig gelebt und stand nun da und wußte nicht weiter. Außerdem fühlte ich, daß etwas mit mir nicht in Ordnung war. Aber es war keine übliche Krankheit. Es war nur eine Menge negativer Befindlichkeiten, deren Zusammenspiel schwer zu beschreiben war. Unter dem Druck meiner inneren und äußeren Probleme kam mir der Prinz wie das Geschenk einer guten Fee vor. Ich verliebte mich sofort in ihn, und das in einer Heftigkeit, wie ich es nie für möglich gehalten hätte.

Abends bereitete O. seinen Vortrag vor. Er war am nächsten Tag dran. Ich ging mit anderen in ein Weinrestaurant und behielt die ganze Zeit die Tür im Auge, in der Hoffnung, daß der Prinz auftauchen würde. Als er schließlich wirklich kam, liebte ich schon alles an ihm, seine Stimme, seine Art zu lachen, seinen Übermut. Ich saß ganz still da und war glücklich. Auf dem Heimweg blieben wir hinter den anderen zurück. Und wie alle Verliebten erzählten wir aus unseren Leben, gingen am Strand entlang und fanden kein Ende.

Als ich in unser Gästehaus kam, schlief O. schon. Draußen ging die Sonne auf. Ich setzte mich in eine Ecke und schrieb ein Gedicht.

Der Prinz konnte nicht ahnen, was in mir vor sich ging. Ich war bis dahin immer vernünftig gewesen und hatte den Ruf, eine clevere Karrierefrau zu sein.

Ich steckte das Gedicht in ein Kuvert und gab es für den Prinzen bei der Rezeption ab. Dieser kam sehr spät zum Frühstück, verzog sich in die äußerste Ecke und kehrte uns den Rücken zu. Als wir aneinander vorübergingen, flüsterte er mir zu: »Das Gedicht gefällt mir.«

Ich sagte mir vergebens, daß diese Sache keine Chance bedeutete. Ich hätte nach Sachsen ziehen müssen. Meine Kinder wären nicht mitgekommen, und er hätte sie auch nicht haben wollen. Ich hätte alles hinter mir lassen müssen: Beruf, Familie und das Schreiben. Und mit letzterem hatte ich gerade begonnen. Es war überhaupt keine gute Idee. Das sah der Prinz genauso. Keinesfalls wollte er Ärger mit O. bekommen. Das sagte er mir dann in wohlgesetzten Worten. Ich ging in mein Zimmer und bekam einen Weinkrampf.

Der Prinz hatte noch in Sofia zu tun und reiste eher ab. Er würde drei Tage nach mir in Schönefeld mit dem Flugzeug landen und mit dem Dienstwagen abgeholt werden. Das hatte ich mir gemerkt, nur die Uhrzeit kannte ich nicht. Ich nahm den ganzen Tag frei und wartete auf die Flüge, die aus Sofia ankamen. Am späten Nachmittag stiegen er und ein anderer leitender Mitarbeiter aus seiner Hochschule aus dem Flugzeug. Ich stellte mich so auf, daß er mich sehen mußte. Ich selbst tat völlig fremd. Sie gingen an mir vorbei. Und ich dachte schon, daß er mich nicht erkennen wollte. Da kam er allein zurück, und wir fielen einander in die Arme. Er sagte: »Ich hatte so gehofft, daß du da wärest.«

So ging das einen ganzen Sommer lang. Es war ein Wechselbad der Gefühle.

Ich konnte meinen Zustand nicht vor O. verbergen. Er war verständnisvoll, wir gingen höflich miteinander um und sagten, daß wir trotzdem einander noch sehr gern hätten. Das glaubten wir fest.

Der Prinz hatte viele Ängste. Er war überzeugt, daß man höheren Orts über uns alles wußte. Er hatte Angst vor O. und vor seiner Frau. Und er hat wahrscheinlich die ganze

Zeit, in der wir zusammen waren, darüber nachgedacht, wie er aus der Sache möglichst wenig beschädigt wieder rauskäme. Er war äußerst umsichtig, keine Spuren zu hinterlassen. Die Vorstellung davon, was er wirklich gedacht hatte, bereitete mir später große Schmerzen.

Im September hatte ich einen Sprachlehrgang für Russisch in Moskau zu absolvieren. Es war mein letzter Versuch, und ich war hoch motiviert gewesen. Ich wohnte drei Wochen lang in einem heruntergewirtschafteten Haus in der Gorkistraße, das in der Zarenzeit einen Puff beherbergt hatte. Die Wände der Zimmer machten den Eindruck, als ob sie seitdem noch nicht renoviert worden wären. Es war eine Pension für einheimische Dienstreisende und für Ausländer eigentlich nicht zugelassen. Ob es im Telefon Wanzen gab, das bezweifelte ich. Die Wanze saß in der Zentrale und fragte, ob ich mit Mutter oder Mann telefonieren wollte. Ich sagte, das wäre mir egal. »Aber uns nicht«, sagte die Wanze.

Das Tier, das im Telefon wohnte, war eine große Schabe. Sie mußte schlechte Erfahrungen mit den heimischen Dienstreisenden gemacht haben, denn sie war sehr scheu. Sie kam nur in der Dunkelheit hervor. Wenn ich Licht anmachte, huschte sie wie ein Schatten in ihr Versteck. Ich gewöhnte mir an, sie zu füttern, und fühlte mich weniger einsam.

Der Prinz war auf der Durchreise nach Jerewan ebenfalls für einige Tage in Moskau angemeldet. Den ganzen Sommer lang hatten wir uns ausgemalt, was wir alles in Moskau unternehmen würden. Er wohnte üblicherweise auf der anderen Seite der Moskwa in einem modernen Haus für Dienstreisende, das der Universität gehörte. Ich hatte sieben Sorten Brot gekauft, aber der Prinz kam nicht. Und als ich bei ihm zu Hause anrief, teilte er mir mit, er habe sich mit seiner Frau ausgesöhnt und ihr alles gestanden. »Aber wirklich alles«, sagte er. Und die Parteileitung wüßte auch Bescheid. Er hätte sein Wort gegeben, mich nicht mehr zu treffen. Es wäre mit uns zu Ende. Und wie er das sagte, hatte er eine ölige, gleichgültige Stimme.

»Meine Frau stand schließlich neben mir«, sagte er später.

In mir war erst einmal eine trügerische Stille. Es war, als wäre ich irgendwie gelähmt. Ich blieb dem Unterricht fern, saß da und starrte vor mich hin. Später lief ich auf der Suche nach Schlaftabletten durch die Apotheken der Gorkistraße. Das einzige, was man mir anbot, waren Baldrianperlen.

Um nicht allein zu sein, lud ich Peter, einen der Kursusteilnehmer, in das chinesische Restaurant ein. An unserem Tisch saß eine ältere Frau mit einem Mann, den sie als ihren Nachbarn vorstellte. Der war schon volltrunken. Eine Unterhaltung mit ihm war nicht möglich. Wir nannten unsere Vornamen. Und die Frau bemühte sich, meinen Namen richtig auszusprechen. Sie sah mich an und fragte, warum ich so traurig wäre.

»Ich bin nicht traurig«, sagte ich.

»Du bist traurig«, sagte sie, »das sehe ich sofort.« Dann fragte sie Peter, ob wir schon registriert wären. Da Peter zögerte, fuhr sie fort: »Also ihr geht und laßt euch registrieren!«

»Aber sie hat schon einen Mann«, sagte Peter. »Alles Ausreden, Peter, versprich, daß ihr euch sofort, wenn ihr nach Hause kommt, registrieren laßt.«

Peter blieb nichts anderes übrig, als mir die Ehe zu versprechen. Aber erst mal schliefen wir miteinander. Ich weiß davon nichts mehr.

Als ich am nächsten Abend in mein Zimmer kam, lag ein kleiner Zierkürbis auf meinem Nachttisch. Da wußte ich, daß der Prinz dagewesen war. Ich rief ihn an, und wir verabredeten uns. Als ich das Haus verlassen wollte, hatte der Hausmeister die Pforte schon geschlossen und wollte mir nicht mehr öffnen. Ich beschimpfte ihn mit deftigen Wörtern, die ich gerade erst gelernt hatte.

Das muß wohl aus meinem Mund seltsam geklungen haben. Er grinste und ließ mich hinaus. Aber ich durfte nicht vor sechs Uhr morgens wiederkommen. Die Nacht war mild, was für eine Herbstnacht in Moskau eine Seltenheit war. Der Prinz stand unter einer Straßenlaterne und wartete. Ich erkannte ihn kaum wieder. Er war im Sommer sehr schön gewesen. Jetzt sah er aus wie ein Nomenklaturkader. Nichts weiter. Einer, der mich mit gnadenlosen Augen musterte und neue Falten feststellte.

Die Straßen waren menschenleer. Die U-Bahn-Eingänge geschlossen. Wir gingen über den Roten Platz. Die Fahnen bewegten sich im Wind und leuchteten, angestrahlt, in einem schwarz samtenen Himmel. Später waren wir in einer schmuddeligen Bar. Sie gehörte zu einem der großen Hotels und war noch geöffnet. Sie wurde fast nur von Ausländern besucht.

Er erzählte, daß seine Frau sich bei der Partei über uns beschwert hatte. Und er hatte wirklich alle unsere kleinen Geheimnisse verraten. Aber ich war so sehr auf ihn fixiert, daß mich nichts von meiner Liebe abbrachte. Manchmal hatte ich Wut auf ihn und war voller Rachegedanken. Im nächsten Moment schämte ich mich dessen und fand mich selbst bedrückend. Ich begriff einfach nicht, daß er den Tag, der noch gar nicht gewesen war, ausschlug, wo doch alles dazu eingerichtet schien, glücklich zu sein. Aber ich konnte nicht loslassen. Wir gingen in der Morgenkühle über eine Wiese, und der Prinz pflückte mir in den Anlagen einen Strauß Herbstblumen. Alle meine Bitten, mit mir in Kontakt zu bleiben, schlug er ab. Als wir am Puschkin-Denkmal angekommen waren, warf ich den Blumenstrauß ins Wasser und ging allein weiter.

Er flog nach Jerewan, und ich reiste nach dem Kursus

weiter nach Tbilissi. In dieser Zeit fiel ich von depressiven in euphorische Phasen und umgekehrt. Manchmal wunderte ich mich, daß die Leute um mich her nicht bemerkten, daß ich in einer anderen Welt lebte. Dabei ist es nicht so, daß ich keine Freunde gehabt und nicht gelacht hätte. Aber ich war liebeskrank. Und es gab nur eine sichere Arznei dagegen: eine neue Liebe. Als ich das dachte, mußte ich schon wieder lachen. Und das war gut.

Zu Hause war niemand, der mich erwartet hätte. O. reiste in der Welt herum. Meine Tochter war im Internat der Ballettschule und mein Sohn bei einem Freund.

Vielleicht hätten wir eine Chance gehabt, wenn O. nicht auf Dienstreisen gewesen wäre. Vielleicht hätte er irgendeinen Teller zertrümmert. Aber nein, bei uns ging kein Porzellan kaputt. Und O. sagte: »Ich mache alles so, wie du es willst.« Da waren wir siebzehn Jahre verheiratet.

Ich sagte: »Scheidung.« Ich konnte nicht anders.

Bei der Scheidung mußten wir die Zerrüttung unserer Ehe nachweisen. Darauf waren wir nicht gefaßt gewesen. O. log so gut, daß ich mich fast wieder in ihn verliebt hätte. Die Richterin sah mich mitfühlend an.

Heute denke ich, die Mathematik hatte uns aufgefressen. Nicht wie ein großes Raubtier. Sondern wie eine wohlstrukturierte Masse, die ihre Fäden in den fremden Organismus senkt, wo sie sich teilen und mehren und alles andere verdauen.

Den Kindern, die elf und vierzehn Jahre alt waren, teilten wir erst im nachhinein mit, daß wir geschieden waren. Wir waren stolz darauf, daß wir ihnen all das entwürdigende Gezänk, das in solchen Fällen üblich war, erspart hatten.

»Wir haben uns scheiden lassen, aber sorgt euch nicht, für euch bleibt alles beim alten.«

Letzteres entsprach einfach nicht der Wahrheit. Und sie

sahen es als Vertrauensbruch an, daß wir sie nicht einbezogen hatten. Und das war es letzten Endes auch. Für beide war es ein Schock.

Aber ich hätte meinen Entschluß nicht begründen können. Ich wußte selbst nicht, was mit mir los war.

Die Zeit läuft. Aber es ist nicht meine Zeit. Es ist die Zeit des Mannes, der mir gegenübersitzt. Erst wenn er gezogen hat, wird er auf den Knopf an der Uhr drücken, seine Zeit stoppen und meine in Gang setzen. Ich beobachte ihn, wie er konzentriert auf das Brett zwischen uns blickt. Wir spielen um die Berliner Einzelmeisterschaft der Senioren. Wir beide, Herr G. und ich, sind die Schlußlichter. Wir haben das vorher gewußt.

»Die anderen sind alle Profis«, sagt Herr G.

»Sie sind einfach besser«, sage ich.

Es spielen 63 Männer und drei Frauen.

Ich weiß nicht, was uns wirklich getrieben hat, an dieser Meisterschaft teilzunehmen. Es war von Anfang an ein verlorener Kampf. Aber ich hatte Blut geleckt.

Zu Hause spielen wir mit dem Schachspiel, das Großvater Hermann aus Afrika mitgebracht hat. Die Figuren sind aus Elfenbein. So etwas ist längst streng verboten. Das Schachspiel enthebt uns eines Gesprächs. Reden wird unmöglich, wenn ich nur ein verwaschenes Gestammel herausbringe und wenn Herr G. wegen seiner Schwerhörigkeit jedes Gespräch ins Absurde wendet. Wenn ich einen guten Tag habe, kommen die Gedanken ganz scharf gestochen. Und ich finde Züge, auf die Herr G. nie gekommen wäre. Es kann aber auch passieren, daß ich wochenlang verliere.

Nicht nur bei diesen Meisterschaften, sondern überall, wo ich teilnehme, habe ich ein gewisses Gefühl von Unwirklichkeit. Manchmal muß ich mich in den Arm kneifen, um den Schmerz zu fühlen. Trotzdem sammle ich immer noch Erfahrungen.

Am ersten Tag hatten sie alle hochmütige Gesichter gehabt. Eine Masse von Hochmütigen. Heute sehe ich schon einzelne. Und wir begrüßen einander freundlich. Ich wette, das nächste Mal wird mir jemand sein Leben erzählen.

Zum erstenmal wird mir sinnlich offenbar, daß nicht der Erfolg das eigentliche ist. Daß die vergebliche Bemühung oft mehr Wohlwollen einträgt.

In der fünften Runde habe ich einen Punkt gewonnen. Mein Gegner war – Herr G. Der Leiter des Wettkampfes, ein ganz Sanfter, fragt mich, ob wir Remis gespielt haben. Er nimmt das für selbstverständlich, so daß sich in meine Freude Scham mischt. Vielleicht hätte man das so einrichten sollen. Aber als ich merke, daß die anderen, wenn sie mir auch freundlich gratulieren, fest der Meinung sind, Herr G. habe mich gewinnen lassen, ärgere ich mich schon wieder.

»Schach«, sagt der Mann, der mir gegenübersitzt. Er hat ein graues Gesicht und seine Sprache einen fremdländischen Akzent. Ich muß den König ziehen und bin meine Dame los. »Ich gebe auf«, sage ich und kippe meinen König um. Er reicht mir die Hand über den Tisch. Ich würde gern weiterspielen. Nicht aufgeben. Jeder Rückzug fällt mir schwer, auch beim Schach. Ich bin ein Erfolgsmensch, aber ich kann mit dem Mißlingen leben. Und das ist meine eigentliche Stärke.

Diagnose

In dem Sommer nach meiner Scheidung regnete es sehr viel. Den Urlaub verbrachte ich mit den Kindern im Riesengebirge. Wir wohnten in einer einzeln stehenden Baude. In den Reiseunterlagen war O. noch eingetragen. Ich meldete ihn nicht ab, damit sie uns das Zimmer nicht wegnahmen. Abends saßen wir mit der Karte am Tisch und suchten uns neue Wege aus. Jeden Tag durfte ein anderer bestimmen, was wir machen würden. Und konnten wir uns gar nicht einigen, würfelten wir und gerieten dadurch in sumpfiges Gelände. Laut Würfel mußten wir dem blauen Pfeil folgen und in einem Bachbett nach oben steigen. Wir kamen an Sumpflöchern vorbei und sprangen von Stein zu Stein. Plötzlich hörte die Markierung auf oder genauer, wir sahen sie nicht mehr, weil sie auf Steine gemalt war, die jetzt, durch die unnormale Witterung, unter der Wasseroberfläche lagen. Wir bildeten eine Kette und stiegen langsam höher. Als wir die Straße erreichten, waren wir völlig erschöpft und bis an die Knie mit Schlamm bedeckt. Wo der Pfad in die Straße mündete, fanden wir ein Schild, darauf stand, daß dieser Weg gefährlich und deshalb gesperrt wäre.

Auch der *Weg der Freundschaft* war gesperrt. Das lasen wir im Reiseführer. Meine Kinder wollten unbedingt einen Weg sehen, auf dem »die Freundschaft gesperrt« ist. Ich erinnerte mich, daß es ein sehr schöner Höhenweg war.

Wir kamen von der Elbequelle her und folgten dem Weg, bis uns bei den Schneegruben ein Grenzer mit Gewehr einholte. Der fragte nach unserer Adresse und wies uns den kürzesten Weg nach unten an. Ich gab zu bedenken, daß ich mit den Kindern allein und der Weg nach unten steil und gefährlich wäre. Daraufhin telefonierte er mit einem Feldtelefon. Wir durften den Kammweg weiterlaufen, von dem aus man wunderschöne Blicke ins Polnische und Tschechoslowakische hatte.

Aber ich sollte von einem Schrecken in den anderen fallen. Eben noch hatte die Sonne geschienen, als plötzlich ein Gewitter aufzog. Wir hatten es nicht kommen sehn. Da wir uns oberhalb der Baumgrenze auf einem Kammweg befanden, waren wir fast immer die höchsten Punkte. Ich versuchte, die Kinder zum Rennen zu bewegen. Aber die lachten nur über mich.

Als wir dann hinabstiegen, dämmerte es schon. Die Baude, die einsam in der Landschaft stand, wirkte wie eine Zuflucht. Man hatte in dieser gewaltigen Natur ein viel stärkeres Bedürfnis nach Behaustsein.

Am nächsten Tag berichtete die Zeitung, daß zwei Wanderer auf einem Kammweg vom Blitz erschlagen worden seien. Allerdings lag der Kammweg in Südfrankreich.

Als ich zehn Jahre später bei einem Ausflug wieder in der Gegend war, hielt ich nach der Baude Ausschau und fand nur eine jämmerliche Ruine, bei deren Anblick mich Traurigkeit befiel. Das ausgebrannte Mauerwerk, die große verwilderte Wiese davor, auf der meine Kinder einst beim Heueinbringen geholfen hatten, das alles schien mir nun etwas Symbolisches zu haben.

Als wir damals abfuhren, unterhielten sich meine Kinder über ihren Vater, und es stellte sich heraus, daß wir alle drei, ein jeder für sich, gehofft hatten, er käme nach, und daß mein Sohn sich deshalb mehrmals geweigert hatte, mit uns zu wandern.

Zu Hause war alles anders. O. hatte sich einige Stücke der Einrichtung geholt und hatte seinen Schlüssel hinterlassen.

»ZITTERN SIE IMMER so?« fragte die Frauenärztin und schob mir einen Überweisungsschein zum Neurologen über den Schreibtisch.

»Lassen Sie das mal abklären. Das andere liegt vor allem bei Ihnen selbst. Von uns aus gesehen, spricht nichts dagegen. Wir machen das schon.« Je mehr sie sagte, um so mehr ließ sie mich im Stich. *Das andere* war eine Schwangerschaft, die sie mir gerade eröffnet hatte.

Ich hatte gleich gemerkt, daß ich schwanger war, schon an der widerwärtigen Weinerlichkeit, die mich plagte. Dabei war ich im ersten Moment stolz gewesen. Stolz, daß mir das noch passieren konnte.

Mein Verstand und mein Gefühl waren so weit auseinander wie selten. Ich setzte lieber auf den Verstand. Mein Gefühl gaukelte mir nur allerlei vor, was sich schon beim erstenmal nicht erfüllt hatte.

In Wirklichkeit war alles entschieden. Ich hatte längst einen Termin für die Unterbrechung. Ich hatte mich auch schon röntgen lassen, was vor diesem Eingriff verlangt wurde. Aber es blieb für mich ein Gewissenskonflikt.

Heinrich, mein neuer Lebensgefährte, wurde nicht von Schuldgefühlen geplagt. »Wenn wir zusammenlegen, haben wir fünf Kinder«, hatte er gesagt. »Und du als Statistikerin solltest wissen, daß es für die Reproduktion der Menschheit ausreichend ist. Ich sehe jedenfalls keinen Grund, warum wir uns das noch einmal aufladen müßten. Die zweite Hälfte des Lebens kann doch nicht nur eine simple Wiederholung sein. Und außerdem bist du krank«, fügte er hinzu.

Ich versuchte meinen Haushalt unverändert aufrechtzuhalten, so daß meinen Kindern durch die Scheidung möglichst wenig Nachteile entstanden. Doch O. fehlte überall. Mit so viel Abwesenheit hatte ich gar nicht gerechnet. Heinrich konnte und wollte ihn nicht ersetzen.

Meine Tochter, die jetzt manchmal die ganze Woche über im Internat der Ballettschule blieb, ging, wenn sie nach Hause kam, mit hochmütig verschlossener Miene durch die Wohnung. Vor ihr hatte sogar Heinrich Respekt.

Ich reiste mit ihr allein nach Baku, obwohl ich wußte, daß ich damit Heinrich enttäuschte. In Baku traf ich Bekannte, und wir waren alle recht fröhlich miteinander. Auch meine Tochter lachte. Aber an ihr Lachen erinnert sie sich nicht.

Im Herbst wurde ich sogar Vorsitzende des Elternbeirates der Ballettschule, weil meine Tochter es wünschte. Aber wir kamen uns nicht näher. »Das verstehst du sowieso nicht«, sagte sie etwas von oben herab. Oder: »Ich würde meinen Kindern den Besuch dieser Schule nie erlauben.« Ich fand das unfair. Was würde meine Tochter erst sagen, hätte ich ihr den Besuch der Schule verboten.

Mein Sohn rebellierte, wo er nur konnte, aus Prinzip, gegen das mütterliche Regime. Darin wurde er von der Großmutter, deren Liebling er war, kräftig unterstützt. Meine Mutter war in meiner Wohnung völlig zu Hause. Wenn ich am Wochenende selbst kochen wollte, sagte sie: »Das kannst du halten, wie du willst. Aber ich kann dir nur sagen, ich fühle mich, als wäre ich ›heimatvertrieben‹.« Sie saß am Mittagstisch, stocherte im Essen herum und fragte schließlich: »Soll das Gemüse sein?«

Ich konnte es ihnen nie recht machen. Und wenn ich wirklich alles zu ihrer Zufriedenheit geregelt hatte, sagte meine Mutter: »Die armen Kinder. Was ihnen fehlt, ist das Herz. Aber laß mal, ich mach das schon.«

Später, als meine Krankheit diagnostiziert war, wurde es allen klar, daß meine Leiden sich ohne Ende hinziehen würden und daß ich eigentlich der Unterstützung und Schonung bedurfte. Ich brauchte ihnen nicht zuzureden, sich keine Sorgen zu machen. Sie machten sich keine.

Nichts kann so hilfreich sein wie eine gute Theorie. Ich

sagte mir, kein Mensch kann, ohne sein eigenes Leben aufzugeben, mit einem anderen, einem chronisch Kranken, über viele Jahre solidarisch sein. Das kann man nicht verlangen. Als ich meiner Tochter dies zum Gespräch anbot, sagte sie ganz richtig: »Man kann überhaupt nichts verlangen.« Und dann beendete sie das Gespräch, bevor es begonnen hatte, mit der Feststellung: »Du hast uns nie Wärme gegeben.«

Als sie das sagte, war sie schon erwachsen, hatte selbst Kinder und stand, als wollte sie sich wärmen, in ihrer eigenen Wohnung am Kachelofen, der schon seit Jahren nicht mehr geheizt wurde. Ich hatte sie sehr lieb, aber ich konnte es nicht zeigen. Überhaupt hatte ich Schwierigkeiten, eine passende Strategie zu finden. Ich hätte ihnen klar meine Forderungen sagen und die Grenzen ziehen müssen. So versuchte ich, mit der Krankheit allein fertigzuwerden. Sie gewöhnten sich daran, und ich war dauernd überfordert.

Heinrich hatte ich auf dem Kurs für Leitungskader kennengelernt. Er konnte über etwas, was ihn gerade interessierte, stundenlang dozieren, ohne zu bemerken, wie sehr sein Gegenüber schon am Ende seiner Kraft war.

Erzählte er aber eine seiner Geschichten, in denen er fast immer selber der traurig-komische Held war, dann lauschte selbst ich gebannt, obwohl ich diese meistens schon kannte. Das erinnerte mich an die »Walzen« von meiner Großmutter Anna Emma Lina. Es war, als brächte er die neuen Geschichten schon im Koffer mit. Bald versammelte sich eine Zuhörerschaft um ihn.

Eigentlich war Heinrich Philosoph, also einer von denen, die jede wissenschaftliche Arbeit mit einem Leninzitat beginnen mußten. Wenn man das im Kopf behielt, konnte man Heinrichs Geschichten, die weit über die Grenzen des

Erlaubten hinausgingen, als Provokation, aber auch als Befreiungsschlag ansehen. So kam es, daß die einen ihn als Unterhalter schätzten. Andere dagegen mißtrauten ihm, weil sie glaubten, daß er bloß den Mut dazu haben könnte, wenn er einen geheimen Rückhalt hätte. Manche kamen regelrecht in Wut, weil sie nicht mehr genau wußten, was sie gesagt hatten. Der Versuch, die Geschichten aufzuschreiben, schlug fehl. Alleingelassen, ohne die lebendige Gegenwart des Erzählers, verloren sie sofort an Glanz und Biß. Er hatte ein Gefühl für die richtige Geschwindigkeit, für den Spannungsbogen und für den überraschenden Ausgang. Dazu brauchte er die unmittelbare Rückkopplung zum Zuhörer.

Am Ende des Lehrgangs hätte man nicht sagen können, zu welcher Gruppe man Heinrich zählen sollte. Er gehörte weder zu denen, die sich große Gedanken um den Sinn des Lebens machten, noch zu denen, die mit einem Akkordeon anreisten und die Schlager ihrer Jugend sangen. Und seine Karriere lag auch schon eine Weile zurück.

Im Frühherbst, ich lebte schon ein halbes Jahr mit den Kindern allein, hatte ich Heinrich im Speisesaal der Akademie getroffen. »Ich habe von dir geträumt«, sagte er. Dabei hatte er das verlogene Lächeln im Gesicht, das sich wie etwas Zwanghaftes einstellte, sobald er merkte, sein Gegenüber glaubte ihm nicht.

Auch Heinrich war gerade geschieden und suchte Unterschlupf. Ich hatte ihn zu mir nach Hause eingeladen, und da war er gekommen und die nächsten zehn Jahre geblieben.

Ich hatte im Sommer wieder an starken Depressionen gelitten. Heinrich war wie eine Droge für mich. Solange er da war, hatte ich zwar jede Menge Ärger, aber auch nicht die Spur einer Depression.

Das Beste für mich an Heinrich war seine Fähigkeit, faul zu sein. In größeren Abständen hatte er zwar Anfälle von

Arbeitswut, aber die dauerten selten lange. Dann saß er wieder hinter seinem Bier und unterhielt sich und sah ab und zu in ein Buch.

Verglichen mit O. hatte Heinrich viele Fehler. Aber für mich war er besser als jede andere Therapie. Natürlich ärgerte ich mich, daß er mir so wenig half, daß sich die Faulheit auch gegen mich richtete.

Mit O. hatte ich Bekannte gehabt. Man lud sich in regelmäßigen Abständen zum Kaffee oder zum Abendessen ein. »R.s sind wieder dran«, sagten wir ein wenig freudlos.

Heinrich hatte jede Menge Feinde. Und er hatte einige Freunde. Die besuchte er, wann es ihm paßte. Dort räkelte er sich hinter seinem Bier, das er, wenn er noch gut bei Kasse war, aus seiner Aktentasche zog, und stritt und redete, bis es zu spät war, nach Hause zu fahren.

Mein Sohn, der mit der festen Absicht angetreten war, Heinrich rauszuekeln, sagte später: »Das war unsere schönste Zeit.« Darüber freute ich mich. Ich ließ es mir aber nicht anmerken.

Im Institut suchte der Alte bei mir das Haar in der Suppe. Er nahm meine Mitarbeiter beiseite und fragte sie aus. Aber keiner hatte etwas Brauchbares anzubieten. Nicht einmal L., der sehr ehrgeizig war und dem der Alte andeutete, er sei durchaus für meinen Posten geeignet. »Warum hängen die nur alle so an deinem Schürzenzipfel?« fragte er, als er nach einer Parteiversammlung mit mir nach Hause fuhr. In dieser halben Stunde Autofahrt zogen wir immer die Bilanz des Tages.

Aber diesmal schwieg ich, denn ich wußte, er würde es nie verstehen.

Der Alte konnte Heinrich nicht ausstehen. Als wir uns eines Abends wieder einmal vor seinem Haus trennten, kam er noch einmal ans Auto und sagte: »Mit deinen Partnern kann ich nichts anfangen, mit dem vorigen nicht und mit dem jetzigen auch nicht. Ich will dir nicht dreinreden. Jeder bettet sich, so gut er kann. Aber der vorige ist mir doch lieber gewesen als der jetzige. Trotz der Sitzung heute vormittag, zu der O. uns eingeladen hat und zu der er wieder vollkommen unvorbereitet kam. Damit erwirbt er sich keine Freunde. Aber wie soll einem auch jemand, dessen Gesicht niemals, aber wirklich niemals, die geringste Gemütsregung zeigt, nahekommen. Dabei war er nicht immer so. Vor deiner Zeit war O. ein Spinner, das ist wahr. Aber wenn ich es so bedenke, war das tausendmal sympathischer als das, was du aus ihm gemacht hast.«

Ich sah ihm nach, wie er mit langen, selbstbewußten Schritten auf die Tür des Hochhauses zuging, in dem er wohnte. Ich konnte mir noch so oft sagen, daß man auf die Gehässigkeiten des Alten nichts geben durfte, ein Stachel saß doch im Fleisch und schmerzte.

IN DIESER ZEIT schrieb ich schon in jeder Lebenslage. Ob auf Bahnhöfen, wenn ich auf den Anschlußzug warten mußte. Oder beim Friseur. Ich schrieb überall. Meine Handschrift war jetzt so schlecht, daß ich sie sehr oft selbst nicht entziffern konnte. Ich schrieb von Anfang an in dem Bewußtsein, daß ich mich damit an Leser wandte, nicht zur Selbstverständigung. Ich hatte ein gewisses Sendungsbewußtsein. Und das mußte wohl sein, sonst hätte ich sofort aufgehört zu schreiben, wenn ich auf einer Buchmesse die ganze Mächtigkeit des Angebots vor Augen hatte. Und mir war klar, daß ich eines Tages, wenn ich damit ernst machte, in alle möglichen Strömungen und Untiefen hineingezogen werden würde. Jetzt war ich ein absoluter Seiteneinsteiger und wollte es so lange wie möglich bleiben.

Ich hatte dem Alten einige meiner Geschichten gezeigt, weil ich von ihm die Genehmigung zu nebenamtlicher

Tätigkeit brauchte. Seitdem versuchte er mir zu beweisen, daß ich nicht wie Helga Königsdorf, sondern wie Hermann Kant schreiben müßte.

Als mich ein Verlag in seinen *Club am Donnerstag* zu einem Vortrag über Mathematik und Phantasie einlud, gab ich mir besondere Mühe, und es lief alles gut, so daß ich es wagte, kurz vor der Verabschiedung anzudeuten, daß ich selbst etwas in der Schublade hätte. Sie trugen es mit Fassung. Ich erhielt einen Vertrag, der mich verpflichtete, innerhalb eines Jahres das Manuskript für einen Geschichtenband abzugeben.

1976 wurde Wolf Biermann ausgebürgert. Und es gingen eine Reihe Leute, die Rang und Namen hatten und die sich solidarisch mit ihm erklärt hatten.

Ich war ein vollkommener Außenseiter. Ich war wie einer, der am kalten Wasser steht und hineinspringen will. Und der schon im vorhinein den Schmerz auf der Haut fühlt.

Ich hatte versucht, eine Liebesgeschichte zu schreiben. Und das Ergebnis war völlig unakzeptabel gewesen. Ich litt an einer eigentümlichen Blindheit. Ich fand meine Texte, wenn sie neu waren, alle gut. Und ich gab sie zu schnell aus der Hand. Sie mußten erst ablagern. Es war, als wäre mein Kritikvermögen noch durch die Euphorie des Schreibvorgangs ausgeschaltet. Aber schon ein Räuspern des Lektors genügte, daß es mir wie Schuppen von den Augen fiel. Dann empfand ich Scham.

Nehme ich die Bücher aus der Zeit in die Hand, staune ich, wie streng sie mit den Verhältnissen ins Gericht gingen. Ich hatte keinen Ärger durch irgendwelche Behörden. Mein Widersacher war ich selbst. Ich hatte es vor allem mit der eigenen inneren Zensur zu tun. Ich mußte ganze Traumwelten gegen sie auffahren.

Ich brachte dem Verlag das Manuskript ein halbes Jahr zu spät und merkte, daß das durchaus normal war.

Dagegen überraschte mich die Aufnahme des Buches durch die Leser. Ich hatte Geschichten geschrieben. Ich war keiner konkreten Wirklichkeit verpflichtet. Aber nun kamen wildfremde Leute zu mir und verlangten Auskunft, wer der Mann aus *Bolero* wäre. Und behaupteten, meine übrigen Figuren alle zu kennen.

AN EINEM SEPTEMBERNACHMITTAG ging ich am Hafen von Helsinki spazieren, dort, wo morgens der Markt mit seinem bunten Gewimmel lockte. Jetzt war es da still. Die Dämmerung brach schon herein. Die kleinen Fischerboote hoben und senkten sich im Rhythmus der langen Wellen. Eine frische Brise wehte vom Meer her. Es roch nach Fisch, nach Teer und – nach Abenteuer. Ich bin ganz sicher, wenn Abenteuer einen Geruch hat, dann muß es der sein, den ich im September 1978 am Hafen von Helsinki einsog. Die Universität Helsinki hatte mich zu einer Vortragsfolge eingeladen. Ich hatte meine zitternde Rechte in der Hosentasche verborgen und anstelle des Tafelbildes mit Folien gearbeitet, die ich schon zu Hause vorbereitet hatte. Einer der älteren Professoren konnte seine Empörung kaum verbergen. Er fragte, ob es jetzt üblich sei, so vorzutragen. So mit der Hand in der Hosentasche.

Als ich nachmittags am Hafen stand und beschloß, in mein Hotelzimmer zurückzukehren, war es schon dunkel. Plötzlich näherte sich von links ein kleines Fischerboot. Es war völlig überladen. Das sah man sogar als Laie. Achtern schlief ein Kind. Die ganze Familie schien versammelt zu sein. Eine Alte hielt mir ein Päckchen Brot hin und sagte geheimnisvoll: »Mit Blut gebacken.« In diesem Moment ertönte ein Pfiff. Das Boot drehte ab und verschwand so schnell, wie es gekommen war.

Durch meinen Körper zog wellenartig Schmerz. Und es ging mir in schwer beschreibbarer Weise nicht gut.

Plötzlich wurde mir bewußt, daß die Abenteuer dieser Welt künftig ohne mich ablaufen würden. Ich konnte mit der rechten Hand nicht mehr schreiben, sie lag wächsern und ohne jeden Antrieb auf der Tischplatte. Zur Zeit schob ich die rechte mit der linken. Ich hatte es nicht wahrhaben wollen, aber es war höchste Zeit, den Dingen auf den Grund zu gehen.

Ich reiste vorzeitig ab.

Als ich heimkam, meldete ich mich bei einer Neurologin an. Diese setzte ihr Stethoskop an meinen Hals, fuhr zurück und fragte, ob ich Bauchredner wäre. Etwas verwirrt verneinte ich und sagte: »Wahrscheinlich habe ich eine Neurose.« Doch die Ärztin war immer noch mit ihren Stimmen beschäftigt. »Ich höre Stimmen«, sagte sie. Dann eilte sie hinaus, lief den Gang hinunter und rief: »Herr Oberarzt! Herr Oberarzt.« Aber sie hatte es sich wohl anders überlegt. Sie kam allein zurück und untersuchte mich wortlos weiter. Sie überprüfte meine Reflexe und ließ mich mit ausgestreckten Armen durchs Zimmer gehen. Dann sagte sie: »Wer behauptet, er habe eine Neurose, der hat sowieso keine. Sie haben einen Prozeß im Zentralnervensystem.« Der »Prozeß im Zentralnervensystem« traf mich wie eine Keule. Alle Krankheiten hatte ich mir vorstellen können. Aber an so etwas hatte ich nie gedacht.

»Um gründlich untersucht zu werden, müssen Sie auf Station«, sagte die Ärztin. Ich hatte Angst, daß es ein Tumor sein könnte.

Ich mußte einige Wochen warten, bis ein Bett frei war. Ungefähr sechs Wochen Krankenhausaufenthalt lagen vor mir. Um eine Anomalie meines Gefäßsystems auszuschließen, schoben sie mir eine Sonde durch den Körper, von der Leistenbeuge bis in meinen Kopf, und spritzten mir mit Druck Farbstoff ein. Sie stachen Nadeln in meine Muskeln und maßen die Zitterfrequenz. Mein Hirn wurde scheibchenweise geröntgt. Und sie behaupteten, daß ihre Untersuchungen sehr schonend seien gegenüber dem, was früher üblich war. Ich hatte keinen Grund, daran zu zweifeln. Im Laufe dieser Untersuchungen blieb als einzige Erklärung für meinen Zustand Parkinson übrig.

Es ist absurd, aber ich fühlte Erleichterung. Endlich durfte ich so müde sein, wie ich war. Ich hatte ein Leiden, das sogar einen ordentlichen Namen hatte. Ich war in irgend einer Weise rehabilitiert. Ich litt an einer Parkinsonschen Krankheit. Aber die mir vorher nicht geglaubt hatten, glaubten auch den Ärzten nicht. Ganz einfach, weil sie es nicht glauben wollten. Aber ich wußte nun auch, ich würde nie wieder gesund sein. Ich schlug in Büchern nach. Meine mittlere Lebenserwartung betrug damals ungefähr sechs Jahre, bei günstigem Verlauf konnte man durchaus auch noch zwölf Jahre leben. Ich bekam kleine grüne Kapseln und Tabletten in verschiedenen Farben, von denen ich hoffte, es möchten Placebos sein. Ich hätte lieber eine Neurose gehabt. Mit der würde ich fertig, bildete ich mir ein. Als ich unter dem Einfluß der Medikamente plötzlich wieder schreiben konnte, erst in meiner Kinder- und dann in der Erwachsenenschrift, war das wie ein Wunder, aber gleichzeitig das Ende einer Hoffnung.

»Was ist sie? Mathematikerin?« fragte der Chefarzt während der Visite. »Und eine schlechte Erlebnisverarbeitung hat sie auch. Sie gehört in die andere Abteilung.«

Ich antwortete nicht, weil ich es nicht gewohnt war, in dritter Person angesprochen zu werden, und ich hatte auch nicht das Gefühl, daß jemand eine Antwort von mir erwartete. Aber ich hatte zum erstenmal eine Ahnung von der Macht, der ich jetzt ausgeliefert war. Daran änderte auch nichts, daß der Oberarzt anschließend zu mir kam und sich entschuldigte.

Eine Mitpatientin, eine Lehrerin aus Dresden, zeigte mir, wie man ein richtiges Make-up machte und dadurch etwas unangreifbarer wurde. Mit ihr ging ich abends ins Theater, oder wir kauften ein. Ich mußte aufpassen, daß ich nicht zuviel Geld ausgab. Es war ein angenehmes Gefühl, etwas für sich selbst zu tun. Monatelang hatte mich ein Traum bewegt. Da war eine Frau, die ich nie zu Gesicht bekam. Und diese Frau wollte, daß ich gut zu ihr bin. Lange habe ich gegrübelt, wer sie sein könnte. Bis ich darauf kam, daß ich es selbst war und daß ich mich deshalb auch nicht sehen konnte. Als ich es wußte, kam der Traum nicht mehr.

Manchmal schimpften wir, die Lehrerin und ich, auf die Ärzte. Ich, weil sie mir eine so schlimme Krankheit *anhängen* wollten, sie, weil sie ihr die erwünschte Bestätigung nicht gaben. »Ich kann doch nicht an meine Schule zurückkehren, ohne daß sie die undichte Stelle nachgewiesen haben. Das wäre eine Blamage.« Sie glaubte, daß ihr Heuschnupfen kein Heuschnupfen wäre, sondern ein Abfluß von Hirnflüssigkeit, hervorgerufen durch eine undichte Stelle in ihrem Kopf. Um das nachzuweisen, ließ sie sich geduldig Farbstoff in den Nacken einspritzen und wartete darauf, daß er aus der Nase wieder herauskäme. Aber er kam nicht. Und schuld war die Klinik. Wäre der Heuschnupfen von der Lehrerin plötzlich bunt gewesen, hätte sie sich einer ganz komplizierten Kopfoperation unterziehen müssen.

Da saßen wir in der Raucherecke vor dem Männerklo. Herr Goezwein hatte gerade zum hundertsechsundneunzigsten Mal verkündet, daß er nur eine Sicherheitsbestrahlung bekäme und daß er keinen Tumor hätte. Wir anderen wußten es besser, Herr Goezwein hatte nicht mehr viel Zeit. Und Herr Morgenroth, der durch das nichtsozialistische Währungsgebiet, abgekürzt NSW, als Vertreter gereist war und am erfolgreichsten mit Plastewärmflaschen gehandelt hatte, war dabei, einen neuen Witz zu erzählen, über den alle lachten. Nur er selbst saß da mit schmerzverzogenem Gesicht, denn er hatte eine Entzündung im Trigeminusnerv.

Ich lag mit fünf Frauen im Zimmer. Das heißt, das eine Bett war noch leer. Die Krankenschwester, die darin gelegen hatte, war nach einem starken epileptischen Anfall auf die Intensivstation gekommen. Ich hatte mich sehr schnell auf der Station eingelebt und hatte seit langem zum erstenmal ein sorgenfreies Dasein. Ich spürte nicht die geringste Lust, nach Hause oder ins Institut zu gehen. Nur die Besucher störten. Meine Mutter und Heinrich ließen es sich nicht nehmen und kamen jeden Nachmittag und trugen ihre Kämpfe von zu Hause weiter bei mir aus. Manchmal kam die Lehrerin dazu und behauptete, ich müßte dringend zu einer Untersuchung. Dann verschwanden wir heimlich durch den anderen Eingang.

Als ich entlassen wurde, bot man mir an, eine andere Klinik und eine andere Krankheitsnummer einzutragen. Stillschweigend wurde vorausgesetzt, daß es mir peinlich sein mußte, Patientin einer Nervenklinik zu sein. Ich hingegen empfand dieses Entgegenkommen als bedrückend.

Auf mich hatte von nun an die Krankheit einen großen Einfluß. Ich fühlte zum erstenmal einen starken Willen, mich zu mir selbst zu bekennen, sei es im beruflichen, sei es im privaten Bereich. Als ich wieder im Institut war, ging ich zum Direktor und teilte ihm die Art meiner Krankheit mit.

»Geht denn kein Kelch an uns vorbei«, stöhnte der Alte. Und nachdem er eine Weile verlegen geschwiegen hatte, zitierte er Bismarck: »Der Mensch lebt nicht, um glücklich zu sein, sondern um seine Pflicht zu tun.«

In Wirklichkeit bereitete es ihm große Angst, daß jemand plötzlich von einer so schweren Krankheit betroffen sein konnte.

WARUM GERADE ICH!

Ich würde nie wieder gesund sein.

Eine Zeitlang konnte man die Symptome mildern, aber der zerstörende Prozeß schritt voran. Mit Sicherheit war man eines Tages »ein austherapierter Parkinson im Finalzustand«.

Vielleicht ist der Altersparkinson ein Preis, den die Menschen für den aufrechten Gang zu zahlen haben. Diesen Übergang hat nur der Mensch in solcher Konsequenz vollzogen. Vielleicht ist das der Grund, daß man bei Tieren keinen Altersparkinson beobachtet.

Ist die Schaltzentrale überfordert gewesen? Waren die Zellen, die das Dopamin produzieren, überlastet? Hatten sie deshalb eine geringere Lebenserwartung als vorher? Hat sich das schon genetisch manifestiert? Fragen über Fragen.

Als der Mensch sich plötzlich in der Savanne wiederfand, war er dazu bestimmt, auszusterben. Er war leichte Beute. Ein kleines Frühstück für den Säbelzahntiger. Der Mensch wäre ausgestorben, hätte er nicht in seine eigene Evolution eingegriffen und sich aufgerichtet. Und da kann man sich nun aussuchen, was besser wäre: ausgestorben zu sein oder als unvollkommenes Exemplar Mensch herumzulaufen.

Da die Parkinsonsche Erkrankung immer fortschreitet, muß man im Laufe der Zeit die Menge der Medikamente, die man einnehmen muß, neu einstellen. Und das wird meistens im Krankenhaus gemacht. Aus diesem Anlaß fuhr ich nach Bernburg, wo es eine Spezialstation für diese Krankheit gab.

Als ich in Bernburg ankam, war ich noch obenauf. Ich war privilegiert und durfte ein Doppelzimmer allein nutzen. Ich hatte meine Schreibutensilien wie einen Schutzwall um mich aufgebaut. Trotzdem ging dieser Aufenthalt nicht spurlos an mir vorbei. Zum erstenmal sah ich die Krankheit in allen Stadien live vor mir, von der Neuerkrankung bis zum Finalzustand. Und das erschütterte mich so sehr, daß ich tagelang über Selbstmordmöglichkeiten nachdachte.

Am Abend saßen wir in der Ecke, wo die Spiele standen. Aber es wurde nicht gespielt. Wir unterhielten uns. Herr Zimmermann mußte immer gefragt werden, denn er konnte durch Kopfbewegung nur mit Ja oder Nein antworten. Vor ihm fürchteten sich alle, weil er ein grimmiges starres Gesicht hatte. Aber immerhin hatten wir herausbekommen, daß er Ingenieur gewesen war und mit Trinkwasser zu tun gehabt hatte. Frau Loose hatte ich zum Weinen gebracht, als ich ihr im Waschraum einen Vortrag über den Sinn des Lebens hielt, anstatt ihr beim Wäschewaschen zu helfen. Der Mann, den ich nachmittags zum Tanz aufgefordert hatte, war Lehrer gewesen. Und nun sagte er stolz zu seiner Frau: »Mutter! Ich hab sogar getanzt!« Elisabeth war eine blühende Mittdreißigerin. Sie hatte keinen Parkinson, obwohl ihr Hände heftig zitterten. Das Zittern kam bei ihr von den Narben auf der Hirnhaut, die sie einem Abtreibungsversuch ihrer Mutter verdankte.

Tanz gab es nur, wenn die Ärztin nicht anwesend war, denn sie befürchtete, es könnte *Pärchenbetrieb* entstehen. Sie war um den Ruf der Klinik besorgt.

Frau Grunert hatte nicht nur Parkinson. Da mußte etwas anderes im Spiele sein. Sie nahm nicht mehr am gemeinsamen Essen teil. Sie hungerte in ihrem Zimmer und bezog alle Geräusche vom Flur auf sich. Sie hatte bis zu einem bestimmten Tag eine relativ gute Erinnerung. Die brach schlagartig ab. Sie bildete sich ein, sie wäre aus Versehen über die Grenze gegangen und sie befände sich nun, vollständig mittellos, im Westen. Ich versuchte ihr zu erklären, daß sie das Essen kostenlos bekam. Doch sie glaubte mir nicht.

»Ich habe eine falsche Losung auf dem Rücken. Lesen Sie doch. Und mit der Frisur ähnele ich Hitler.«

»Kommen Sie mit, wir gehen zurück.« Erst war sie von der Idee begeistert gewesen. Doch noch vor dem symbolischen Grenzübergang stoppte sie und war zu keinem Schritt mehr zu bewegen. »Ich habe meinen Parteibeitrag nicht bezahlt.« Und da war nichts zu machen.

Die Ärztin fuhr häufig nach Berlin. Dort lief sie von Pontius zu Pilatus und versuchte ihre Tablettenkontingente zu vergrößern. Denn die Tabletten waren kostspielig, und nicht jeder, der sie brauchte, konnte sie bekommen.

Heinrich telefonierte jeden Abend lange.

Als er übers Wochenende zu Besuch kam, durfte er in meinem Zimmer, das eigentlich ein Zweibettzimmer war, übernachten. Nur die anderen Patienten sollten es nicht merken. Am Nachmittag gingen wir spazieren. Wir standen lange auf der Saalebrücke. Das Wasser des Flusses war mit weißem Schaum bedeckt. Der Staub vom Zementwerk färbte den Himmel grau. Dort, wo der Fluß einen Bogen machte, tauchte ein Ausflugsdampfer auf, der sich schnell näherte. Eine Kapelle spielte flott: »O sole mio«. Ich sagte: »Ich mache das nicht beliebig lange mit.« Heinrich nickte verständnisvoll und erwiderte nichts.

An einem Sonntagmorgen erschienen der Alte und U., die Parteisekretärin des Instituts, bei mir in der Nervenklinik und überreichten mir die Verdienstmedaille der DDR.

»Unter uns gesagt, ich bin dir sehr dankbar«, sagte der Alte. In diesem Moment kamen mir zum erstenmal Zweifel, ob ich wirklich richtig gehandelt hatte.

Die Begründung für die Medaille war ganz und gar von meiner fachlichen Arbeit abgeleitet. Ich wußte natürlich, daß ich sie dem Alten verdankte, der die Begründung aber von seinem Stellvertreter schreiben ließ, schon um den Stellvertreter zu ärgern.

»Und das Lob darf diesmal etwas saftig-fruchtig ausfallen, denn wir wollen uns schließlich keine Ablehnung einhandeln.« Ich hörte den Alten förmlich, wie er das sagte.

Ich hätte das Institut gerettet, behauptete er. Aber ich wußte, daß ich lediglich den Alten gerettet hatte, denn ihm hatte man die rote Karte gezeigt.

Die Parteisekretärin war eine junge Frau, die ich sehr schätzte, weil sie den Mut hatte, auch heiße Eisen einfach anzupacken. Den Mut, die Dinge beim Namen zu nennen.

Der Alte hatte in den letzten Jahren ständig umstrukturiert. Kaum war ich mit meiner Abteilung aus der Schußlinie, kamen andere hinein. Wahrscheinlich glaubte er, seine Vorzeigbewegungen würden als Weiterentwicklung honoriert.

Aber er hatte etwas Wesentliches übersehen. Da die Mächtigen keine demokratische Legitimation besaßen, hatten sie immer Mißtrauen gegenüber dem Volk. Und deshalb hatte ein sozialistischer Leiter vor allem erst einmal für Ruhe und Ordnung zu sorgen.

Und nun häuften sich bei den übergeordneten Leitungen die Eingaben und Beschwerden. Es gab schon Stimmen, die für eine Abberufung des Alten plädierten. Das Institut glich einer Kleingartenanlage, jede Gruppe saß in ihrem Gärtchen, und keiner verstand viel vom anderen. Ein guter Nährboden also für Unruhe und Gerüchte. Gute Leute, deren Name für das Institut ein Schmuck gewesen wären, suchten sich ein neues Wirkungsfeld. Und auf den Treppenabsätzen und Fluren traf man immer wieder Kollegen, die heftig miteinander diskutierten, wobei der Name des Alten fiel. U. hatte sich in dieser schwierigen Situation bereit erklärt, Parteisekretärin zu werden. Aber nur unter einer Bedingung: ich sollte ihre Stellvertreterin sein. U. übernahm freiwillig alle bürokratischen Pflichten, die normalerweise dem Stellvertreter zugeordnet wurden. Zum Beispiel die Kassierung.

Da ich den Alten trotz seiner Schwächen immer noch bewunderte und gern mit ihm zusammenarbeiten wollte, hatte ich zugestimmt. Da war aber auch die Freude an der Macht. Im Sinn von: etwas machen können.

Wir wurden gewählt und hatten damit wirklich eine gewisse Macht im Institut. Wir konnten den Direktor jederzeit zu Aussprachen bestellen, wovon wir reichlich Gebrauch machten.

Am Ende meiner Zeit als Stellvertreterin hatte das Institut eine klare, langfristige Linie. Auf die konnten sich die Kollegen verlassen. Und das Ansehen des Alten war wiederhergestellt. Eigentlich war ich stolz darauf gewesen, daß wir das geschafft hatten.

Vielleicht sah alles nur oberflächlich besser aus. Vielleicht hätte die knallharte Auseinandersetzung mehr geklärt. Vielleicht wäre wirklich etwas dabei herausgekommen. Als ich mit meinen Gedanken an dieser Stelle angelangt war, stieg in mir plötzlich ein Verdacht auf. Sollte vielleicht nicht das Institut, sondern ich stabilisiert werden? Und ich war eitel genug, ihnen auf den Leim zu gehen.

Eine Zeitung brachte ein Bild von mir und daneben einen nichtssagenden Text unter einer fetten Überschrift: *Unsere Genossin Königsdorf,* woraufhin viele, die mich nicht näher kannten, erschrocken waren und mich fragten, was das zu bedeuten habe. Ob ich wirklich in der Partei wäre. Die Macht konnte mich ins Bild setzen, wie sie wollte. Ich hatte das Meine dazu getan.

Ich erinnere mich an eine Diskussion mit dem Dichter Uwe Kolbe, der sinngemäß sagte: »Die Strukturen müssen zuerst weg. Wenn Sie immer noch glauben, aus diesen Strukturen heraus etwas Vernünftiges machen zu können, sind Sie für mich gestorben.« Das sagte er unter dem leuchtenden Himmel Südfrankreichs nach einem guten Essen, das wir anstelle eines Honorars bekamen. Wir waren zusammen auf Lesereise.

Ein unterirdisches Dröhnen

DIE POLEN GALTEN allgemein als schwierig. Sie waren mehr auf den Westen orientiert. Aber die Zusammenarbeit auf unserem Fachgebiet entwickelte sich hervorragend.

Wir organisierten jedes Jahr ein gemeinsames Seminar. Abwechselnd in Warschau und in Berlin.

Die Polen waren gute Wissenschaftler. Sie waren in der ganzen Welt verstreut und nie provinziell. Aber an der DDR-Literatur waren sie nicht interessiert. Sie konnten sich nicht vorstellen, daß da etwas Spannendes entstehen würde. Ihre ganze Erziehung war anders. Sie fragten ungeniert. Und ehe wir noch eine Tasse Kaffee miteinander getrunken hatten, kannten sie schon mein Gehalt und die Automarke, die ich fuhr.

Einmal, auf der Heimfahrt vom Seminar, war unser reserviertes Abteil belegt. Jemand rief nach dem Schaffner. Aber der ließ es nicht auf einen Streit mit seinen Landsleuten ankommen. Wir standen im Gang, und einer, der meinen Fensterplatz okkupiert hatte, sagte: »Die sollen erst mal Polnisch lernen, wenn sie was wollen.«

Nach einer Stunde stand ein Pole auf und bot mir seinen Platz an. Nach zwei Stunden saßen wir alle gemeinsam im Abteil. Und nach vier Stunden waren die vorhandenen Taschenflaschen geleert. Wir merkten gar nicht mehr, daß der Platz knapp war und daß wir ein Sprachengemisch gebrauchten. Und als wir ausstiegen, verabschiedeten wir uns wie von nahen Verwandten.

Aber ich hatte kein Verständnis für die revolutionäre Aufgeregtheit der Polen. Ich war ein nüchterner Mensch. Ich sah zwar, sie waren irgendwie glücklich. Glücklich mit ihrer Gewerkschaft, mit ihrem Papst, mit der Bewegung, die in ihr Leben gekommen war. Aber für mich lag über allem ein Hauch von Hysterie. Und es war mir unvorstellbar, daß ich eines Tages auch in solche rauschähnlichen Zustände geraten würde. Und doch war ich dagegen nicht gefeit. Im Gegenteil. In solchen Zeiten gibt es immer Menschen, die bis ins Innerste betroffen sind. Die für einen Moment ganz andere sind. Und meistens müssen sie dafür büßen.

Bisher hatte ich es in Polen nur mit Mathematikern zu tun gehabt. Nun erhielt ich eine Einladung zu einer Lesereise. Sie wurde vom Ministerium für Hoch- und Fachschulwesen organisiert. Ich fühlte mich ein bißchen wichtig. Ich war im Brennpunkt des Geschehens und außerdem jemand, dem es wirklich um die Völkerverständigung ging.

Als ich nach Warschau kam, brodelte dort der Aufruhr. Die öffentliche Sicherheit war nicht mehr gewährleistet. Diebstähle und Einbrüche nahmen zu und fanden in den Medien besondere Beachtung.

Ich fuhr von Universität zu Universität zu den Lehrstühlen für Germanistik und wurde überall gut aufgenommen. Aber die Stimmung in den DDR-Lektoraten war gedrückt. Fast alle hatten einen Fluchtweg. »Wenn unsere Truppen hier irgendwo einmarschieren, sind wir die ersten, die an den Lampenmasten hängen«, sagte eine Sprachlehrerin, die kurz danach aus Berlin eine Kündigung erhielt: wegen mangelnder Distanz zu den Kollegen im Gastgeberland.

In einer Universitätsstadt hatte ich den Leiter des Lektorats gebeten, mir seine Telefonnummer zu geben. »Die wüßte ich selbst gern. Ich muß erst mal suchen«, erwiderte er verlegen.

Nach einer Weile kam sein Sohn und hielt mir ein Zettelchen entgegen. Darauf stand mit steilen Ziffern die

Nummer. »Aber Junge, du weißt doch, daß du das nicht darfst«, sagte der Vater. Und dabei blinzelte er mir zu, gerade so, daß ich merkte, die Schelte war nicht ernst gemeint.

In Warschau wohnte ich in der Wohnung eines Mannes, der für meinen Aufenthalt verantwortlich war. Am Abend gingen wir am Wisła-Ufer spazieren, wo, ähnlich wie zu Hause, die schönsten Gebäude keine Hausnummer hatten. Nachts lag ich lange wach. Einmal klingelte das Telefon, und ich hörte, wie nebenan gesprochen wurde.

Nachdem ich schon zwei Wochen zu Hause war, hörte ich im Radio, daß in Polen das Kriegsrecht verhängt worden war. Ich wunderte mich, daß ich keinen Reisebericht zu schreiben brauchte. Ich hätte gern etwas über die Arroganz der Macht geschrieben. Aber die Leute, die mich geschickt hatten, waren nicht mehr auffindbar.

ALS MEIN SOHN zur Armee mußte, hatte ich völlig unangebrachte Schuldgefühle, so als hätte ich ihn davor bewahren können.

Wir reden nie darüber. Ich fühle mich wie ein Versager. Ich fürchte, er hat es ähnlich empfunden und wird es mir zeitlebens nachtragen.

Neulich sagte er, daß ich zu den Müttern gehört hätte, die behaupteten: »Die Armee wird es ihm schon beibringen.« Das warf er mir einfach so an den Kopf, ohne mit der Wimper zu zucken, ohne die geringste Vorstellung, wie es mich verletzte.

Als sie zur Vereidigung aufmarschierten, sahen sie alle gleich aus. Ich blickte in die blassen Gesichter unter den Helmen und konnte mein Kind nicht erkennen. Es war zum Glied einer Kampfmaschinerie geworden, in der Individualität nur störte.

Es kam alles auf einmal. Meine Tochter zog mit ihrem Freund in Heinrichs Wohnung. Heinrich zog zu seiner Freundin. Mein Sohn war bei der Armee. Ich blieb allein.

Heinrich war mir nie treu gewesen. Das hätte gar nicht zu ihm gepaßt. Aber diesmal schien es wirklich ernst zu sein. Er hatte eine Freundin und wollte sie nicht aufgeben. Aber er wollte auch nicht schlecht vor den Leuten dastehen, wenn er mich trotz meiner Krankheit verließ. Er war zu mir gekommen, um mit mir alt zu werden. Er glaubte fest, daß er sehr alt werden würde.

Durch meine Krankheit war alles ganz anders geworden. Er würde eines Tages allein dastehen.

Und davor hatte er Angst. Er wollte bei mir bleiben, aber auch schon mit der anderen sein.

Da schickte ich ihn weg. Obgleich ich einen großen Bekanntenkreis hatte und sehr kontaktfreudig war, lebte ich allein, und das bekam mir nicht.

Ein Schriftsteller hat eine gewisse Öffentlichkeit. Von den Wissenschaftlern kennt man nicht einmal die Namen. Von einem Schriftsteller wurde ein bestimmtes Maß an kritischer Sicht erwartet. Als Schriftsteller mußte man gebildet sein. Ich begann, über die Strukturen und die Menschen in ihnen nachzudenken.

Ich war bereits in der zweiten Hälfte des Lebens und zog nun Bilanz. Ich hätte nicht für möglich gehalten, daß es so vieles gab, worüber ich noch nie gründlich nachgedacht hatte. Ich hatte von klein auf privilegiert gelebt und hatte das als etwas Selbstverständliches empfunden. Allerdings zwang es mir Leistungen ab. Meine ganze Aufmerksamkeit war darauf gerichtet gewesen. Darüber hatte ich die Fehler und die Auswüchse nicht zur Kenntnis genommen oder verharmlost. Ich konnte nicht sagen, ich hätte nichts gewußt. Ich rechnete Drogentote gegen Mauertote. Aber Tote rechnen sich nicht.

Eines Tages, im Frühjahr 1989, traf ich Dr. R. vor der Tür unseres Instituts. »Was ist denn im P.E.N. los?« fragte er. Im P.E.N. hatten wir mit großer Mehrheit für eine Resolution gegen die Einkerkerung Václav Havels gestimmt. Ich drehte mich noch einmal um und sagte zu Dr. R.: »Lesen Sie morgen die Zeitung.« – »Die Genossen mauern mal wieder«, sagte der, dabei verzog sich sein Gesicht vor Ärger und Ablehnung.

Ich kam gerade von einer Aussprache der Genossen des P.E.N. mit einem ZK-Mitarbeiter, wo ich aus meiner Stimmung kein Hehl gemacht hatte. Ich hatte begonnen: »Ihr mit eurer unmoralischen Politik richtet das Land zugrunde«, und hatte, was mich bedrückte, auf den Tisch gelegt. Als wir aufbrachen, sagte der Besucher, der sich bisher alles nur angehört hatte, ohne Stellung zu beziehen: »Ich gehe davon aus, daß alles hier Gesagte unter uns bleibt!« Da war mein Mut erst einmal verbraucht gewesen. Als die Zeitung *Neues Deutschland* aus der sowjetischen Presse einen Artikel nachdruckte, den eine Chemikerin verfaßt hatte und der Geschichtsdarstellung wie in schlimmsten Zeiten zugrunde legte, da wäre ich am liebsten aus der Partei ausgetreten. Aber das Schreiben war mir wichtiger. Ich wollte es nicht gefährden.

Es gibt übrigens unter den Nachwendepolitikern erstaunlich viele Mathematiker. Das ist ein Phänomen. Ich habe keine Erklärung dafür. Sie wurden nicht nur Rektoren oder kümmerten sich um die Finanzen, sondern mein Lektor für die mathematischen Bücher war später Ministerpräsident eines Bundeslandes.

Nur die Kirchenleute waren noch versessener, in die Politik zu gehen.

Ich schrieb Artikel über den Erkenntniswert mathematischer Modelle, die in der Zeitschrift für Philosophie erschienen. Und ich glaube noch heute, daß die meisten Menschen mit solchen Dingen konfrontiert werden, aber nicht die methodologischen Hintergründe dafür durchschauen. Aber wahrscheinlich wird ihnen die Lektüre meiner Artikel auch nicht helfen.

Ich meldete mich bei einem Ökonomen an, um das mit ihm zu diskutieren. Der fiel aus allen Wolken und sagte, er beschäftige sich zur Zeit mit den Wirtschaftsreformen von Kaiser Diokletian.

»Du hast es gut, du brauchst nichts zu beweisen«, sagte er.

Ich suchte Kontakt zur Humboldt-Universität, zu einer Gruppe, die in ihren programmatischen Ankündigungen mutiger zu sein schien als andere. Aber die Ökonomie fehlte. Mir wurde schon damals klar, daß der Umbau zu einer Marktwirtschaft einer vorangehenden Akkumulation bedurfte. Und da die Revolution gleichzeitig ein Bankrott war, konnte man von Akkumulation nur träumen. Diese Erkenntnis erregte mich sehr. Ohne das würde eine weitere Entwicklung nicht möglich sein. Wer aber würde noch in unsere marode Wirtschaft investieren! Ich stellte meine Gedanken zu einem Vortrag mit dem Titel Menschenwürde zusammen, den ich im Oktober im Schriftstellerverband halten wollte. Da waren aber die alltäglichen Ereignisse bereits so aufregend, daß sich niemand mehr auf einen so langen abstrakten Vortrag konzentrieren wollte. Er wurde später von der *Wochenpost* gedruckt.

Eigentlich hätte ich erwartet, daß die Gesellschaftswissenschaftler etwas im Kasten hatten. Aber wie sich nachträglich zeigte, haben sie sich nicht nur Fesseln anlegen lassen, sondern hatten diese auch mit einem gewissen Stolz getragen.

Bei mir lagen die Briefe und die Unterlagen stapelweise auf dem Fußboden. Ich hütete mich, sie in die Hand zu nehmen. Sie würden sofort mein Gewissen belasten. Und eine Ordnung hineinzubringen war hoffnungslos.

Ich war jahrelang ein ordentlicher, braver Bürger gewesen. Aber die öffentlichen Dummheiten wurden immer unerträglicher. Der Wahl konnte man nicht fernbleiben, obwohl vieles dafür sprach. Um den anderen nicht zu begegnen, ging man schon in die Sonderwahllokale. Und war erstaunt, wen man da alles traf.

Ich hatte mich verliebt. Und schuld war die postmoderne Philosophie. Ich hatte einen großen Nachholbedarf. Ich suchte Bücher. Damals war es üblich, Bücher, die man nicht kaufen konnte, gegenseitig auszuleihen. Der Philosoph P. hatte sie mir gebracht. Und die Lektüre bestärkte mich in dem Verdacht, daß die Anhänger dieser philosophischen Richtung einfache Sachverhalte möglichst kompliziert formulierten. Aber gesprochen von P., hörte es sich wie eine Zärtlichkeit an. Er hatte eine angenehme weiche Stimme und eine spöttische Weltsicht, die mir sehr lag. Wir lachten viel miteinander. Von nun an besuchte er mich regelmäßig, und wir saßen bis in die Nacht hinein und redeten. Es war gut, in jener Zeit jemanden zu haben, mit dem man reden konnte.

Aber es konnte nicht ausbleiben, daß ich mißtrauisch war. Ich mißtraute damals jedem. Außer einem Freund, der im Privaten eine umwerfende Art ehrlich zu sein hatte.

Meine Briefe wurden immer mehr zu Liebesbriefen. Ich schrieb sie nicht um irgendwelcher Annäherung willen. Für mich war es schon eine Lust, solche Briefe zu schreiben. Ich glaubte keinen Moment, daß wir ein Liebespaar würden. Das wäre mir auch zu anstrengend gewesen. Aber es konnte nicht ausbleiben, daß er mein Verhalten fehlinterpretierte und sich ängstigte. Angst macht Wut. Sein Abschiedsbrief schloß jede Rückkehr aus. Ich wußte nicht, ob ich weinen oder lachen sollte. Aber ich hatte keine Zeit, lange zu lamentieren. Die Wende setzte ein und verdrängte alles andere.

Anfang September 1989 kam der Alte an einem Sonntag zu mir und sagte: »Ich hoffe doch, du stehst morgen Gewehr bei Fuß. Wir müssen den BGLer (Vorsitzender der Betriebsgewerkschaft) ausschließen. Der macht nur noch Unsinn.« – »Ich stehe überhaupt nie mehr Gewehr bei Fuß«, sagte ich. Am nächsten Tag bekam er das Wort erteilt und beantragte den Ausschluß. Ich habe vergessen, was der Grund war. In den Augen der Partei war es ein unentschuldbares Vergehen, wenn man eine Fraktion bildete, also eine Gruppe, die eine andere Meinung hatte. Wenn man sich nicht vorher abgesprochen hatte, konnte man aber unter gewissen Umständen die allgemeine Parteiaussprache fordern. Ich schlug vor, daß meine Grundorganisation angesichts der dringenden Probleme im Lande diesen Antrag stellte, anstatt sich mit sich selbst zu beschäftigen. Und die große Mehrheit stimmte mir zu.

Ich gehörte zu einem Kreis von Schriftstellerinnen, die sich regelmäßig jeden Monat trafen. Mitte September saßen wir bei Helga Schütz im Garten und hatten das Gefühl, wir müßten etwas tun. Wir beschlossen, daß sieben von uns auf der Vollversammlung des Berliner Schriftstellerverbandes eine Resolution zur Lage im Land einbringen sollten. Christa Wolf stellte den Text vor. Zum erstenmal wurde klar ausgesprochen, daß die Mängel im Land hausgemacht waren. Wir waren nicht sicher, daß wir eine Mehrheit erreichen würden. Zuerst hielt der Zweite Sekretär eine längere Ansprache, wie sie damals üblich waren. Die Versammlungsteilnehmer ertrugen es kaum. Als wir schon fast glaubten, das Spiel verloren zu haben, fragte jemand, ob wir die Resolution an die Westmedien geben würden. Wir hatten selbst beschlossen, den Westen aus dem Spiel zu lassen. Da wurde die Resolution mit großer Mehrheit angenommen.

In diesem Herbst bekam ich den Nationalpreis. Zur gleichen Zeit war auch Günter de Bruyn auf der Liste. Dieser lehnte den Preis ab. Das konnte ich mir nicht leisten, weil ich ein neues Auto brauchte. Wie man sich auch verhielt, es war immer dumm. Außerdem sagte mir mein Gefühl, daß ich den Preis verdient hatte. Wir trafen uns im Palast der Republik, in einem Nebenraum. Alle hatten ihre Orden und Ehrenzeichen anlegen müssen. Ich hatte keine. Ich bestaunte die schönen Abzeichen und Sterne, die mein Gegenüber an einem uniformähnlichen Anzug trug. Wahrscheinlich ein Bergmann, dachte ich. Ich wies mit dem Zeigefinger auf einen der Sterne und sagte: »So einen schönen möchte ich auch gern haben.« Da lachte er und erwiderte: »Haben Sie erst mal den einen, dann kommen auch mehr.«

Die Übergabe der Preise fand im Staatsratsgebäude statt. Und man erhielt Urkunde und Nadel aus der Hand des Ministerpräsidenten Willi Stoph. Bevor ich vorging, beschloß ich, eine abweisende Miene zu ziehen, aber mein Gesicht gehorchte mir nicht. Es verzog sich unaufhaltsam zu einem freundlichen Grinsen. Ich betete bei mir: »Lieber Gott, mach, daß ich nicht ins Fernsehen komme.« Und Gott hatte ein Einsehen. Am Abend wurde kurz vor mir die Berichterstattung abgebrochen.

Am selben Tag war ich nachmittags zu einer Aussprache in die Kreisleitung der Partei beordert. Es ging um die allgemeine Parteiaussprache. Der Erste Sekretär und der Vorsitzende der Parteikontrollkommission waren anwesend.

Ich war noch so beschwingt von meinen Vormittagserlebnissen, daß ich das Gespräch wenig ernst nahm. Auf die Frage: »Was hast du dir denn dabei gedacht?« erwiderte ich: »Ich wollte euch in eurem Kampf unterstützen.« Die beiden sahen mich erstaunt an. Es verschlug ihnen den Atem. Die Zeichen der Zeit waren schon so, daß sie mir nicht widersprachen. Der Erste Sekretär ging in das Vorzimmer, wo die Genossin H. saß, holte aus deren Blumenvase einen gerade noch zumutbaren Blumenstrauß und gratulierte mir zu meiner Auszeichnung. »Das hätte ich ja fast vergessen«, sagte er. Und das war alles.

Nein, ein vorsätzlicher Revolutionär war ich nicht. Ich bin nur irgendwie hineingerutscht. Einer meiner Freunde, ein Physiker, erzählte mir später, daß er, gerade mit einem sowjetischen Kollegen vom Hausvogteiplatz kommend, in Richtung Marx-Engels-Platz spazierte und sich über die Menschenansammlung wunderte und noch mehr darüber, daß meine Stimme aus den Lautsprechern dröhnte und lauter unerlaubte Dinge sagte. »Die kenne ich!« rief er und zog dabei seinen Gast in Richtung Mikrofon. Dieser wehrte aber ab, und mein Freund begriff, daß sein Gast ihn vor einer Dummheit bewahrte. Er machte kehrt, und sie erreichten im großen Bogen, an der Universität vorbei, Unter den Linden entlang, den Marx-Engels-Platz. »Das ist viel zu gefährlich«, sagte der Gast. Das war einen Tag bevor die Mauer fiel.

»Ich weiß, was Hunger ist, sagt Herr. G. und beißt in seine Stulle. Er schweigt eine Weile und fährt dann fort:

»Kriegsende saß ich in einem Gefangenenlager, in der Normandie. Der Lagerkommandant schikanierte uns, wo er nur konnte. Unter der Hand wurde geflüstert, er hätte Gründe. Aber die meisten sahen das nicht ein. Die Männer murrten, wenn auf der Suppe Maden statt Fettaugen schwammen. Aber sie schluckten. Keiner wollte jetzt, fünf nach zwölf, noch ins Gras beißen.«

Ihn erregt die Erinnerung. »Ich weiß, was Hunger ist.«

Plötzlich springt er auf und eilt ins Bad. »Die Zähne«, sagt er, als er zurückkommt. Es ist ihm ein bißchen peinlich. »Die Jugend nimmt alles für selbstverständlich. Und wenn ich sehe, wie du mit dem Essen umgehst ... Damals in dem Lager hatte ich mich zur Arbeit gemeldet und gehofft, zu einem Bauern oder in die Küche zu kommen. Und wo bin ich gelandet? In einem Minenräumkommando. Wir bekamen Zigaretten und Schnaps. Danach hat mir noch nie der Sinn gestanden. Aber man konnte damit schon etwas anfangen. Wenn man Glück hatte und eine Zeitung von zu Hause in die Hände bekam, konnte man meinen, dort wäre schon wieder alles in Ordnung. In Wirklichkeit waren noch überall Ruinen.

Meine Eltern fand ich ärmer denn je. Ausgebombt. In einer Kellerwohnung. Mit einer Rente, zum Verhungern zuviel, zum Leben zuwenig.

Um ehrlich zu sein, ich hatte die Armut satt. 1956 bin ich

mit meiner Frau nach drüben gegangen. Und habe es nie bereut. Nicht eine Sekunde lang. Als meine Frau gestorben war, wollte ich nicht in der Gegend bleiben. Und so hat es mich wieder nach dem Osten verschlagen.

Wenn ich sehe, wie du mit dem Essen umgehst, tut es mir weh. Aber dir fehlen nun einmal diese Erfahrungen.«

Dafür fehlen ihm andere Erfahrungen, denke ich. Mit Herrn G. kann man überall hingehen, ohne sich seiner schämen zu müssen. Ich muß, bevor ich ausgehe, überlegen, was ich anderen mit mir zumuten kann.

»Aber wenn ich schreiben könnte wie du«, sagt Herr G. »An Stoff würde es nicht fehlen. Was ich alles erlebt habe!«

Wende

Ich war immer ganz sachlich und nüchtern gewesen. Jetzt war ich fast ständig in einer leichten Euphorie. Endlich würde sich etwas ändern. Endlich war die Erstarrung durchbrochen. Ich genoß die neuen Erkenntnisse von Zusammenhängen und genoß auch die Rolle, die ich jetzt spielen konnte. Ich fühlte mich gebraucht. Ich glaubte, daß ich etwas mitgestalten konnte.

Ich war aber auch erschrocken, daß mir das alles passiert war, daß ich so lange die Augen verschlossen hatte. Die Bevormundung durch die Obrigkeit war immer schwerer zu ertragen gewesen. Das Ergebnis unseres Nachdenkens war immer das gleiche: Wir schlitterten tiefer und tiefer in den Sumpf. Es war ein Bankrott auf der ganzen Linie. Sowohl moralisch wie ökonomisch. Da ich von der Mathematik kam, glaubte ich, die strukturelle Logik der Systeme einigermaßen einschätzen zu können.

Und soviel stand fest, das ganze System genügte nicht den Herausforderungen der Moderne.

Aber ich wunderte mich doch. Ich wunderte mich, daß sie ein Geschichtsbild nur auf der Ebene der Moral entwickelten. Ich hatte den Verdacht, daß ihnen die technischen Dinge nicht vertraut genug waren.

Als ich von einer Sitzung des Schriftstellerverbandes heimkehrte, sah ich Roland M. zum erstenmal. Wir staunten beide, wieviel Resonanz es zwischen uns gab. Wir sendeten auf der gleichen Wellenlänge. Er wartete mit einer Gruppe junger Wissenschaftler vor meiner Haustür. Einige kannte ich. Es waren Physiker, Chemiker und Mathematiker aus meinem Institut. Den Mathematikern hatte ich nie viel Aufmüpfigkeit zugetraut. Jedenfalls nicht das, worum es hier ging. Aber davon wußte ich in diesem Moment noch nichts. Sie waren unangemeldet gekommen und warteten fröstelnd. Es war ein naßkalter Novemberabend. Als ich näher kam, stellte gerade jemand die Frage, wie lange man denn noch warten wolle.

Als wir in meinem Arbeitszimmer saßen, Kekse aßen und uns am heißen Tee den Mund verbrühten, begann Roland M.: »Wir haben Probleme und dachten, du mit deinen Verbindungen …«

Sie wollten am nächsten Tag eine Willensbekundung der Parteibasis veranstalten, und ich sollte reden.

Während ich noch über den Vorschlag nachdachte, war im Innenhof Feuerwerk. Die Leute verschossen die von Silvester übriggebliebenen Raketen. Die Regierung war gerade zurückgetreten. Vielleicht war das ihre erste selbständige Handlung.

Der Innenhof, zu dem etwa fünfhundert Familien Fenster hatten, war wie ein Politbarometer. Die Torschreie für westliche Mannschaften gewannen im Laufe der Zeit an Lautstärke.

Ich fragte: »Wer soll denn noch reden? Wie erfährt die Basis von ihrem Glück? Und woher kommt die Technik?«

Neben dem Gebäude des Zentralkomitees gab es einen großen Kinderspielplatz. Von da aus wollten sie die Kundgebung machen. Roland M. versprach, Megaphone zu besorgen. Er zeigte mir ein Flugblatt mit dem Aufdruck: »Genossen, die Partei ist in Gefahr! Wir treffen uns …« Und das wollten sie früh an den Werktoren verteilen.

Ich rief beim Rundfunk an und verlangte den Chef vom

Dienst. Ich bat ihn, die Ankündigung der Willensbekundung der Parteibasis zweimal über den Sender laufen zu lassen. Er zögerte nicht, sondern sagte einfach, ohne weitere Fragen zu stellen: »Wird gemacht.« Und so geschah es auch.

Die Rednerliste war dürftig. Und es überraschte mich nicht, daß der eine von den Mathematikern unbedingt über die *Errungenschaften* des Sozialismus sprechen wollte.

Als ich am späten Nachmittag des 8. November, die Mauer war undurchdringlich wie eh und je, auf den Platz vor dem ZK kam, war alles ganz anders. Auf der breiten Treppe vor dem Haupteingang war Technik aufgebaut, es gab Mikrophone und eine riesige Anzahl von Reportern. Offensichtlich wollte sich jemand an die Spitze der Bewegung setzen. Meine Mitstreiter redeten mir zu, den Auftakt zu machen. Ich war von dem, was ich sagen wollte, so überzeugt, daß ich in mir völlig ruhig war.

Ich ging ans Mikrophon. Am Fuß der Treppe war eine dichte Menschenmenge versammelt. Als erstes hatte ich den Rücktritt des Politbüros fordern wollen. Jetzt machte man mich darauf aufmerksam, daß es bereits zurückgetreten war. »Ich begrüße den Rücktritt des Politbüros«, hörte ich meine eigene Stimme sagen. Und ich dachte bei mir: Das kann doch nicht wahr sein, daß du hier stehst und schon wieder etwas begrüßt. Und ich formulierte im weiteren meine Forderungen nach der Demokratisierung innerhalb der Partei und innerhalb des Landes.

»Wir wollen endlich eine Rolle spielen«, sagte ich, »wenn auch nicht gleich eine führende. Der Führungsanspruch muß sich aus der Überzeugungskraft der Konzeptionen ergeben.«

Während ich meine Rede hielt, war noch sehr viel Unruhe auf dem Platz. Journalisten drängten nach vorn. Die Ordner hatten alle Hände voll zu tun. Aber die Zuhörer waren sehr aufmerksam. Und der Beifall kam genau an den

Stellen, an denen ich ihn mir erhofft hatte. Meine Stimme war an diesem Tag klar und ruhig. »Es ist unerträglich, in einem Land zu leben, in dem das Fahrrad, wenn es das noch nicht gäbe, gegen große bürokratische Widerstände erfunden, aber nie in die Produktion eingeführt worden wäre.« Selbst wenn das Gleichnis ein bißchen unvollkommen war, man verstand sofort, was ich meinte. Und ich hatte die Lacher auf meiner Seite. Am Ende meiner Rede wagte ich es noch, ein Gedicht vorzulesen. Das hätte schiefgehen können. Aber als ich begann, verebbte der störende Lärm fast vollständig: »Vielleicht fragt man / später / nach diesem Herbst / nach den gläsernen Tagen / und dem Morgen / an dem die Melisse erfror …« Es wurde still. Ich fuhr fort: »Ach wir / die wir kaum noch Schatten warfen / und die Augen schlossen / vor den Feuern in den Wipfeln und der Fäulnis unter den Buchen / wir waren in jenen Tagen / Helden, Toren und Komödianten …« An die folgenden Beiträge erinnere ich mich nicht mehr. Ich weiß nur noch, daß ich etliche hervorragend fand. Und wer auch immer geglaubt hatte, unsere Veranstaltung für seine Zwecke nutzen zu können, der hatte das Nachsehen.

Es war ein eigenartig schönes Gefühl, sich mit seinen Zuhörern in Übereinstimmung zu wissen. Ich spürte etwas von der Verführung, die von der großen Politik ausgehen kann.

Ich hörte später, die Innenhöfe des ZK-Gebäudes seien voll von Bereitschaftspolizei gewesen. Leicht hätte man an uns ein Exempel statuieren können. Es hätte nicht mal jemand Mitleid mit uns gehabt.

Unser Gesellschaftssystem hatte nicht funktioniert. Es war ein Feudalsystem, das den Anforderungen der Moderne nicht gewachsen war. Wir hatten die ganze Zeit in einem seeuntüchtigen Boot gesessen. Und nun kam der Untergang.

Ich genoß die neue Freiheit, schrieb mit spitzer Feder, war unverschämt. In den Zeiten, in denen durch die Wirkung der Tabletten die Krankheitssymptome zurückgedrängt wurden, war ich hellwach. Ich empfand dabei ein großes Glück. Da vergaß ich für Momente, daß ich eigentlich meinem Körper jedes Stück Leben abtrotzen mußte. Und daß ich aus dem Tablettenhaufen, den ich täglich brauchte, das Ende ablesen konnte. Zweimal am Tag erlebte ich einen Zusammenbruch. Dann kam kein Steuerungssignal mehr an. Eine totale Erschöpfung brach über mich herein, wie nach langer schwerer Krankheit.

Trotz solcher Bedrängnis schrieb und schrieb ich. Wie eine Besessene. Ich sah wohl, wie der Zeitgeist sein Haupt mißbilligend hin und her bewegte, aber ich wollte ihm keine Macht über mich einräumen.

Ich schrieb aber auch, weil ich erschrocken war. Ich schrieb auch von Ängsten.

Ich schrieb für alle Zeitungen, von der *Prawda* bis zur *Frankfurter Allgemeinen*, bis sie es merkten und die meisten mich gar nicht mehr druckten. Nur das *Neue Deutschland* nahm fast alles. Wenn ich die Artikel von damals wieder lese, staune ich, wieviel ich vorausgesehen habe. Einmal stand in einer Lesung ein Schriftsteller auf und verlangte, ich sollte wegen meiner Parteizugehörigkeit aus Anstand ein paar Jahre nicht schreiben. Da war Schreiben für mich schon so etwas wie eine Existenzform geworden. Existenzform und Bollwerk zugleich. Ein Bollwerk gegen meine Krankheit.

Mitte November waren zwei Philosophen zu mir gekommen und hatten mir vorgeschlagen, ich sollte mit ihnen gemeinsam aus der Partei austreten. Ich zögerte. Es war fatal, wie viele Leute jetzt sofort die Kurve bekamen.

Ich sollte unter dem Thema Kunst und Literatur in einer Arbeitsgemeinschaft der Partei mitarbeiten. Das behagte mir nicht. Ich hatte das Gefühl, daß es wichtiger wäre, die neuen Spielregeln zu klären. Einfluß auf das Statut zu nehmen war wie Weichen zu stellen.

Für die Neuerarbeitung des Statuts war eine Kommission einberufen worden. Ich hatte inzwischen mit einigen Freunden ein eigenes Statut entworfen. Es war im *Neuen Deutschland* veröffentlicht worden. Ich ging durch das große ZK-Gebäude. Alles leer. Gespenstisch leer. Die Türschilder waren entfernt. Man traf höchstens Reinigungskräfte. Die grüßten zuvorkommend. Ich fragte nach der Statutenkommission. Das löste eine kurze Diskussion aus. Schließlich wiesen sie mir eine Tür. Dahinter saßen sechs Männer im dunklen Anzug. Ich sagte, daß ich beim Statut mitmachen wollte. »Oder habt ihr was dagegen?« – »Nein«, erwiderte der eine, der das Sagen hatte. »Warum sollte eine Schriftstellerin nicht an einem Statut mitarbeiten? Für schöne Formulierungen sind wir immer dankbar.« Sie hatten offensichtlich etwas ganz anderes im Kopf gehabt als das Statut. Sie hatten Mühe, ein Exemplar von ihrem Entwurf zu finden.

Es gelang mir schließlich, unter Überwindung von vielerlei Widerständen, alle Statutenschreiber an einen Tisch zu bringen. Das war kein beliebiger Tisch. An ihm hatten bis vor kurzem die Sitzungen des Politbüros stattgefunden.

In unseren Sitzungen wurde um jedes Wort gefeilscht. Um so mehr, als die vom Apparat nichts lieber taten, als die alten Worthülsen hinüberzuretten. Als ich das Haus verließ, wurde ich von Mitgliedern der Bürgerbewegung kontrolliert. Sie achteten darauf, daß ich keine Akten beiseite brachte.

Am ersten Montag im Dezember erhielt ich einen Anruf von Roland M. Er meinte, ich sollte an diesem Abend in Leipzig sprechen. Ich rief in Leipzig bei der *Bürgerbewegung* an. Sie sagten mir, ich könnte ruhig kommen, wenn ich etwas zu Herzen Gehendes hätte. Roland M. und ein weiterer Mitarbeiter aus seinem Institut holten mich mit dem Auto ab. Unterwegs versuchte ich eine Ansprache vorzubereiten. Aber es wollte mir nicht gelingen. Als wir in Leipzig ankamen, sah ich das große Busaufgebot auf den Parkplätzen, was sonst nur bei Staatsfeierlichkeiten üblich war. Als ich mich dem Theaterplatz näherte, hatte die Veranstaltung schon begonnen. Bärbel Bohley sprach gerade vom Balkon der Oper und wurde ausgepfiffen. Das wollte ich nicht riskieren. Eine Riesenmenge war auf dem Platz versammelt, wo jetzt der Ruf ertönte: »Wir sind ein Volk!« Als die Ansprachen zu Ende waren und die Demonstration losging, flüsterte jemand: »Sie haben die Stasi gestürmt.« Mir gelang es noch, hoch auf den Balkon des Opernhauses zu kommen. Und ich sah die Fahnen wie bei einer Mai-Parade. Später ging ich über den Ring Richtung Hotel Astoria. Wenn es mir schlecht geht, muß ich immer essen. Ich kreuzte den Weg eines Marschblocks, der nur aus Männern bestand. Sie skandierten: »SED muß weg mit ihrem Dreck!« Ich bekam einen großen Schreck. Mir schien, daß ich diese Typen kannte. Und das paßte nicht in mein Weltbild. Ich flüchtete mit meinen beiden Begleitern im Schlepptau in das Hotel. Den Empfangschef, der Dienst hatte, kannte ich von meinen Lesereisen. Er sagte: »Es ist noch was frei.«

Im Kellerrestaurant war es rauchig. An einem Tisch in der Ecke saßen die Reporter, die eben noch die Geschehnisse gefilmt hatten, und sangen nun: »Wenn das Wasser im Rhein goldner Wein wär!« An der anderen Seite wurde schon tüchtig gehandelt. Ich konnte mich des Eindrucks nicht erwehren, daß hier halb Leipzig zur Disposition stand. Auf der Rückfahrt nach Berlin sah alles aus wie immer. Die Menschen und die Busse waren wie ein Spuk verschwunden. Meine Begleiter waren sehr schweigsam. Ich versuchte im Auto zu schlafen.

Am nächsten Tag bot ich dem Fernsehen eine Fünf-Minuten-Ansprache an zu dem Thema »Sind wir ein Volk?«. Darin wollte ich mich für die Einheit Deutschlands aussprechen, aber für eine Einheit in Würde.

In den ersten Dezemberwochen besuchten mich zwei Herren, die mir als Abteilungsleiter im sowjetischen Zentralkomitee angekündigt wurden. Sie wollten meine Meinung zu einem geeinten Deutschland wissen. Ich gab ihnen mein Manuskript mit dem Fünf-Minuten-Vortrag, der mir inzwischen abgelehnt worden war. Ich hielt nicht mit meiner Meinung zurück, daß die Einheit auf jeden Fall notwendig wäre, wegen der Akkumulationsfähigkeit, die uns fehlte. Aber sie verstanden mich nicht, oder wollten mich nicht verstehen.

Der Ältere nahm einen Kugelschreiber, strich einige Passagen in meinem Manuskript und gab es mir zurück. Ich wußte vor Schreck nicht, wie ich darauf reagieren sollte. Eigentlich war es unverschämt. Aber da ich den Vortrag sowieso nicht halten durfte, war es mir im Prinzip egal.

Beim Parteitag war ich Gast. Hans Modrow sagte gleich zu Beginn seiner Eröffnungsrede sinngemäß: Jede gute Tat wäre besser als ein schnelles Wort.

Vollkommen erschöpft stand ich auf und ging.

Ich schlief traumlos und war am Morgen wieder vor Ort. Dort hatte man ohne Pause durchgetagt. Ich war in Abwesenheit in die Statutenkommission des Parteitages gewählt worden.

EINIGE TAGE NACH der Maueröffnung kam mir auf der Straße eine Frau entgegen, die ich nur vom Sehen kannte. Sie umarmte mich und sagte: »Das habt ihr aber gut gemacht!«

1991 beendete ich meine Mitarbeit im Mathematischen

Institut und wurde endgültig freischaffend. Es war höchste Zeit. Jemand hatte schon angefragt, wie ich es denn mit der sozialistischen Moral halte. Hätte ich zu DDR-Zeiten gekündigt, wäre ich vollkommen ungesichert gewesen, denn die Intelligenzrente war Teil des Arbeitsvertrages, und sie entfiel sofort und ersatzlos bei Auflösung des Arbeitsverhältnisses. Nun wurde ich als berufsunfähig eingestuft, konnte aber literarisch arbeiten. Ich war überzeugt, daß ich in der Marktwirtschaft bestehen würde.

Als ich das Institut verließ, traf ich einen Kollegen, der Mitglied des Institutsrats geworden war. Ich hatte immer geglaubt, ein gutes Verhältnis zu ihm zu haben. Nun fragte er mich, wie es mir ginge. Ich hatte gerade einen neuen Schub meiner Krankheit hinter mir und sagte ehrlich: »Nicht besonders.« »Das ist auch richtig so. Jetzt sind Sie mal dran. Sie waren doch bestimmt bei der Stasi.«

Ich war enttäuscht und ein bißchen traurig. Aber wenn ich es heute bedenke, hätte alles viel schlimmer kommen können.

Ich schrieb damals im Jahr drei Bücher. Ich war überhaupt sehr aktiv. Ich hatte viele Lesereisen, auch im Ausland. Zum Beispiel in Frankreich, in der Schweiz, in England und in den USA. An der Universität in Colorado Springs hatte ich drei Wochen mit zehn Studenten zu arbeiten. Ich allein. Im Prinzip konnte ich machen, was ich wollte. Nur mußte ein spürbarer geistiger Gewinn dabei herauskommen, denn ihre Eltern hatten für das Studium eine Menge Geld bezahlt.

Da konnte ich nicht einfach Vorträge über die DDR-Geschichte ankündigen. Das Land mußte sichtbar werden. Es mußte einen Geruch und einen Geschmack bekommen.

Am letzten Tag diskutierten wir die Frage: Was ist Fortschritt? Und scheiterten schon bei der Definition.

Die meisten Kurse schlossen einen Tag früher. Aber meine Studenten wollten unbedingt noch die Sache mit dem Fortschritt klären. Und das war für mich der schönste Erfolg.

Zum Abschied buk Maria, die mich begleitete und mir den Haushalt führte, noch jede Menge Kartoffelpuffer. Und keiner hätte gewagt, sie abzuschlagen. Es waren wohlerzogene, disziplinierte junge Menschen. Fünf Amerikaner und fünf Deutsche.

Manchmal sehe ich den einen oder den anderen von ihnen im Fernsehen. Dann versuche ich mir vorzustellen, wie er heute die Frage nach dem Fortschritt lösen würde.

Zu Hause war noch immer alles im revolutionären Fluß. Ich war Mitbegründerin einer neuen Zeitschrift und einer neuen Partei, die aber beide das Jahresende nicht überlebten.

Das mit der Selbsthilfegruppe war wohl meine unsinnigste Idee. Ich hatte eine Ankündigung in die Zeitung gesetzt: Es sollte eine Selbsthilfegruppe sein für Menschen, die Schwierigkeiten mit der Zeit hatten. Die Information, wann und wo die erste Zusammenkunft stattfinden sollte, konnten sie telefonisch erfragen. Ich gab die Nummer meiner achtzigjährigen Mutter an. Dieser schärfte ich ein, sich auf kein anderes Gespräch einzulassen als auf Ort und Zeit der Veranstaltung. Aber da hatte ich meine Mutter wieder einmal unterschätzt. Wenigstens die Hälfte der Anrufer therapierte sie per Telefon. »Was die mir alles erzählen!« sagte sie ganz begeistert. In mir wuchsen dunkle Vorahnungen.

Als ich abends zu dem Kulturhaus ging, drängten sich die Leute vor der Tür und kamen nicht mehr hinein. Die draußen schimpften. Ich stellte schnell fest, daß die Zahl der Voyeure größer war als die der Hilfesuchenden. Ich schlug einige Themen vor, über die man sprechen sollte, aber nicht in dem großen Kreis, sondern in kleineren Gruppen. Ich fragte, wer bereit wäre, eine solche Gruppe zu leiten. Und es meldeten sich genug, so daß wir keine Großveranstaltung mehr brauchten.

Die Fernsehleute bedrängten mich bis in meine Wohnung, weil sie dachten, sie könnten Stasifälle von mir haben. Mindestens ein Jahr lang bekam ich in gewissen Abständen Post aus anderen Städten, in der man mich bat, dort auch solche Selbsthilfegruppen zu gründen. Ich schrieb zurück, es sei ganz einfach, sie könnten es getrost ohne mich machen.

SEIT MARIA BEI mir war, hatte ich alle Vorteile, die sonst nur Männer haben. Ich brauchte mir keine Sorgen um den Haushalt zu machen, ich hatte Essen auf dem Tisch, und meine Steuerunterlagen waren in Ordnung.

Maria hatte in der Zeit der Wende großen Einfluß auf mich. Immer wenn ich abheben wollte, zog sie mich auf den Boden der Realität zurück. Es kam immer öfter vor, daß sich Wirklichkeit und Traum vermischten.

Wir reisten zusammen in Urlaub. Obwohl sie kein einziges Wort einer Fremdsprache beherrschte, kannte Maria in kurzer Zeit fast alle Geschichten, die in der Umgebung passierten. Als wir das erstemal nach Spanien kamen, hatte ich bei der Grenzkontrolle lediglich einen Ausweis, den mir ein Staat ausgestellt hatte, der schon nicht mehr existierte. Ich war ziemlich unruhig, weil ich mir nicht vorstellen konnte, daß so etwas erlaubt war. Aber niemand interessierte sich für mich.

Auf derselben Reise hatte auch Maria ihr großes Erlebnis. Wir entdeckten eine Bananenplantage. Maria stieß kleine glucksende Freudentöne aus und rannte ungefähr fünf Meter in das Dämmerlicht zwischen den Pflanzen und rief: »Bananen! Komm mal her, die sind echt!« Aber ich wäre um keinen Preis hingegangen, weil ich an die Schwarze Witwe, die giftige Bananenspinne, denken mußte.

Wir hatten eine schöne Zeit. Das einzige, was uns störte, war, Maria lebte in einem anderen logischen System als ich. Das führte zu endlosen Streits, die in den Worten gipfelten: »Das habe ich doch gar nicht gesagt.« Maria war sehr leicht verletzbar. Ich konnte mich schwer daran gewöhnen, weil sie einen handfesten Eindruck machte.

Ich wunderte mich selbst über das von mir bewältigte Arbeitspensum. Ich weiß nur, daß ich sehr wenig geschlafen habe. Ich mußte damit rechnen, daß meine Krankheit eines Tages solche Anstrengungen sinnlos machte. Im Sommer 1990 hatte ich eine Lesereise, die mich nach Lübeck führte. Da hatte ich zum erstenmal einen ganz großen Ausfall. Ich konnte plötzlich nur noch in einer bestimmten Geschwindigkeit sprechen, und zwar ziemlich schnell, so daß man mich nicht verstand. Ein älterer Herr, der mir helfen wollte, bat mich, langsamer zu lesen. Aber ich las, wie unter Zwang stehend, schneller und schneller.

Noch wurde ich zu Gesprächsrunden und Talkshows eingeladen. Manchmal lachte ich, wenn ich bedachte, worüber ich alles aussagefähig sein mußte: über den Ausgang der Wahlen, über die Befindlichkeiten von Abiturienten und zur Person.

Aus der Partei bin ich Ende Januar 1990 ausgetreten. Ich hätte nie gedacht, daß meine emotionale Bindung so stark gewesen ist. Aber man hatte dort Kämpfe ausgefochten und ein Gemeinschaftsgefühl gehabt, auch wenn es ein Gefühl von gemeinsam erlittenen Unsinnigkeiten war. Und genau dieses Gemeinschaftsgefühl hatten uns die anderen im Institut geneidet und übelgenommen.

Im Laufe des Jahres 1990 näherte ich mich der Partei wieder und nahm an Veranstaltungen teil. Ich hatte große Angst zu vereinsamen.

Wenn ich zurückdenke und mich als ungeduldige und zornige Kritikerin sehe, frage ich mich manchmal, ob ich das wirklich selbst gewesen bin.

Als mir die Kandidatur für die ersten gemeinsamen Bundestagswahlen angeboten wurde – ich sollte Spitzenkandidat der PDS/Linke Liste in Baden-Württemberg werden –, nahm ich an. Aber diesmal war nicht dieses Gefühl in mir, daß ich mich auf eine Sache einließ, zu der ich auf ganzer Linie stehen konnte. Als ich zu meiner ersten Wahlveranstaltung nach Stuttgart fuhr, sagte ich dem Taxifahrer, ich würde an diesem Abend Wahlkampf machen. »Ach, für Ihren Gatten«, sagte der Taxifahrer. »Nein, für mich«, erwiderte ich. Aber der Taxifahrer war keiner, der sich veralbern ließ.

Ich empfand den einseitigen Polittransfer von West nach Ost als demütigend. Demütigungen sind immer gefährlich, weil die meisten Menschen dann jemanden brauchen, an den sie die Demütigung weitergeben können. Aber wie sollte ich das den Stuttgartern klarmachen? Ich empfand mich selbst als anmaßend. Überhaupt ging mir die ganze Veranstaltung auf die Nerven. Rio Reiser mit seinem Gesang, André Brie, der versuchte, den Bogen von der Wohlstandsgesellschaft zum Weltuntergang zu spannen, und ich, die ich ein paar konkrete Punkte herausgefiltert hatte, mit denen ich die Stuttgarter beglücken wollte. Dazu im Vorraum ein Verkauf von DDR-Ramsch: Abzeichen, Winkelemente, NVA-Trachten – es war zum Kotzen!

Ich hatte fast immer ein Hochstaplergefühl. Ich schlief immer weniger, weil die Zeit zu schade war, um sie zu verschlafen. Das Vergangene erschien mir als ein grauer Nebel ärgerlicher geistiger Dumpfheit. Nun war ich endlich

Mensch und konnte lesen, schreiben und reden, wie ich wollte. Dachte ich.

Beim nächsten Parteitag lag ein Entwurf des neuen Programms vor. Es war enttäuschend. Die Leiterin der Veranstaltung übersah meine Wortmeldung. Daraufhin sammelte die Jugend sechzehn Unterschriften für mich. Mit sechzehn Unterschriften durfte man einen Antrag stellen und ihn begründen. Sie erteilten mir das Wort Sonnabend früh, als die vom Vorstand noch nicht da waren. Als sie um neun Uhr eintrafen, war ihre Programmatik schon mit großer Mehrheit abgelehnt worden. Ich fühlte mich aber nicht sehr gut, weil ich keine bessere hatte. Ich bin überzeugt, die von der Partei atmeten auf, daß sie mich wieder los waren.

Ich neigte wie mein Vater zu romantischen Vorstellungen. Meine Vorstellungen von der Partei waren wieder wie am Anfang, als ich mich nicht würdig fühlte, Mitglied zu werden. Am liebsten hätte ich aus der Partei eine Vereinigung von mönchsähnlichen Lebensweisen gemacht, wo Werte wie Kargheit, Spartanertum eine große Rolle spielten.

Spiel mit Masken

ALS MIR NACH der Wende meine Wohnung zu teuer wurde, geriet ich in Panik und griff beim ersten Angebot der Wohnungsgesellschaft zu. Maria wäre gern in der großen Wohnung geblieben.

»Wir sollten daraus eine Pension machen«, sagte sie, »das geht jetzt alles. Am besten, du kaufst sie vorher. Sonst kann uns der Hauswirt mit der Miete schikanieren.« Und das sagte sie, obwohl sie meine finanzielle Situation genau kannte.

Aber sie konnte es nicht fassen, daß jemand, der gereist war und auch Geld verdient hatte, kein Westkonto besaß, sondern alles brav abgegeben hatte. Ich konnte sagen, was ich wollte, sie glaubte mir nicht.

»Da wärst du ja dumm gewesen«, sagte sie.

»Ich war dumm«, sagte ich ehrlich. In diesem Moment erfüllte mich ein heftiges, aber unangebrachtes Selbstmitleid. Ich mußte über mich lachen.

»Du nimmst mich nie ernst«, sagte Maria und sprach den ganzen Tag kein einziges Wort mehr mit mir.

Im Herbst versuchten wir es erst einmal mit der Zimmervermietung. Ein Herr aus der Schweiz, ein Geschäftsmann aus Bern, zog bei uns ein. Das war jedenfalls seine Absicht gewesen. Wir hatten uns inzwischen so viele Vorschriften für ihn ausgedacht, daß er seinen Koffer erst einmal bei uns stehenließ und fluchtartig das Gelände räumte. Er hatte eine freundliche Art gehabt, und der Ausgang deprimierte uns beide. Maria zog daraus die Konsequenzen.

Sie teilte ihren Bekannten mit, daß sie wieder unter ihrer alten Telefonnummer zu erreichen wäre. Ich nahm die Zweiraumwohnung von der Wohnungsgesellschaft und konnte mich nur schwer dort eingewöhnen. Aus dem Fenster sah ich auf die Rampen eines Supermarktes und auf das Kraftwerk.

Im Sommer wurde dieser Anblick durch zwei hochgewachsene Pappeln erträglicher. Auf den Blättern tanzten die Sonnenkringel, und in der Höhe turtelten die wilden Tauben.

Eines Tages saß ich an meinem Schreibtisch und hörte plötzlich von draußen eine Motorsäge. Ehe ich mich versah, schwankte der kleinere der beiden Bäume und stürzte mit einem dumpfen Geräusch in die Grünanlage. Ich rannte hinunter, an meine Beine dachte ich in diesem Moment überhaupt nicht, ich schrie, daß ich das nicht auf sich beruhen lassen, sondern sie anzeigen würde. Aber die beiden Männer beachteten mich gar nicht, sondern sahen zu dem zweiten Baum und diskutierten die Richtung, in die er fallen sollte. Ich versuchte, im Haus Unterstützung zu holen. Die Mieterin parterre links, die ihre Wohnungstür eine Handbreit öffnete, sagte: »Ach, endlich Licht«, was die anderen Mieter bestätigten. Ihnen war es gleich.

Um mich zu trösten, sagte der Säufer aus der neunten Etage: »Das Holz taugt nichts.«

Ein Weihnachtsfest, ich weiß nicht mehr, war es 93 oder 94, verbrachte ich mit meiner Mutter. Am Abend sagte sie: »Warum läßt du eigentlich die vielen fremden Leute in deine Wohnung? Die sind doch höchst unsympathisch.«

Ich antwortete: »Hier ist niemand außer dir und mir.«

»Wetten, daß da jemand ist, ich höre sie doch reden. Sie beschweren sich über dich.« In diesem Moment wurde mir bewußt, daß ich schon fast den ganzen Abend Gesichter sah.

Zu dieser Zeit besuchte mich die Katzenfütterin fast täglich. Ihre philosophische Grundhaltung bestand aus dem Satz: »Der Mensch ist schlecht, nur Katzen können lieben.« Sie meinte es wirklich ernst. Die Frau fütterte dreimal am Tag an sieben Stellen. Manchmal durfte ich mitgehen, und wenn ich dann das Gestrüpp, die Tiefgarage und das verlassene Grundstück sah, wo die Katzen hausten, verstand ich die Frau ein bißchen besser. Die Katzen hätten ohne sie nicht überlebt. Von den Katzen wurde sie verehrt wie eine Gottheit. Die Katzen konnten zwischen den Menschen unterscheiden. Kam die Fütterungszeit heran, sah man sie schon von weitem. Sie saßen da und warteten. Sie sollten nicht enttäuscht werden.

Eines Tages kam ich von einer Lesereise zurück und fand zwei Katzen unter meiner Schlafcouch. Sie waren weder entlaust noch entwurmt. Das sah man sofort am Zustand ihres Felles und an ihrem Verhalten. Als die Frau an diesem Tag kam, hatte ich die beiden schon zum Teufel gejagt. Die Frau stieß eine derbe Verwünschung aus und stürmte den Tieren hinterher. Mir wurde wieder bewußt, daß ich bei ihr immer nur eine untergeordnete Rolle gespielt hatte. Sie suchte Zimmer, in denen sie die Katzen unterbringen konnte.

Katzenflöhe leben gewöhnlich auf Katzen, wie der Name schon sagt. Die in meiner Wohnung verbliebenen hatten das Objekt ihrer Begierde verloren und waren in ihrer Not durchaus bereit, mit mir vorliebzunehmen. Man versetze sich einmal in meine Lage: umgeben von blutrünstigen kleinen Ungeheuern – und ich konnte nicht einmal weglaufen, weil meine Beine den Dienst versagten.

»Du spinnst wohl«, wehrte ein Mann ab, der mich hin und wieder besucht hatte, und verschwand nun auf Nimmerwiedersehen.

Meine Mutter legte den Hörer neben das Telefon, als ich sagte, daß es um Flöhe ging.

Maria stellte den Anrufbeantworter auf Aus.

Ich schlief hin und wieder im Hotel und mußte meine Rechnung im voraus bezahlen, weil ich nicht kreditwürdig aussah.

Mein ganzes Leben lang hatten meine Sinnesorgane Informationen aufgenommen, hatten gelernt, vom Unwesentlichen abzusehen, hatten Sprachen gefunden, in denen man mit anderen darüber reden konnte. Man hatte sich im wesentlichen mit anderen in Übereinstimmung befunden. Wenn ich aber nun von Vorstellungen und Träumen gepeinigt wurde, die andere nicht wahrnahmen, wenn ich mir einbildete, hinter die Gesetze des menschlichen Miteinanders zu schauen, wo in Wirklichkeit nur Mißgunst und Neid herrschten, oder wenn ich die Wege des Verstandes verließ und Gefahren weissagte, die es gar nicht gab, traf ich auf Ablehnung. Vielleicht hatten sie ja recht. Vielleicht wehrten sie ab, um sich zu schützen. Vielleicht verspürten sie auch den kleinen Sog.

Dabei könnten sie wirklich helfen. Sie brauchten nur gründlich hinzusehen und sich mit Geduld zu wappnen. Aber gerade die hatten sie nicht. Sie waren verletzt.

Maria sagte, wenn ich nicht in einem Schnellverfahren meine eigenen Wahrnehmungen für null und nichtig erklärte: »Ja, hältst du mich für eine Lügnerin?«

Sie verstand nicht, warum man ein zweites Mal nachfragte, um sicher zu sein. Sie sagte, ich wäre eine Spinnerin und gehörte in die Klapsmühle. Die vom Pflegedienst gebrauchten eine Kindersprache: »Wir gehen jetzt fein ins Bett.« Wieder andere sprachen mir die Fähigkeit ab, meine Probleme selbst zu lösen. Sie wollten über mich verfügen, zu meinem Besten, versteht sich. Vor denen fürchtete ich mich am meisten.

Daß ich mehr als andere sah, war im Prinzip nur eine Folge falscher Chemie in meinem Kopf. Ich brauchte nur die Parkinson-Medikamente abzusetzen und wäre wieder ganz okay. Jedenfalls wäre das, was meinen Bezug zur Wirklichkeit ausmacht, okay. In Wahrheit war ich längst austherapiert und ohne die Tabletten nicht mehr lebensfähig. Mit Tabletten tanzte ich auf allen Hochzeiten. Es war, als könnte ich das Schicksal bannen. Ich war jetzt freischaffend. Für mich privat war die Wende im rechten Augenblick gekommen.

Ich habe nie in meinem Leben so völlig allein dagestanden. Ich brauchte andere. Das sagte mir das Gefühl auf meiner Haut. Und meine Überaktivität ist in Wirklichkeit eine Flucht gewesen. Ich war vielleicht immer ein wenig auf der Flucht.

Zu Hause sah ich Spinnen über die Wände laufen. Vor allem aber sah ich Gesichter. Ich kann nicht einmal sagen, daß es nur böse Gesichter waren, ich konnte sie sogar zum Lachen bringen. Allerdings gab es auch die gruseligen. Oder ist es etwa nicht gruselig, wenn anstelle des Bratens plötzlich im Schmortopf ein Kopf liegt. Ich sah mich nach meinem Verstand um. Ich wußte, daß ich ihn sehr brauchen würde. Ich dachte nach. Es konnte doch sein, daß die falschen Bilder in mir so klar und deutlich wurden, weil ich ein gutes Vorstellungsvermögen hatte und mich sehr konzentrieren konnte. Was ich auch immer sehen wollte, ich sah es nach einer Weile. Mir kam die Idee, dies zu nutzen, um mich wenigstens von der zerstörenden Wirkung der Bilder zu befreien. In meiner Wohnung hüpften längst keine Flöhe mehr, ich hatte es jetzt mit dicken schwarzen Spinnen zu tun und mit Gesichtern.

Eines Abends, als die Spinnen wieder aus allen Ritzen krochen, redete ich auf sie ein. Ich sagte: »Ich bin, und ihr seid nicht. Und wenn ihr nicht verschwindet, könnt ihr was erleben.« Nachdem ich mehrere Minuten so geredet hatte, schmolzen die ersten Spinnen dahin. Nach einigen Tagen waren alle verblaßt. Es war eine Art Teufelsaustreibung wie im Mittelalter. Mein Verstand mußte die Grenze zwischen Wirklichkeit und Einbildung ziehen, und das ist nicht immer einfach. Aber es war gut, der demütigenden Angst etwas aus eigener Kraft entgegenzusetzen. Seitdem habe ich keine Angst mehr vor Spinnen.

Da fiel mir ein Wohnungsangebot in die Hände. Eine Mansardenwohnung in einer Vorortgegend, in die ich schon immer gern gezogen wäre. Die Schwierigkeiten begannen schon beim Wohnungsamt. Man wollte mir keinen Wohnberechtigungsschein geben. Aber ich hatte immer das Gefühl, daß sie etwas anderes meinten. Etwas, das sie mir nicht mitteilen konnten. Daraus ergab sich eine erbitterte Auseinandersetzung mit der Behörde, in der ich alle Möglichkeiten zur Beschwerde ausschöpfte. Ich glaube, dieser Kampf hat mich damals gerettet. Vielleicht kam dadurch jemand auf die Idee, meine Streitfähigkeit als Beweis für meine Geschäftsfähigkeit zu nehmen.

In meiner neuen Wohnung entdeckte ich plötzlich, daß ich alt wurde. Ich hatte alle meine Wehwehchen auf die Krankheit bezogen und vergessen, daß ich auch alt werden würde und daß Altwerden eigentlich die unerbittlichste Krankheit ist. Hier nun war ich in eine Siedlung geraten, in der die Alten fast wie in einem Ghetto lebten.

Das Alter habe ich mir ganz anders gedacht. Als etwas Behagliches, Ruhiges, als etwas, wo man die Beine baumeln lassen kann. Man war endlich mit sich im reinen. Kein Ehrgeiz, keine hochgesteckten Ziele, kein Pflichtgefühl peitschten einen mehr voran. Nun mußte ich erkennen, daß kein Lebensabschnitt so anstrengend ist wie dieser. Man ist schwach, und alles geht sehr langsam vor sich. Man kann sich gar nicht mehr vorstellen, wie man das tägliche Pensum früher geschafft hat. Man ist wirklich allmählich für andere eine Zumutung. Altern heißt auch, sich nicht mehr ändern können. Altern heißt loslassen müssen. Die Kinder führen ihr eigenes Leben. Wenn man das in allen Konsequenzen zugesteht, hat man sie ein zweites Mal zur Welt gebracht. Mit Schmerzen, in eine Welt, die jetzt ihnen gehört. Es wäre nur fatal, wenn meine Kinder wegen meiner Krankheit ein schlechtes Gewissen hätten. Kein Mensch hat Lust, mit jemandem Umgang zu haben, der ihm ein schlechtes Gewissen macht.

Am Ende sich selbst loslassen.

Ich kann mir den Tod immer noch nicht vorstellen. Er paßt nicht zu mir, und ich fürchte mich sehr. Ich weiß, daß er als Entwicklungsprinzip unerläßlich ist. Und ich muß mich ihm eines Tages beugen. Aber ich bin ich, und ich akzeptiere das Sterben nicht. Ich gehe unter Protest. Ich hätte so gern gesehen, wie es weitergeht.

WIR SPIELEN SCHACH. Ich, die ich einst unverzüglich die Welt retten wollte, bin bescheiden geworden. Es blieb nur das Brett mit den 64 Feldern.

Wir spielen unser letztes Spiel. Alles hat seine symbolische Bedeutung, sogar wir selbst. Herr G. ist am Zuge. Er schlägt meine Dame. Ich stelle mich gelassen. Sonst habe ich mich immer hinter dem Schachbrett sicher gefühlt, es ist ein angesehenes Spiel. Und wie man so sitzt und beim ruhigen Betrachten seine Schlüsse zieht, überträgt sich etwas von der jahrhundertealten Würde des Spiels auf einen selbst. Ich greife seinen König an. Da erhebt sich Herr G. und wird plötzlich riesengroß. Seine Stimme dröhnt: »Schach!« Und gleich darauf sich im Jubel überschlagend: »Schachmatt!«

Es ist der Tod, ich weiß es sofort. Ich nehme meine ganze Kraft zusammen und schreie: »Ich bin, und du bist nicht! Noch nicht! Verschwinde!«

»Ich bin der Tod. Und wer bist du?«

Helga Königsdorf

Der gewöhnliche Wahnsinn

Die besten Geschichten

Originalausgabe

260 Seiten
Band 1346
ISBN 3-7466-1346-9

Es ist passiert: der gewohnte Alltag ist aus den Fugen geraten, die vertraute Ordnung versagt. Plötzlich suchen verdrängte Sehnsüchte ein Ventil, werden alte Rollen zu Fesseln, fordern Lebenslügen ihren Preis. Dabei wären sie nichts lieber als unauffällige Durchschnittsmenschen, die Akteure dieser Geschichten. Nun aber müssen sie ihren Seelenfrieden retten: der langweilige Liebhaber wird über den Balkon gekippt, der Ehemann sucht als Ameise das Weite, den störenden Nachbarn holt ein Krokodil, und nachts im Dunkeln ist auch Schorsch wieder da.

Diese Auswahl von Geschichten aus 20 Jahren präsentiert die erzählerische Palette Helga Königsdorfs: vom grotesken Szenario bis zum nachdenklichen Märchen, in dem es wie im Leben zugeht. Wer ist schon darauf gefaßt, das Besondere so unauffällig zu finden?

AtV

Aufbau Taschenbuch Verlag

Helga Königsdorf
Der Lauf der Dinge
Geschichten

216 Seiten
Band 1345
ISBN 3-7466-1345-0

»Besonderes Kennzeichen: unauffällig«, hätte für alle Zeiten im Steckbrief dieser Leute stehen können, wenn nicht aus heiterem Himmel Unvorhergesehenes geschehen wäre. Der geheimnisvolle Nachbar bringt Mamas Regime ins Wanken, der renommierte Professor riskiert den Aufstand, und die unbescholtene Hausfrau erwacht eines Morgens als Dichterin. Die gewohnte Ordnung ist aus den Fugen geraten, und hinter den Rissen offenbaren sich plötzlich die Lebenslügen. Wie dieser und jener in solchen heiklen Momenten seine Haut und seinen Seelenfrieden rettet, erzählt Helga Königsdorf in ihren grotesken und absurden Parabeln auf den menschlichen Hang zum Selbstbetrug. »Wer Ähnlichkeiten findet, muß Gründe haben«, heißt die Warnung der Autorin.

AtV
Aufbau Taschenbuch Verlag

Helga Schütz
Dahlien im Sand
Mein märkischer Garten

Mit 66 Fotos
von Rainer J. Fischer
140 Seiten. Gebunden
ISBN 3-351-02939-X

Helga Schütz, gelernte Gärtnerin und als Autorin mit vielen Preisen ausgezeichnet, schuf mit diesem Band eine Liebeserklärung an ihren märkischen Waldgarten. Erfrischend selbstironisch und mit doppelbödigem Humor beschreibt sie ihre Beziehung zu diesem einzigartigen Stück Land. Hier, wo sonst nur Kiefern und Gras gedeihen, bringt sie Rosen und Phlox zum Blühen, kämpft beharrlich gegen Schnecken und Wildschweine und läßt sich immer wieder überraschen. Im Frühling zum Beispiel, wenn sich der Garten entschließt, eine bestimmte Farbe zu tragen: Gelb oder Lila oder Blau ...

Helga Schütz, die sich auskennt in der Pflanzenwelt, läßt vieles von diesem Wissen in ihre Schilderungen einfließen – eine Rarität unter den Gartenbüchern, großzügig ausgestattet mit vielen Fotos von Rainer J. Fischer.

Helga Schütz

Grenze zum gestrigen Tag

Roman

303 Seiten
Band 1839
ISBN 3-7466-1839-8

Von ihr, nur von ihr hängt das häusliche Glück und der Friede ab. Alle erwarten es so, die Kinder und der Gefährte, die Erpel im Gehege, das Pferd im Stall, am dringlichsten sie selbst. Die Ich-Erzählerin liebt ihre Pflichten, und sie ist froh, wenn ihre Sorgen aussehen wie die anderer Leute auch. Eine Mauer aus Aufgaben soll sie schützen vor Fluchtgedanken und Verzagen, denn nichts ist normal an diesem Leben im verschrobenen Haus am See. Mit aller Kraft übt sie das Augenverschließen: vor den Grenztürmen, den Minen und den Wachhunden am Ende des Gartens, vor den nicht gestellten Fragen an Hugo, den Partner, vor der unaufhaltsamen Krankheit der Tochter. Doch Stück für Stück entgleitet ihr dieses Leben. Nach Bettys Tod ist Hugos Ausbürgerung schon jenseits des Faßbaren.

Helga Schütz gelingt in diesem Roman jene seltene Heiterkeit und Leichtigkeit, durch die sich die schmerzvollen Dinge um so nachhaltiger mitteilen.

»Reife Prosa; kein Glücksfall, sondern Können, Erfahrung.«

Nürnberger Nachrichten

AtV
Aufbau Taschenbuch Verlag